Tina Caspari

Bille & Zottel

Aufregende Ferien für Bille und Zottel

Schneiderbuch

EGMONT

2. Auflage 2018
© 2016 Schneiderbuch
verlegt durch EGMONT Verlagsgesellschaften mbH,
Alte Jakobstraße 83, 10179 Berlin
Alle Rechte vorbehalten
Der vorliegende Sammelband enthält folgende Titel:
Ein Cowboy für Bille und Zottel (1979)
Ein Filmstar mit vier Beinen (1979)
Im Sattel durch den Sommer (1980)
Umschlaggestaltung: Guter Punkt, München | www.guter-punkt.de
Umschlagmotiv: © Guter Punkt unter Verwendung von Motiven von iStock
Layout und Satz: Greiner & Reichel, Köln
Printed in the EU
ISBN 978-3-505-13809-6
www.schneiderbuch.de

Unsere Bücher finden Sie im
Buch- und Fachhandel sowie im

www.egmont-shop.de

Die EGMONT Verlagsgesellschaften gehören als Teil der EGMONT-Gruppe zur
EGMONT Foundation – einer gemeinnützigen Stiftung, deren Ziel es ist, die sozialen,
kulturellen und gesundheitlichen Lebensumstände von Kindern und Jugendlichen zu
verbessern. Weitere ausführliche Informationen zur EGMONT Foundation unter:
www.egmont.com

Inhalt

Ein Cowboy für
Bille und Zottel

Frau Beck
hat ein Geheimnis

„Ich wünschte, ich wäre die heilige Johanna!", stöhnte Karlchen und starrte verzweifelt auf einen einzelnen Strohhalm zu seinen Füßen, den Bille beim Ausfegen der Stallgasse übersehen hatte.

„Warum denn das, um Himmels willen?"

Bille vergaß vor Staunen fast weiterzukehren. Sie konnte sich Karlchen allenfalls als Wikingerfürsten vorstellen, mit seinem brandroten Schopf und den Sommersprossen auf der Nase. Aber als Jungfrau in glänzender Ritterrüstung – womöglich noch mit Heiligenschein?

„Ganz einfach!" Karlchen lehnte sich verträumt zurück und drückte das Geschichtsbuch, in dem er gerade gelesen hatte, liebevoll an die Brust. „Ich würde zu meinen Eltern gehen und sagen: ‚Hört mal, Leute, mir ist da eben ein Engel erschienen, der mir befohlen hat, nach Frankreich zu ziehen – am besten gleich ans Mittelmeer – und dort ein neues, glücklicheres Land zu gründen, wo die Menschen frei sind von Zwang und Nötigung. Gebt mir ein Pferd und eine Rüstung, der Rest wird sich finden …‘"

„Der Vergleich hinkt doch auf allen vier Füßen!", meinte Bille kopfschüttelnd. „Erstens hat die heilige Johanna kein neues Reich gegründet. Zweitens würdest du deine Eltern sicher nicht um ein Pferd bitten, sondern um ein neues

Moped – und drittens: Was willst du mit der Rüstung? Außerdem kapiere ich immer noch nicht, warum du in Frankreich ein neues, glückliches …"

„Ach, hör doch auf!", unterbrach Karlchen sie. „Ist das so schwer zu verstehen? Ich bräuchte meinen Eltern nichts von den drei Fünfern in Mathe zu sagen und davon, dass sie in die Sprechstunde unseres Mathelehrers kommen sollen. Es wäre einfach klar, dass ich zu Höherem berufen bin und dass so banale, irdische Dinge für mich keine Bedeutung haben."

„Komisch, mir ist noch nie aufgefallen, dass du dich zur Heiligkeit berufen fühlst", sagte Bille grinsend und fegte die letzten Strohhalme in eine der Boxen. „Komm, hilf mir den Hafer verteilen!"

Karlchen rutschte widerwillig von der Futterkiste hinunter und öffnete den Deckel.

„Fast nichts mehr drin! Wir müssen auf Petersen warten, der hat den Schlüssel für den Speicher."

„Na gut – dann setz ich mich so lange in die Reithalle und schau Herrn Tiedjen bei der Arbeit zu. Du kannst ja pfeifen, wenn du mich brauchst."

Bille verließ den Stall und ging über den Hof zur Reithalle. Es war ein ungewöhnlich milder Dezembertag, fast roch die Luft nach Frühling, aber die früh einbrechende Dämmerung erinnerte daran, dass bald Weihnachten war.

Auf dem Hof war es still. In der Küche des Gutshauses von Groß-Willmsdorf gingen die Lichter an, dort begann jetzt Frau Engelke, die Haushälterin Herrn Tiedjens, das Abendbrot vorzubereiten. Eigentlich schade, dachte Bille, so ein schönes großes Haus, in dem die meisten Zimmer nie bewohnt werden …

Auch im Büro drüben brannte Licht. Bille sah durch die Fenster die alte Gutssekretärin Frau Beck, die mit dem Verwalter, Herrn Lohmeier, und dem landwirtschaftlichen Assistenten, der scherzhaft von allen „Edmund der Weise" genannt wurde, heftig diskutierte. Worüber die sich wohl stritten? Sicher wieder über eine der allerneuesten wissenschaftlichen Erkenntnisse, die Edmund der Weise aus einer Fachzeitschrift ausgegraben hatte und nun in der Praxis anwenden wollte. Musikberieselung für das Getreide, damit es besser wuchs, oder so was.

Bille betrat die Reithalle und hockte sich leise auf die Bank, die sich hinter der Balustrade an der Stirnseite der Halle befand.

Herr Tiedjen lächelte Bille kurz zu, dann konzentrierte sich seine Aufmerksamkeit wieder ganz auf das Pferd, das er ritt – Troilus, einen Neuling unter dem Sattel, einen bildschönen Fuchswallach, mit breiter Blesse und vier gleichmäßig weißen Fesseln. Er wird fast noch hübscher als seine Mutter Troja, dachte Bille. Ein richtiger Star, wenn er sich auch unter dem Sattel so erfolgreich entwickelt.

Troilus tänzelte und warf unruhig den Kopf hoch. Herr Tiedjen sprach leise auf ihn ein, versuchte, ihn immer wieder zu beruhigen und lobte ihn ausgiebig, wenn er etwas gut gemacht hatte.

Das Gewicht des Reiters in seinem Sattel schien Troilus noch immer durcheinanderzubringen. Kein Wunder, es war erst das zweite Mal, dass Herr Tiedjen ihn nicht an der Longe ritt. Ein halbes Jahr lang hatten der alte Petersen und Herr Tiedjen Troilus auf diesen Tag vorbereitet – hatten ihn an der Führleine daran gewöhnt, auf Kommando vorwärtszugehen und stehen zu bleiben, hatten ihn mit der Longe vertraut gemacht und täglich mit ihm trainiert. Eine mühevolle Arbeit – Bille ahnte, dass es noch lange dauern würde, bis sie die nötige Geduld und Erfahrung für eine solche Aufgabe hätte.

Troilus versuchte immer wieder, in kleinen Bocksprüngen seitlich auszubrechen, aber Herr Tiedjen saß geschmeidig im Sattel und spürte jede Bewegung im Voraus. Bille wagte kaum zu atmen, um das stumme Zwiegespräch zwischen Reiter und Pferd nicht zu stören.

Nach zehn Minuten hielt Herr Tiedjen an, lobte Troilus mit zärtlicher Stimme und stieg aus dem Sattel.

„Genug für heute. Willst du ihn rüberbringen? Anschließend möchte ich noch eine halbe Stunde mit Sinfonie arbeiten, mach sie doch bitte inzwischen fertig, ich muss noch mal ins Büro."

„In Ordnung."

Bille kletterte von ihrem Sitz in die Bahn hinunter und nahm Troilus am Zügel. Er war noch ganz nass vor Schweiß, der Ritt musste ihn furchtbar aufgeregt haben – trotz der Ruhe, die von Herrn Tiedjen ausging.

„Ich werde ihn noch ein bisschen führen, bis er trocken ist", schlug Bille vor. „Und dann kräftig abrubbeln."

„Natürlich." Herr Tiedjen lächelte. „Es ist mir schon so selbstverständlich geworden, dass du das machst, dass ich es gar nicht mehr erwähne."

Er strich Bille über den Kopf und sah sie nachdenklich an. Dann wandte er sich schnell um und ging hinaus.

Bille führte Troilus auf dem Hufschlag herum und streichelte ihm liebevoll den Hals.

„Fein hast du das gemacht, mein Junge, ich bin stolz auf dich! Warte nur ab, bald gehst du unterm Sattel wie ein alter Profi."

Hoffentlich heißt es dann nicht bald Abschied nehmen für uns, dachte sie. Der größte Teil des Nachwuchses aus dem Stall von Groß-Willmsdorf wurde mit vier oder fünf Jahren verkauft. Nur die Pferde, die offensichtlich das Zeug zu einem erfolgreichen Turnierpferd hatten, durften länger bleiben und wurden von Herrn Tiedjen persönlich im Springen ausgebildet. Und wenn sie außergewöhnlich begabt waren, dann durften sie für immer bleiben.

Hans Tiedjen war kein großer Pferdezüchter – und schon gar keiner, der systematisch vorging. Sein Gefühl und der persönliche Kontakt zu einem Pferd spielten eine große Rolle. Er musste Freundschaft zu einem Pferd empfinden, und das Pferd musste diese Freundschaft erwidern, dann war es sicher, dass er es niemals hergeben würde, auch wenn seine Leistungen hinter den anfänglichen Erwartungen zurückblieben.

So ein Fall war zum Beispiel Iris, die hübsche, zierliche Rappstute, von deren Sprungkraft und Schnelligkeit sich Herr Tiedjen große Erfolge versprochen hatte. Aber es war ihm bei aller Geduld und Liebe nicht gelungen, ihre Schreckhaftigkeit und Nervosität abzubauen. Iris wurde hysterisch, sobald sie vor einem größeren Publikum erschien, jeder Applaus von den Rängen brachte sie so durcheinander, dass sie alles vergaß, was sie gelernt hatte.

Herr Tiedjen liebte sie deshalb nicht weniger. Sie durfte bleiben und sich künftig ganz den Mutterfreuden widmen. Ihr Sohn Irrlicht war nun schon anderthalb Jahre alt und galoppierte auf langen Beinen über die Koppeln, mit seinem Altersgenossen San Francisco um die Wette.

Ähnlich war es mit Sinfonie. Auch sie war in diesem Jahr in den Stall der Pferdemütter umgezogen. Und auch wenn sie noch regelmäßig von Herrn Tiedjen geritten wurde: Ihre Turnierkarriere war beendet.

Jetzt hatte Herr Tiedjen nur noch zwei Pferde, die auf dem Höhepunkt ihrer Leistungsfähigkeit auf den internationalen Turnieren mit ihren Siegen glänzten: Nathan und Feodora.

„Wird dringend Zeit, dass der Nachwuchs herankommt", sagte Bille zu Troilus und zupfte ihn zärtlich an der Mähne. „Also, streng dich an! In drei, vier Jahren kannst du so weit sein! Wir erwarten große Dinge von dir! Na komm, es wird Zeit."

Bille brachte Troilus in seine Box, versorgte ihn und ging zu Sinfonie hinüber, um sie zu satteln. Draußen war es inzwischen dunkel geworden, im sanften Licht der Lampen wirkte der Stall behaglich wie eine Wohnstube. Jedenfalls empfand Bille es so, für sie gab es auf der ganzen Welt keinen schöneren Platz als so einen Pferdestall, der erfüllt war von leisem Schnauben, dunklem Wiehern und fröhlichen Zurufen.

Hubert und der alte Petersen brachten Säcke mit frischem Hafer vom Speicher und füllten die Futterkiste auf. Karlchen mischte Kraftfutter für die Absetzer. Aus der hintersten Box klang ungeduldiges Wiehern herüber – Zottel beschwerte sich, dass es immer noch nicht nach Hause ging.

„Beruhige dich, Dicker, ich habe noch einen Moment zu tun. Es dauert nicht mehr lange!", rief Bille zu ihm hinüber. Sie zog Sinfonie auf die Stallgasse hinaus, um ihr die Hufe auszukratzen.

Vor ihr wurde zögernd die Stalltür geöffnet, und der von grauen Löckchen umrahmte Kopf der Gutssekretärin wurde sichtbar. Hinter ihren dicken Brillengläsern wanderten die Augen unruhig zu der Stute hinüber, die in so geringer Entfernung etwas Bedrohliches für die ältere Frau zu haben schien.

„Frau Beck! Welch ein seltener Besuch bei uns im Stall!", rief Bille überrascht aus. „Kommen Sie doch herein! Ruhig, Sinfonie, du willst doch unseren Gast nicht erschrecken."

„Schon gut, ich wollte nicht weiter stören …" Es war offensichtlich, dass Frau Beck keine Lust verspürte, in engeren Kontakt mit der nervösen Stute zu treten. Obgleich sie ihr Leben lang als Sekretärin auf Groß-Willmsdorf gearbeitet hatte, hatte sie die nähere Bekanntschaft mit den Vierbeinern auf dem Hof ängstlich gemieden. „Ist Karlchen Brodersen vielleicht da?"

„Hier! Schon zur Stelle! Was gibt's?", posaunte Karlchen.

„Oh, ich …", Frau Beck zog einen Luftpostbrief hervor und hielt ihn Karlchen vor die Nase, „… ich habe mir gedacht, du hättest vielleicht Lust, dir mal wieder ein Taschengeld extra zu verdienen. Dieser Brief muss unbedingt heute noch aufs Postamt nach Neukirchen, er ist sehr dringend. Könntest du nicht schnell mit deinem Moped …"

„Und ob ich kann!" Karlchen schnappte nach dem Brief, als habe er Angst, Frau Beck könne es sich anders überlegen. Er warf einen kurzen Blick darauf und pfiff durch die Zähne. „Hui – nach Kalifornien! Und so dringend? Worum dreht sich's denn?"

„Aber Karlchen!", sagte Bille tadelnd. „Das geht dich doch gar nichts an!" Ihrer Stimme war unschwer zu entnehmen, dass auch sie liebend gern gewusst hätte, was in dem Brief stand und an wen er gerichtet war.

Frau Beck lächelte geheimnisvoll. Für einen Augenblick vergaß sie sogar, ängstlich auf Sinfonie zu achten.

„Das kann ich euch leider nicht verraten. Aber ich kann euch sagen, dass es sich um ein großes und aufregendes Geheimnis handelt. Etwas, das – nun, ihr werdet ja sehen", unterbrach sie sich hastig, als habe sie schon zu viel verraten.

„Ein großes und aufregendes Geheimnis?", wiederholte Bille. „Jetzt werde ich auch neugierig! Ein neues Pferd? Kauft Herr Tiedjen ein berühmtes Springpferd aus Amerika? Oder wieder so ein Nachwuchstalent wie Black Arrow?"

„Nein, nein, um ein Pferd handelt es sich diesmal ausnahmsweise nicht."

„Nicht um ein Pferd? Ja, um was dann?", drängte Bille.

„Tut mir leid, mehr kann ich euch wirklich nicht sagen. Und nun mach dich auf den Weg – sonst ist das Postamt geschlossen, bis du hinkommst. Hier ist das Geld."

„Ich eile, ich fliege. Postamt Neukirchen!" Karlchen stob davon.

„Das ist zwar nicht Frankreich, aber als Ausrede für nicht gemachte Hausaufgaben reicht's aus", rief Bille ihm lachend nach. „Pass auf, dass du nicht von deinem Blechross fällst, Jungfrau Johanna!"

Neuigkeiten
auf Groß-Willmsdorf

Das große, aufregende Geheimnis beschäftigte Bille noch den ganzen Abend. Sie dachte daran, während sie Zottel sattelte und nach Hause ritt, sie rätselte daran herum, als bereits die ersten Häuser von Wedenbruck hinter ihr lagen und sie die Dorfstraße hinaufritt, sie grübelte weiter, während sie Zottel zu Moischele, dem kleinen Shetlandpony, in den Stall brachte, ihn absattelte und für beide Futter in den Krippen verteilte. Geistesabwesend streichelte sie ihre vierbeinigen Freunde und sagte ihnen Gute Nacht.

Mutsch stand in der Küche und bereitete Pfannkuchen zum Abendessen, die sie mit einem duftenden Ragout aus frischen Pilzen füllte. Bille schnupperte. Der Geruch nach gebratenen Speckwürfeln und gerösteten Zwiebeln erinnerte sie daran, wie hungrig sie war. Schnell zerrte sie sich die Stiefel von den Beinen und schlüpfte ins Haus.

„Na endlich!", sagte Mutsch vorwurfsvoll. „Ich hab schon gedacht, wir müssten mal wieder ohne dich essen. Wasch dir die Hände, es ist alles fertig. Hast du wenigstens deine Hausaufgaben gemacht?"

„Klar."

„Na, so klar ist das ja nun auch wieder nicht."

„War nur 'ne Englischübersetzung."

„Hm."

Mutsch strich sich eine Strähne aus dem Gesicht, dann stellte sie die Platte mit den duftenden Pfannkuchen auf den Tisch und setzte sich seufzend.

„War ein verdammt anstrengender Tag heute im Geschäft. Vor Weihnachten kaufen die Leute wie verrückt."

„Sollte man gar nicht glauben, dass ihr das im Spar-Markt auch so merkt. Ihr führt doch kaum Geschenkartikel."

„Aber Backzutaten." Onkel Paul schob sich durch die Tür, kam zu Bille herüber, gab ihr einen schmatzenden Kuss auf die Stirn, klopfte ihr auf den Rücken und murmelte etwas von „Geradehalten!", dann setzte er sich. Sein Blick war die ganze Zeit nicht von dem Pfannkuchenberg gewichen.

„Das duftet ja lecker!", grunzte er zufrieden und hielt Mutsch seinen Teller entgegen. „Wie kommen wir zu dem erlesenen Genuss frischer Pilze?"

„Waren so viele übrig im Laden", erklärte Mutsch. „Heute ist kaum etwas gekauft worden davon. Und länger halten sie sich nicht."

„Was ich immer sage – viel zu luxuriös für unsere Gegend, solche Sachen. Bei dem Preis – und vor Weihnachten denken die Leute doch nur ans Geschenkekaufen und Backen. Selberbacken ist wieder ganz groß in Mode, sage ich euch. Die Leute haben die Fertigbackwaren dick bis obenhin!"

„Kann schon sein", meinte Mutsch. „Wer genug Zeit hat …"

Onkel Paul ließ sich das Pilzragout auf der Zunge zergehen.

„Die Leute kaufen die Pilze nicht, sagst du? Gut – dann bestellen wir morgen gleich wieder welche. Dafür, dass wir zur Vorweihnachtszeit doppelt so viel schuften müssen wie sonst, können wir uns ruhig mal solche Extrafreuden leisten. Wo kommen die her – aus Frankreich?"

Beim Wort „Frankreich" fielen Bille schlagartig die Erlebnisse des Nachmittags wieder ein. Sie dachte an Karlchen und an den geheimnisvollen Brief. Der verlockende Essensduft hatte ihre Überlegungen unterbrochen, jetzt wurde sie von Neuem von einer bohrenden Neugier überfallen.

„Könnt ihr euch ein aufregendes Geheimnis vorstellen, das etwas mit Kalifornien, aber nichts mit Pferden zu tun hat?", fragte sie in die Runde.

Onkel Paul zog in komischem Entsetzen die Augenbrauen hoch.

„Man hat dich doch nicht für Hollywood entdeckt? Als Western-Braut, weiblicher Cowboy oder so etwas?"

„Ich hab doch gesagt, es hat nichts mit Pferden zu tun!"

„Aha, also dann vielleicht als ‚Mädchen vom Mars' oder so – oder sollst du die liebe Tochter in einer neuen Familienserie spielen?"

„Jetzt sei doch mal ernst! Es ist kein Geheimnis, das etwas mit mir zu tun hat – sondern mit Groß-Willmsdorf! Frau Beck hat es erwähnt, als sie Karlchen bat, einen ganz wichtigen Brief nach Kalifornien zur Post zu bringen. Wir haben sie natürlich gelöchert, um was für ein Geheimnis es sich handelt und ob Herr Tiedjen vielleicht ein berühmtes Pferd dort kaufen will. Aber sie sagt, mit Pferden hätte es nichts zu tun."

„Kalifornien?" Mutsch kratzte die Reste der cremigen Soße von ihrem Teller. „Lebt da nicht seine geschiedene Frau mit seinem Sohn?"

„Im Ernst? Du meinst, der Brief war an sie? Aber was ist daran so geheimnisvoll?"

„Ganz einfach. Frau Beck wollte nicht, dass ihr eure neugierigen Nasen in Herrn Tiedjens Privatangelegenheiten steckt."

„Aber nein! Sie sprach ausdrücklich von einem aufregenden Geheimnis, das wir bald erfahren würden!"

Mutsch schaute unschlüssig zu Onkel Paul hinüber. Dann stand sie entschlossen auf und räumte die Teller zusammen.

„Dann müsst ihr euch eben noch so lange gedulden."

„Ihr beide macht Gesichter, als wüsstet ihr mehr, als ihr mir sagen wollt!", bohrte Bille weiter.

„Ach, das sind doch bloße Vermutungen", wehrte Mutsch ab. „Hier, verteil mal die Kompottschälchen. Der Obstsalat steht noch im Kühlschrank."

„Was für Vermutungen?"

Mutsch holte tief Luft.

„Wenn Herr Tiedjen euch nichts über seine Pläne gesagt hat, dann wird er seine Gründe haben. Und uns geht die ganze Sache sowieso nichts an."

„Da bin ich nicht so sicher", meinte Bille grübelnd. Nach einer Weile fragte sie: „Wie alt ist eigentlich der Sohn von Herrn Tiedjen?"

„Keine Ahnung. Das ist alles so lange her." Mutsch hatte offensichtlich keine Lust, noch länger über dieses Thema zu reden.

Bille holte die Schüssel mit dem Obstsalat aus dem Kühlschrank und stellte sie auf den Tisch.

„So alt wie du ungefähr", brummte Onkel Paul. „Kann auch ein bisschen älter sein. Er war ja noch klein, als sie mit ihm zurück nach Amerika ging."

„Und er ist inzwischen nie hier gewesen?"

„Nicht, dass ich wüsste. Tiedjen war wohl ein paarmal in Kalifornien und hat sie besucht."

Mutsch warf Onkel Paul einen warnenden Blick zu.

„Na ja, deine Mutter hat recht. Wir sollten uns da nicht in

Spekulationen ergehen. Herrn Tiedjens Privatangelegenheiten haben uns nicht zu interessieren. Und dich auch nicht, verstanden? Tu mir einen Gefallen und quatsch nicht mit deinen Freunden über das, was du eben gehört hast. Nicht, bevor es dir Herr Tiedjen selber erzählt."

„Ist doch klar! Wofür hältst du mich?", sagte Bille beleidigt. „Aber dass wir uns Gedanken machen, wenn Frau Beck mit so einer komischen Anspielung kommt, kannst du uns doch nicht übel nehmen, oder?"

„Sie hätte lieber gar nichts sagen sollen", erklärte Mutsch energisch. „Und nun kein Wort mehr davon. Wann schreibt ihr eigentlich die Physikarbeit?"

„Diese Woche nicht mehr. Nur die Mathearbeit übermorgen."

„Dann würde ich dir raten, die Nase noch ein bisschen ins Buch zu stecken, bevor du schlafen gehst. Gelegentlich mal wieder ein Zweier in Mathe könnte nicht schaden."

Wozu?, dachte Bille. Ich will ja nicht Kauffrau werden wie du! Aber sie hielt doch lieber den Mund. Sie sagte Gute Nacht und verzog sich schleunigst in ihr Zimmer.

Sie musste jetzt unbedingt allein sein. Der Gedanke, der ihr bei dem Gespräch mit Mutsch und Onkel Paul gekommen war, war einfach atemberaubend! Wäre es möglich, dass Herrn Tiedjens Sohn auf Besuch kam? Vielleicht Weihnachten bei seinem Vater verbrachte? Bille versuchte, sich Tiedjen junior vorzustellen. Vierzehn sollte er sein – wie sie. Vielleicht auch schon fünfzehn. Ob er seinem Vater glich? Ob er reiten konnte? Sicher nicht, Mutsch hatte ja damals erzählt, seine Mutter hätte sich von Herrn Tiedjen getrennt, weil sie seine Leidenschaft für Pferde nicht teilte und lieber in der Großstadt lebte. Sicher war er ein richtiger Großstadtjunge!

Ob er ein bisschen Deutsch konnte? Nein, wahrscheinlich sprach er nur Englisch. Bille nahm sich vor, in den nächsten Wochen intensiver im Englischunterricht mitzuarbeiten. Was wohl die Freunde zu der Neuigkeit sagen würden?

Onkel Paul hatte sie ermahnt, nicht über ihre Vermutung zu sprechen. Nun ja, Daniel, Simon und Florian gegenüber war es vielleicht besser, den Mund zu halten. Aber Bettina? Die konnte schweigen wie ein Grab. Bille hatte ihr schon einmal davon erzählt, dass Herr Tiedjen verheiratet gewesen war und einen Sohn in Amerika hatte. Warum also nicht einmal die Idee aufwerfen, wie es wäre, wenn dieser Sohn zu Besuch in Groß-Willmsdorf erschiene?

Bille beschloss, auf jeden Fall mit Bettina über die Angelegenheit zu reden.

Am nächsten Tag in der kleinen Pause – Bettina verstaute gerade ihre Englischbücher in der Schulmappe – näherte sich Bille auf Umwegen dem Thema, das ihr so auf der Seele lag.

„Es muss komisch sein, wenn man mit seinem eigenen Kind nur Englisch sprechen kann …"

„Wieso – was sollen Engländer denn sonst mit ihren Kindern sprechen?"

„Ich meine doch als Deutscher – wenn du sonst nur Deutsch sprichst."

„Wer tut denn so was?"

„Nun – mir ist gerade eingefallen, wenn Herr Tiedjen mal Besuch von seinem Sohn bekäme – das muss ihm doch ganz komisch vorkommen – mit seinem eigenen Kind in einer fremden Sprache zu reden!"

„Du kommst vielleicht auf Ideen! Warum sollte er zu Besuch kommen? Er hat es ja auch bisher nie getan."

„Ich stelle mir das nur vor – so ein schmächtiger amerikanischer Junge mit Brille und kurz geschorenen Haaren, so eine richtige Stadtpflanze, Schuluniform, Baseballschläger unterm Arm …"

„Vielleicht sieht er ganz anders aus?"

„Wenn er so eine zimperliche Mutter hat, ist er sicher genauso. So ein Typ Woody Allen. Nervös, überdreht …"

„Das werden wir sicher nie erfahren. Wozu auch?"

„Sag das nicht! Ich glaube nämlich, in der Richtung tut sich was bei uns in Groß-Willmsdorf. Frau Beck hat da gestern Andeutungen gemacht – sie hatte einen dringenden Luftpostbrief nach Kalifornien …"

„Was flüstert ihr da von Liebesbriefen?" Heike, die vor Bettina saß, wandte sich neugierig um.

Bille schubste Bettina unter der Bank warnend an.

„Ich habe Bettina gerade erzählt, dass Zottel neuerdings anonyme Liebesbriefe bekommt", sagte sie mit todernstem Gesicht.

„Ist nicht wahr! Das gibt es?"

„Offensichtlich."

„Von einem Mädchen oder einem Jungen?"

„Das weiß ich nicht, die Briefe sind ja anonym!"

„Na, trotzdem könnte derjenige sich doch als Junge oder Mädchen zu erkennen geben! Was schreibt er denn so?"

Bettina täuschte einen Hustenanfall vor und versteckte sich hinter ihrem Taschentuch. Aber Bille blieb ernst.

„Zum Beispiel: ‚Zottel, mein Geliebter, Tag und Nacht träume ich von dir! Wann werden wir uns endlich wiedersehen? Ich sehne mich danach, dein seidenweiches Fell mit meinem Maul zu berühren …'"

„Maul? Hat er das wirklich geschrieben? Das darf doch nicht wahr sein!"

„Ist aber wahr."

„Und weiter?"

„‚In Gedanken schmiege ich mich an dich und benage zärtlich deine Kruppe …‘"

„Das muss doch ein Verrückter sein, der so was schreibt!"

„Wieso, Pferde benagen sich nun mal die Kruppe gegenseitig."

„Ja, Pferde! Aber hast du schon mal einen Menschen gesehen, der einem Pferd die Kruppe …"

„Hab ich was von einem Menschen gesagt?" Bille hob in gespieltem Erstaunen die Augenbrauen. „Ich bin sicher, die Briefe hat ein Pferd geschrieben!"

Heike tippte sich an die Stirn und drehte sich wütend weg. Bettina prustete heraus.

„Ich … ich weiß sogar, wer sie geschrieben hat!", kicherte sie. „Meine Stute Sternchen. Ich habe mich schon gewundert, woher die Tinte an ihren Hufen kommt!"

Dann kritzelte sie etwas auf einen Zettel und schob ihn zu Bille hinüber.

„Meinst du wirklich, dass Tiedjens Sohn herkommt? Das wär ja eine Sensation! Ich bin total neugierig auf ihn!"

Gleich nach dem Mittagessen sattelte Bille Zottel und ritt zu den Freunden nach Peershof hinüber.

Regenschleier hüllten die Felder und Wiesen ein, über den Himmel zogen eisgraue Wolken, es wollte den ganzen Tag nicht richtig hell werden. In Zottels struppigem, rotweiß gesprenkeltem Fell sammelten sich die Tropfen zu kleinen Rinnsalen, seine Mähne sah aus, als sei sie mit winzigen Perlen besteckt.

Bille zog sich die Kapuze ihrer Regenjacke tief in das

Gesicht. Zottel fand den Weg nach Peershof ohnehin allein, er war ihn ja schon oft genug gegangen.

Das Gutshaus mit seinen roten Backsteinmauern wirkte heute düster und abweisend. Und düster war auch die Miene Florians, des jüngsten der drei Peershofer Jungen. Bille fand ihn mit einem Drahtbesen bewaffnet vor der Einfahrt, wo er wütend Laub zu einem Haufen zusammenkehrte und auf einen Karren häufte.

„He! Was machst du denn da", rief Bille ihm schon von Weitem entgegen.

„Siehst du doch, strafexerzieren!", brummte Florian.

„Und was hast du ausgefressen?"

„Mir ist mal wieder etwas kaputtgegangen." Florians Stimme triefte vor Selbstmitleid.

„Oje."

„Die anderen sind im Stall", sagte Florian mit dem Ausdruck des zu Unrecht aus der menschlichen Gesellschaft Ausgestoßenen.

Bille ließ Florian mit seinem Schmerz allein und ritt zum Pferdestall hinüber. Daniel und Simon hockten in der Sattelkammer und fetteten ihre Sättel ein. In der Stallgasse putzte Bettina ihre Stute Sternchen.

„Kann mir einer sagen, warum Florian zum Laubharken verdonnert worden ist?", erkundigte sich Bille.

Daniel erhob sich grinsend, reckte sich gähnend zu seiner vollen Länge von nunmehr ein Meter neunzig und warf einen Blick über den Hof zu seinem kleinen Bruder hinüber.

„Wenn ich recht unterrichtet bin, hat es was mit einem verbotenerweise im Salon abgefeuerten Fußball zu tun – und mit Mutters Lieblingsvase."

„Ja, dann ..." Bille pfiff durch die Zähne.

„Sag mal, was gibt's da für tolle Neuigkeiten bei euch drüben?", erkundigte sich Simon und polierte mit einem weichen Lappen die Sitzfläche seines Sattels. „Ihr kriegt Besuch aus Amerika?"

Bille erschrak. Sie hatte vergessen, Bettina um strengste Geheimhaltung zu bitten.

„Ach, das ist nur so eine Vermutung. Ich sollte eigentlich nicht darüber reden. Bitte sprecht mit niemandem darüber, sonst kriege ich Ärger. Vielleicht stimmt's ja gar nicht."

„Wir werden schweigen wie ein Fernseher bei Stromausfall. Nun erzähl schon! Was ist passiert?"

„Das ist mit einem Satz gesagt. Frau Beck bat Karlchen gestern Abend, einen sehr dringenden Brief nach Kalifornien zur Post zu bringen. Neugierig wie er ist, wollte er natürlich wissen, was drinsteht. Und Frau Beck sagte, es handle sich um ein aufregendes Geheimnis, aber es hätte nichts mit Pferden zu tun."

„Und wieso soll es etwas mit Herrn Tiedjens Sohn zu tun haben?", erkundigte sich Daniel.

„Weil der in Kalifornien lebt. Mit seiner Mutter. Er ist vierzehn oder fünfzehn. Also wäre es doch immerhin möglich, dass er auf die Idee gekommen ist, jetzt endlich mal seinen Vater zu besuchen und seinen Geburtsort zu besichtigen."

„Na, wenn Frau Beck von einem aufregenden Geheimnis spricht, dann kann es sich doch eigentlich nur darum handeln. Was wäre für Bille außer Pferden und Reiten denn sonst schon aufregend!", meinte Bettina.

„Da hast du recht."

Simon stand auf und packte sein Sattelputzzeug zusammen. Andächtig betrachtete er sein Werk.

„Hast du mal ein Foto von dem Knaben gesehen?", erkundigte sich Daniel.

„Nein. In Herrn Tiedjens Wohnzimmer hängt keins, das weiß ich. Vielleicht trägt er's in der Brieftasche mit sich herum."

„Eigentlich komisch, dass er so ein Geheimnis daraus macht. Er hat dir doch nie etwas davon erzählt, dass er einen Sohn hat, nicht wahr?", fragte Bettina.

„Nein, nie."

„Vielleicht ist er krank, hat irgendein Gebrechen oder so. Oder er ist ein bisschen zurückgeblieben – und Herr Tiedjen vermeidet deshalb, über ihn zu sprechen."

„Na ja, abwarten." Simon gähnte. „Wenn deine Vermutung stimmt, werden wir's ja bald erfahren."

„Der Sterbende Schwan"

Als Bille an diesem Abend nach Hause kam, saß ihre Schwester Inge am Tisch.

„Hallo, Große! Wie kommen wir zu der seltenen Ehre deines Besuchs? Du warst lange nicht hier – ich möchte fast behaupten, als wir noch nicht im gleichen Ort wohnten, haben wir uns öfter gesehen", flachste Bille.

„Das macht das junge Eheglück", brummte Onkel Paul grinsend. „Da ist man nun mal am liebsten allein. Zu zweit allein natürlich."

„Wir hatten wahnsinnig viel zu tun!", verteidigte sich Inge und wurde rot. „Was glaubt ihr, was die Einrichtung des Häuschens für Arbeit macht, bis alles wirklich so ist, wie man es haben möchte. Dann der Garten – und schließlich haben wir ja auch noch einen Beruf!"

„Schon gut, ich hab's ja nicht böse gemeint. Du bist doch sonst nicht so empfindlich?", sagte Bille erstaunt.

„Deine Schwester fühlt sich im Moment nicht ganz wohl", sagte Mutsch begütigend. „Da ist man eben manchmal ein bisschen zart besaitet. Hier, trink das, dann wird's dir gleich besser gehen."

„Kamillentee? So schlecht ist es dir?", fragte Bille ungläubig, denn sie wusste, dass Inge früher durch nichts auf der Welt dazu gebracht werden konnte, eine Tasse Kamillentee anzurühren.

Inge lächelte kläglich.

„Bist du krank – oder hat es was zu bedeuten?"

„Letzteres …", sagte Inge, wieder errötend.

„Ich werde Tante? Das ist ja der Wahnsinn!" Bille fiel ihrer Schwester so stürmisch um den Hals, dass der heiße Tee über den halben Tisch schwappte.

„Na, na!", knurrte Onkel Paul kopfschüttelnd. „Langsam! Sonst wird ihr gleich wieder schlecht!"

„Weiß es Thorsten schon?", erkundigte sich Bille.

„Als Ehemann wird ihm das wohl kaum verborgen bleiben", meinte Mutsch trocken.

Inge setzte seufzend die Tasse an die Lippen und trank vorsichtig ein paar Schlucke. Augenblicke später presste sie die Hand auf den Mund und stürzte nach draußen.

„Ich habe gewusst, dass sie den Kamillentee nicht schafft", sagte Bille achselzuckend. „Gib ihr doch lieber einen Schnaps!"

„Kommt nicht infrage!" Onkel Paul richtete sich empört auf. „Das wäre Gift für das Kind!"

„Wieso? Wenn mir schlecht ist, sagst du zu Mutsch doch auch, sie soll mir einen kräftigen Schluck Rum verpassen …"

„Das ist etwas anderes. Aber so eine junge werdende Mutter …"

„Hör sich einer das an!" Mutsch lachte. „Das klingt fast, als ob du das Kind kriegtest!"

Nach einer Weile erschien Inge wieder in der Küche.

„Jetzt fühle ich mich besser. Sag mal, du hast nicht zufällig noch etwas von deinem tollen Heringssalat da?"

„Mann, o Mann, da kannst du noch was lernen", murmelte Bille. „Geht das den ganzen Tag so?"

„Im Augenblick leider ja." Inge kniete vor dem Kühlschrank und biss herzhaft in eine saure Gurke. „Ich bin ganz verzweifelt, denn am kommenden Wochenende ist doch Thorstens große Ausstellungseröffnung. Wir haben einen Haufen Leute eingeladen. Aus der Stadt kommen ein paar Kritiker – wir wollen die Gäste mit Getränken und kleinen Häppchen bewirten, aber wie ich das schaffen soll …"

„Da mach dir man keine Sorgen!" Bille sah zu Mutsch hinüber, die den Kamillentee seufzend wegstellte. „Wir werden das machen! Wenn Mutsch uns ein bisschen hilft – oder berät –, Bettina und ich und vielleicht auch die Jungen, wir schaffen das schon. Die Häppchen zurechtmachen und dann die Platten herumreichen und Getränke anbieten – du wirst sehen, du hast eine super Kellner-Mannschaft! Also verlier bloß nicht die Nerven!"

„Die Idee ist toll! Hoffentlich denken deine Freunde genauso darüber und sind nicht sauer, dass sie am Wochenende Partydienste tun sollen."

„Was glaubst du denn! Das ist doch ein Riesenspaß! Ich rufe gleich mal drüben in Peershof an und frage sie."

Bille flitzte zum Telefon und war zwei Minuten später wieder da.

„Okay, genau wie ich gesagt habe. Sie finden es super! Auf diese Weise kriegen wir die feierliche Ausstellungseröffnung doch auch mit. Wann soll die Sache denn steigen?"

„Am Samstag um vier Uhr."

„Gut, dann werden wir Freitagnachmittag bei dir sein und die Sache vorbereiten und alles besprechen."

Als sie am Freitagnachmittag das kleine Strohdachhaus betraten, in dem jetzt Thorsten und Inge wohnten, war

Thorsten gerade dabei, seine Werkstatt in einen Ausstellungssaal zu verwandeln. Der Fußboden blitzte bereits vor Sauberkeit, Werkzeugregale und Schränke waren mit dunkelblauen Tüchern verhängt, und überall standen improvisierte Podeste aus übereinandergetürmten Kisten, die ebenfalls mit Stoff bezogen waren und auf denen Thorstens Kunstwerke prangten. Thorsten war gerade im Begriff, an der Decke eine lange Metallleiste mit Lampen zu installieren, die seine Schöpfungen ins beste Licht rücken sollten.

Eigentlich war Thorsten Kunstschmied. Er fertigte Kaminplatten, eiserne Tore und Geländer, Türschilder, Hausnummern und Namenszüge und manchmal sogar einen Wetterhahn an. Aber in seiner Freizeit schuf er anderes, da ließ er seiner Kreativität freien Lauf und bastelte aus Draht und Metallteilen komplizierte Gebilde, denen er hochtrabende Bezeichnungen gab, wie „Brennender Phönix" oder „Heimkehr des Odysseus" oder auch „Ende des Kampfes", was Bille boshafterweise so interpretierte, dass Thorsten dem Gewirr von Röhren und Drähten gegenüber den Mut verloren und aufgegeben hatte.

In seinen „lichtesten Momenten", wie Bille es nannte, entwarf Thorsten auch Schmuck, schwere Arm- und Halsreifen aus Silber oder Bronze, Anhänger und Gürtelschnallen. Diese Stücke lagen jetzt in Glaskästen auf hellblauer Seide, von kleinen, versteckten Lampen so raffiniert beleuchtet, dass ihre reliefartigen Verzierungen wunderschön zur Geltung kamen.

„Wenn du mich fragst, Thorsten – du solltest nur noch Schmuck herstellen. Er ist einfach fantastisch!", sagte Bille begeistert.

„Freut mich, dass er dir gefällt. Aber weißt du, an meinen

abstrakten Objekten habe ich einfach mehr Spaß. Da bin ich nicht an eine bestimmte Form gebunden und kann aus dem Vollen schöpfen. Diese kleinen Sachen machen mich manchmal ganz nervös!"

„Hm, kann ich irgendwie verstehen. Ich hätte dazu sicher auch keine Geduld. Jedenfalls wünsche ich dir für die Ausstellung einen Riesenerfolg!"

„Danke! Aber jetzt lasst uns an die Arbeit gehen, wir haben noch eine Menge zu tun."

„Okay, wir hören!"

„Da hinten stellen wir einen Tisch mit Gläsern und Getränken auf, zum Selbstbedienen. Draußen auf dem Flur sind die Kartons mit den Gläsern, die könnt ihr schon mal auspacken."

„Und was soll mit den alten Gurkenfässern passieren?"

„Die habe ich für Blumen gedacht. An einigen Stellen – hier auf dem Flur – und dort drüben wollen wir große Blumensträuße aufstellen. Hinterm Haus stehen schon Berge von Sonnenblumen, Dahlien und verschiedene Zweige in Eimern. Da könnt ihr Mädchen eure Fantasie spielen lassen."

„Machen wir."

„Die Getränke lassen wir einfach bis morgen draußen stehen, dann haben sie genau die richtige Temperatur. Und die kalten Platten hat ja zum Glück Mutsch übernommen."

„Ja, die bringen wir morgen, kurz bevor es losgeht, her. Also kümmern wir uns erst mal um die Blumen. Florian packt die Gläser aus und Daniel und Simon stellen den Tisch auf, klar?"

„Okay, Boss."

Bille und Bettina rollten die leeren Fässer an ihre Positionen, füllten sie mit Wasser und wetteiferten um das schönste

Arrangement aus leuchtenden Herbstblumen, Vogelbeer-zweigen und buntem Herbstlaub.

„Wenn ihr so weitermacht, stehlt ihr mir die Schau – die Leute werden nur noch auf eure Blumen achten", meinte Thorsten lachend, dann stöhnte er plötzlich auf und schlug sich mit der Hand gegen die Stirn. „Ich Idiot! Ich Obertrot-tel! Wie konnte ich bloß – was mach ich denn jetzt?"

„Was ist passiert?", fragte Bille erschrocken.

„Mein Prachtstück! Mein Superhit!"

„Ist es kaputt?"

„Nein! Ich weiß nicht, wohin damit! Es steht noch drau-ßen – und jetzt merke ich, dass ich überhaupt keinen Platz mehr dafür habe!"

„Dann stell es doch vor das Haus!"

„Da stehen schon zwei Arbeiten, die ich extra dafür be-stimmt habe. Um die Besucher sanft auf das vorzubereiten, was sie erwartet. Und im Garten hinten geht's auch nicht, da kann man die Leute bei dieser Witterung nicht hinjagen."

„Wo hast du das gute Stück denn versteckt?"

„Im Schuppen. Der dient mir als so eine Art zweite Werk-statt, wenn ich hier mit dem Platz nicht auskomme."

„Na, das ist doch die Lösung!", mischte sich Daniel ins Ge-spräch. „Warum nicht auch einen zweiten Ausstellungsraum draus machen?"

Thorsten schüttelte niedergeschlagen den Kopf.

„Da drinnen sieht's viel zu wüst aus."

„Ach was!", meinte Simon. „Wenn wir alle helfen, kriegen wir das bis morgen hin. Hier drinnen ist doch sowieso kaum noch etwas zu tun."

„Meint ihr? Na, dann lasst uns die Sache mal näher be-trachten. Kommt!"

Thorsten öffnete die Hintertür und sah zweifelnd auf den glitschigen Boden. Bille erriet seine Gedanken.

„Kein Problem! Da drüben liegt vom Umbauen noch ein Stapel Bretter", sagte sie aufmunternd. „Wir werden einen breiten, bequemen Steg legen, auf dem jeder, ohne in den Matsch zu treten, zum Schuppen laufen kann."

„Hm." Thorsten lachte zufrieden. „Ich sehe schon, als Helfer seid ihr einsame Spitze. Na kommt, seht euch das Schlachtfeld mal an!"

Der Schuppen glich tatsächlich einem Schlachtfeld. Der Anblick der Berge von Metallteilen, die Thorsten als Arbeitsmaterial dienten, war entmutigend, aber nun gab es kein Zurück mehr. Auf einem Holzblock in der Mitte des Raumes stand ein Gegenstand, der entfernt an einen durch eine Explosion zerstörten Pflug erinnerte.

„Ist es das?", fragte Bille vorsichtig.

„Ja, das ist der Hit meiner Ausstellung. Ich nenne es ‚Der Sterbende Schwan' – findet ihr nicht, dass es etwas wie Gesang ausstrahlt?"

Florian klopfte ohne jede Ehrfurcht kräftig an eine der Metallscheiben, horchte dem so entstehenden Ton nach und nickte. „Doch. Ziemlich."

„Es kommt natürlich alles auf die richtige Beleuchtung an", sagte Thorsten eifrig. „Ich werde mich gleich mal darum kümmern."

„Und wo sollen wir das Zeug hier alles hintun?", erkundigte sich Simon.

„Am besten hinter den Schuppen. Da sieht es keiner. Nächste Woche räume ich es dann nach und nach wieder rein. Später kann ich den ‚Sterbenden Schwan' ja dann dort aufstellen, wo morgen der Tisch mit den Getränken steht."

Es war weniger schlimm, als sie befürchtet hatten. In zwei Stunden hatten sie den Schuppen leer geräumt, den Fußboden gesäubert, den Sockel mit einem dunklen Tuch verkleidet, und Thorsten konnte beginnen, seinen Metallvogel mit Hilfe raffiniert versteckter Lampen ins rechte Licht zu setzen.

„Ich weiß nicht", meinte Inge, die gekommen war, um das fertige Werk zu begutachten. „Für dieses zarte Gebilde ist der Sockel viel zu schwer und gewaltig. Kannst du den Schwan nicht irgendwie schweben lassen?"

„Darüber habe ich auch schon nachgedacht, aber es geht nicht. Schließlich ist es ja eine Skulptur zum Aufstellen und kein Lampenschirm."

„Dann muss er einen leichteren Unterbau bekommen", erklärte Inge energisch.

„Wie wär's denn, wenn du eines von den dicken Eisenrohren in den Boden rammst", schlug Bille vor, „und so etwas wie eine Platte darauf montierst?"

„Eine gute Idee", meinte Inge.

„Man könnte es immerhin mal versuchen."

„Tu das", sagte Inge. „Und ihr anderen seid in Gnaden entlassen. Morgen gibt es noch genug zu tun. Für heute sagen wir Danke schön! Ihr habt uns wahnsinnig geholfen!"

Am nächsten Tag spannte Bille Zottel vor den kleinen Gummiräderwagen, und Mutsch packte ein Dutzend flacher Kartons auf die Ladefläche, in denen sich Platten mit belegten Brötchen, Käse- und Wurstspießchen, winzigen Törtchen und allen möglichen anderen Leckereien befanden. Es folgten Schälchen mit Nüssen, Salzstangen, Keksen und Kartoffelchips.

„Du lieber Himmel, das reicht ja für ein ganzes Regiment! Wer soll denn das alles essen?", meinte Bille kopfschüttelnd.

„Im Zweifelsfall ihr – wenn die Gäste fort sind", sagte Mutsch ungerührt. „Ihr habt noch nie was verkommen lassen."

„Das ist auch wieder wahr. Also, bis später."

Sicherheitshalber nahm sie Zottel am Zaumzeug und führte ihn durchs Dorf, um die Kostbarkeiten unbeschädigt ans Ziel zu bringen. Vor dem Strohdachhaus warteten bereits die Freunde.

„Wahnsinn, muss ich heute ‚Sie' zu dir sagen?", staunte Simon. „In so einem Kleid siehst du wirklich super aus!"

„Danke. Aber in Hosen fühle ich mich wohler." Bille blickte unbehaglich an sich herunter. „Keine Ahnung, woran es liegt, aber so komme ich mir irgendwie nackt vor."

„Beeilt euch, Kinder, die ersten Gäste kommen gleich!"

Inge erschien in der Haustür und begann, die Kutsche zu entladen.

„Tragt erst mal alles in die Küche!"

„Wie fühlst du dich heute, große Schwester?"

„Durchwachsen bis mittelprächtig. Wird schon schiefgehen. Jedenfalls geht es Thorsten heute wesentlich schlechter als mir."

„Kann ich mir denken."

„Komm, ich muss dir ganz schnell was zeigen!"

Inge nahm Bille bei der Hand und zog sie um das Haus herum zum Schuppen.

„Warte!"

Sie drückte auf einen Schalter an der Außenwand, dann öffnete sie die Tür.

Bille verschlug es den Atem. Über einem duftigen Schleier,

den Bille unschwer als Inges Brautschleier identifizieren konnte, schwebte der „Sterbende Schwan" – von mehreren versteckten Lampen magisch beleuchtet. Unter dem Schleier ahnte man ein Metallrohr, auf dessen oberem Ende sich eine kleine Plattform befand. Darauf stand die Skulptur.

„Super! Das haut einen ja direkt um! Na, wenn das kein Erfolg wird!"

„Ein bisschen wackelig, die Angelegenheit. Hoffentlich stößt keiner dran. Wir müssen eben aufpassen."

Sorgsam verschloss Inge die Tür wieder und schaltete das Licht aus. Als sie zu den anderen zurückkehrten, fuhr bereits der erste Besucher vor, ein Freund und Lehrer Thorstens, der es übernommen hatte, die einführenden Worte zu sprechen. Inge begrüßte den Gast, während Simon und Florian die letzten Kartons ins Haus trugen. Bille führte Zottel mit der Kutsche beiseite und band ihn neben der Garage an.

Und dann brach es wie eine Sturmflut über sie herein. Wagen auf Wagen rollte heran und hielt vor der Einfahrt. Das Haus füllte sich so rasch, dass Bille und ihre Freunde Mühe hatten, schnell genug Nachschub an gefüllten Gläsern und Platten heranzuschaffen. Von Thorstens Werken war vor lauter Menschen kaum noch etwas zu sehen. Der Raum schien vom Stimmengewirr zu vibrieren.

Als Bille auf dem Weg zur Küche einen Blick nach draußen warf, war die Straße von parkenden Autos hoffnungslos überfüllt. Und immer noch kamen neue. Karlchen kurvte auf seinem Moped vor der Einfahrt herum und studierte interessiert die verschiedenen Autotypen.

„Wenn du schon da bist und nichts weiter zu tun hast, könntest du uns doch helfen!", rief Bille. „Magst du nicht ein bisschen Parkwächter spielen?"

„Klar doch!" Karlchen schien auf den Auftrag nur gewartet zu haben.

„Danke! Ich hebe dir von den Leckerbissen auch was auf. Das heißt, wenn die lieben Gäste nicht Kahlfraß machen!"

Die Befürchtung schien berechtigt. Manche Leute machten den Eindruck, als seien sie nur zum Essen und Trinken hergekommen. Und natürlich, um andere lautstark wissen zu lassen, wie viel sie von Kunst verstanden und auf welchen Ausstellungen sie überall gewesen waren.

„Nicht zu fassen!", flüsterte Florian seinem großen Bruder zu und schenkte einem Kritiker, der aussah wie ein von Motten angefressenes Stoffkaninchen, zum fünften Mal das Glas voll. „Ich habe noch nie so viele Leute auf einmal so viel Quark quatschen hören. Wo hat er die bloß alle aufgetrieben?"

„Keine Ahnung. Da gibt's wohl Adressenlisten, wo alle bekannten und wohlhabenden Leute drinstehen, die man zu so etwas einlädt. Da kommt Papa! Hier – drück ihm gleich ein Glas in die Hand, damit er vor Schreck nicht wieder davonläuft. Er hasst so überfüllte Buden."

Bille betrat mit einer neuen Platte voller delikater Häppchen den Raum. Stimmung und Temperatur schienen sich gleichermaßen langsam dem Siedepunkt zu nähern. Karlchen hat es gut!, dachte Bille. Der darf da draußen wenigstens an der frischen Luft Dienst tun. Wie Inge das nur aushält? Aber es scheint ihr überhaupt nichts auszumachen – sie strahlt wie ein frisch gebadeter Säugling! Und Thorsten fühlt sich wie ein König! Ein Riesenerfolg für ihn. Und eine Bombenstimmung! Aber da fischt sich doch dieser unverschämte Kerl schon wieder die ganzen Lachsbrötchen raus! Am liebsten möchte ich ihm auf die Pfoten hauen! Bille warf dem

„unverschämten Kerl" ein zuckersüßes Lächeln zu und entzog ihm sanft die Platte.

„Gib dem blonden Vollmondgesicht da drüben nichts mehr!", flüsterte sie Bettina zu. „Der hat schon mindestens zwei Dutzend Brötchen verdrückt! Uff – ich kriege kaum noch Luft. Ich wünschte, ich wäre an Karlchens Stelle!"

Aber auch Karlchen geriet ins Schwitzen. Er wusste beim besten Willen nicht mehr, wo er die Besucher mit ihren Wagen hindirigieren sollte. Zwei, drei Plätze konnte er noch frei machen, wenn er Zottel mit der Kutsche von der Garage wegbrachte. In einer kurzen Verschnaufpause, in der sich kein weiteres Auto näherte, nahm er das Pony und führte es hinter das Haus. Blitzschnell schirrte er Zottel aus und schob den Wagen auf den Rasen.

Aber wohin mit Zottel? Am besten in den Schuppen. Da hatte er schon früher mal genächtigt und die ein, zwei Stunden würde er es wohl aushalten.

Karlchen schloss die Tür und schob Zottel ins Dunkle.

„So, da kannst du wenigstens nicht abhauen. Verdammt, da kommt schon der Nächste."

Karlchen schloss hastig die Tür ab und lief ums Haus.

Drinnen klopfte der Professor an sein Glas.

„Meine sehr verehrten Damen und Herren – darf ich einen Augenblick um Ihre Aufmerksamkeit bitten. Da wir nun wohl vollzählig versammelt sind, möchte ich Ihnen eine kleine Einführung in das Werk unseres jungen Freundes hier geben."

Die Gespräche ebbten ab. „Pssst, pssst!", ging es durch den Raum. Der Professor räusperte sich, dann begann er von Thorstens Werdegang zu erzählen, von seinen Lehrern und Vorbildern, von seinen bevorzugten Materialien, von Farbschattierungen des Metalls, von Strukturen, Licht und Schatten, Material gewordenen Vorstellungen, zu Formen geronnenem Geist. Florian gähnte herzhaft und erntete einen strafenden Blick von seinem Vater.

Jetzt ging der Professor auf die einzelnen Werke Thorstens ein, stellte erst dieses, dann jenes vor. Das dicht gedrängt stehende Publikum wich ehrfürchtig zurück und quoll wie ein aufgehender Hefeteig mal in diese, mal in jene Richtung. Thorsten hielt sich, rot glühend vor Stolz, bescheiden im Hintergrund, die strahlende Inge an seiner Seite.

Bille und Bettina benutzten die Gelegenheit, schmutzige Gläser einzusammeln und durch frische zu ersetzen, volle Aschenbecher auszuleeren und leere Teller nach draußen zu tragen. Die drei Jungen entkorkten im Hof neue Flaschen.

„Und jetzt, meine verehrten Herrschaften, möchte ich Ihnen den Höhepunkt dieses Abends vorstellen. Es ist wohl das gelungenste und reifste Werk des Künstlers – wir haben es deshalb auch in einem besonderen Raum aufgestellt, damit seine Wirkung durch nichts abgeschwächt wird. Es handelt sich um die Skulptur ‚Der Sterbende Schwan‘, eine Eisenkonstruktion, die ihrem Gewicht zum Trotz an Leichtigkeit und tänzerischer Harmonie nicht zu überbieten ist. Ich darf Sie nun bitten, mir zu folgen."

Begeisterter Applaus dankte dem Professor für seine Rede und übertönte das verzweifelte Quietschen und Schnauben, das beim Öffnen der Tür hörbar wurde. Von anhaltendem Applaus begleitet schritt der Professor auf den Schuppen zu. Ihm folgten Thorsten und Inge, die unauffällig den Lichtschalter drückte. Dicht drängten die Gäste hinterher. Der Professor drehte den Schlüssel, ergriff die Türklinke und wandte sich, indem er die Tür öffnete, an die Besucher.

„Meine Herrschaften! ‚Der Sterbende Schwan'!"

Einen Augenblick herrschte fassungsloses Schweigen. Selbst Zottel in seinem Gefängnis, geblendet von der plötzlichen Helle und erschöpft von dem Kampf mit dem piksenden Ungeheuer im Schleier, stand zitternd still und gab keinen Mucks von sich.

„Wie nennt er das?", flüsterte ein älterer Herr weiter hinten, der nicht gut sah.

„Der Sterbende Schwan", antwortete seine Begleiterin unsicher.

„Ist das ein Happening?", fragte eine aufgetakelte Blonde und zerrte nervös an ihrem Pelzmantel.

„Aber meine Liebe!", rügte der Kritiker, der schon ein bisschen zu viel getrunken hatte. „Happenings sind out. Hoffnungslos out! Dies hier ist – nun, ich würde sagen …" Der zündende Fachausdruck, nach dem er suchte, war offensichtlich seinem weinumnebelten Gehirn entrutscht.

„Neuer Realismus?", fragte eine Dame in einem Gewand aus Großmutters Mottenkiste vorsichtig.

„Schwan? Ich weiß nicht – ich würde es eher ‚Der Sterbende Zentaur' nennen …", flüsterte der mit dem Vollmondgesicht.

„Nein, nein, das ist viel zu direkt. Sie müssen beachten, wie perfekt dem Künstler die Verfremdung gelungen ist", mischte sich ein anderer ein. „Es ist … es ist …"

„Form gewordener Schwanengesang", sagte der Professor, der die ganze Zeit gespannt auf die Reaktion des Publikums geachtet hatte und nicht sah, was aus dem Schwan geworden war. Auch Thorsten und Inge konnten von dem Malheur nichts sehen, da sie seitlich von der Tür standen.

„Ich möchte es kaufen", sagte eine juwelenbehängte ältere

Dicke zu ihrem ebenso dicken Mann. „Ottmar, frag, was es kostet …"

In diesem Augenblick wagte Zottel ein vorsichtiges Hufscharren und kam sofort wieder in schmerzhafte Berührung mit dem Eisenrohr, das den Schnabel des Schwans dargestellt hatte. Zottel quiekte empört. Form gewordene Musik, hatte der Professor gerade noch einmal sagen wollen. Wie vom Blitz getroffen fuhr er herum. Da stand Zottel – inmitten der Trümmer des „Sterbenden Schwans" – vom Kopf bis zu den Hufen in einen weißen Schleier gehüllt und von unten magisch angestrahlt. Der Professor glaubte an eine Halluzination, Schweißtropfen traten ihm auf die Stirn.

„Zottel!", schrie Bille auf und stürzte an dem Professor vorbei. „Welcher Idiot hat Zottel in den Schuppen gesperrt? Mein armer Liebling, hast du dir wehgetan?" Sie drängte sich durch die Schar der staunenden Gäste und befreite das jetzt wieder wütend ausschlagende Pony aus seiner verzwickten Lage.

„I-i-ich hab ihn da reingetan", kam Karlchens verdutzte Stimme aus dem Hintergrund. „Hat mir ja niemand gesagt, dass in dem Schuppen was drin ist."

Die Spannung des Publikums löste sich in einem hemmungslosen, befreienden Gelächter. Thorsten war einer Ohnmacht nahe. Der Professor raffte sich auf, die Situation zu retten.

„Meine lieben Freunde, ich glaube, auf den Schreck hin können wir noch einen Schluck vertragen! Ich darf Sie alle wieder ins Haus bitten und hoffe, Sie zürnen uns wegen dieses kleinen Missgeschicks nicht. ‚Der Sterbende Schwan' wird erst nach seiner Auferstehung zu besichtigen sein."

Superman

Der Verlust seines „Sterbenden Schwans" war für Thorsten ein schwerer Schlag, auch wenn er Bille – die den Tränen nahe war – versicherte, dass er niemandem einen Vorwurf machte. Erst als nacheinander drei Besucher zu ihm kamen und den Wunsch äußerten, eine seiner Skulpturen zu erwerben, begann sich seine Laune zu bessern. Und als schließlich – als verspäteter Gast – noch Herr Tiedjen erschien, die Ausstellung lobte und Thorsten zu einem Gespräch über eine Pferde-Plastik für den Park von Groß-Willmsdorf einlud, war der Verlust schon fast vergessen.

„Zur Strafe wird Zottel mir jeden Tag zwei Stunden Modell stehen müssen", sagte Thorsten grinsend zu Bille. „Auf den Hinterbeinen natürlich!"

So wurde Thorstens erste Ausstellung als ein runder Erfolg verbucht. Mutsch und Onkel Paul strahlten vor Stolz über den plötzlichen Ruhm des Schwiegersohns, und Inge rechnete aus, was man von dem Erlös der Kunstwerke alles kaufen könne.

Noch lange sprach man in Wedenbruck davon, dass man jetzt einen richtigen „Künstler" am Ort habe, einen, zu dem die Fremden kämen, sogar Ausländer von ganz weit her! Und nicht wenige kamen, um sich von der dorfeigenen Berühmtheit doch wenigstens eine neue schmiedeeiserne Türklinke oder sogar ein kunstvoll verziertes Balkongitter machen zu lassen. Der Ausstellungsraum hatte sich wieder in eine Werkstatt verwandelt, die Ausstellungsstücke konnte man in der ehemaligen kleinen Wohnstube bewundern, die jetzt leer geräumt und mit Regalen versehen worden war.

Über all dem Rummel um Thorstens Ausstellung und Inges kommenden Nachwuchs hatte Bille fast vergessen, was sie vor Kurzem noch so in Aufregung versetzt hatte: die Möglichkeit, dass Herrn Tiedjens Sohn zu Besuch käme. Je mehr Zeit verstrichen war, desto weniger glaubte sie daran. Außerdem stand Weihnachten kurz bevor, man musste sich um Geschenke kümmern, Karten und Briefe schreiben, basteln und einkaufen – und das alles neben der normalen Schularbeit und der Arbeit mit den Pferden.

Es war zum Problem geworden, die Pferde ausreichend zu bewegen. Ein ständig herabrieselnder Schneeregen hatte Koppeln und Wege derart aufgeweicht, dass man an den meisten Tagen die Pferde nur in die Halle nehmen konnte, um sie dort zu longieren, denn es war unmöglich, alle zu reiten. Bille und ihre Freunde taten ihr Bestes, um jeden ihrer Lieblinge zu seinem Recht kommen zu lassen. Und Herr Tiedjen unterrichtete vom Sattel aus, um die Zeit für das Training eines weiteren Pferdes zu nützen.

Edmund der Weise, der erst vor Kurzem mit dem Reiten begonnen hatte, verbrachte jetzt viele Stunden im Sattel und begann, nicht mehr nur wie eine versehentlich dort hingeratene Riesenheuschrecke auszusehen.

In den Pausen nahmen Petersen und Hubert die Stuten an die Longe, die in wenigen Wochen oder Monaten fohlen sollten: Jacaranda, Donau und Santa Monica. Auch Iris erwartete im kommenden Jahr wieder Nachwuchs – allerdings erst im Mai.

Simon ritt heute den schönen Rappen Black Arrow und Bille ihren Liebling Troja, als Daniel mit seinem Schimmel Asterix in die Bahn kam und das Tor schloss.

„Habt ihr schon gehört? Herr Tiedjen kommt heute nicht zum Unterricht, er musste nach Hamburg fahren. Frau Beck hat es mir eben gesagt."

„Ach schade! Ich hatte mich so auf die Stunde gefreut", rief Bille und wechselte durch die Bahn. Troja ging in einem wunderbar weit ausgreifenden Trab, als berühre sie kaum den Boden. „Hat sie gesagt, was er in Hamburg will?"

„Nein, aber was tut man schon drei Tage vor Weihnachten in der Stadt. Geschenke einkaufen."

„Für wen braucht Herr Tiedjen schon Geschenke! Ein paar Kleinigkeiten für seine Angestellten. Deshalb braucht er doch nicht nach Hamburg zu fahren!"

„Vielleicht will er dir ein zahmes Krokodil zu Weihnachten schenken", rief Simon aus der anderen Ecke herüber. „Als Beschützer vor plötzlich auftauchenden Räuberbanden."

„Kein schlechter Gedanke!" Bille kicherte. „Das hätte ich brauchen können damals. Aber dann bitte gleich ein Feuer speiendes."

„Wer speit Feuer?" Auf der kleinen Tribüne tauchte Florians Kopf auf. „Von was redet ihr da?"

„Von den Geschenken, die Herr Tiedjen für seine Leute zu Weihnachten kauft. Für Edmund den Weisen zum Beispiel eine Simultan-Übersetzungs-Anlage im Handtaschenformat."

„Eine was, bitte?" Florian starrte seinen Bruder Simon verständnislos an.

„Eine Übersetzungs-Anlage für die Sprache der Tiere – so wie es die Politiker und Diplomaten zum Beispiel bei der

UNO haben. Jeder hört in seinen Kopfhörern den Text in seiner eigenen Sprache. Und da unser lieber Edmund so scharf darauf ist, sich mit den Tieren zu verständigen, wird ihm Herr Tiedjen sicher eine solche Spezialanlage zu Weihnachten schenken", erklärte Simon grinsend. „Wenn jetzt also eine Kuh Muuh – Uuhuu – Muhmuh sagt, hört Edmund in seinen Kopfhörern die Übersetzung: Ich hasse diese elektrischen Melkmaschinen! Beim Anlegen kriege ich immer eine Gänsehaut unterm Fell. Und der Idiot von Melker hat wieder so kalte Pfoten!"

Bille, Daniel und Florian lachten so schallend auf, dass die Pferde unruhig wurden.

„Und kann er auch die Pferdesprache abhören?", fragte Bille kichernd.

„Klar! Stell dir vor, er kommt in den Stall und hört, wie Black Arrow zu Zottel sagt: Höhöhühühöhö!"

„Das klang sehr drohend. Was heißt es denn?"

„Wehe, Bursche, wenn du mich bei deiner nächsten Herrenpartie nicht mitnimmst!"

Sie lachten so laut, dass sie gar nicht bemerkten, wie das Tor geöffnet wurde und Herr Tiedjen hereinkam. Ihm folgte ein fremder junger Mann, von dem man – da er im Schatten stand – nicht viel mehr sehen konnte, als dass er Herrn Tiedjen um Haupteslänge überragte.

„Guten Abend, meine Lieben!", rief Herr Tiedjen und fügte in gespieltem Ernst hinzu: „Abteilung rechts marschiert auf! Abgesessen! Florian – komm du auch her!"

Florian sprang über die Balustrade und stapfte zu den anderen in die Mitte der Bahn. Bille beugte sich zu Simon hinüber.

„Wer ist denn der da hinten? Kennst du ihn?"

„Keine Ahnung. Vielleicht ein neuer Assistent – wie Edmund der Weise …"

Herr Tiedjen winkte dem Besucher, näher zu kommen, und jetzt sah man, dass er noch sehr jung sein musste. Sein braun gebranntes Gesicht war von einer dunklen, fast schulterlangen Mähne umrahmt. Die hellblauen Augen standen in eigenartigem Kontrast zu den breiten Augenbrauen. Er war unverschämt hübsch, stellte Bille fest, aber das Unverschämteste waren zwei tiefe Grübchen, die ihm, auch wenn er ernst war, das Aussehen eines lächelnden Siegers verliehen.

„Ich möchte euch mit jemandem bekannt machen, der hoffentlich bald euer Freund sein wird", sagte Herr Tiedjen. „Dies ist mein Sohn Tom. Er ist heute aus Kalifornien angekommen, ich habe ihn gerade vom Flugplatz abgeholt. Er wird jetzt hier bleiben, um sein Deutsch zu vervollkommnen und sein Geburtsland kennenzulernen. Tom – das sind meine Schüler. Bille …"

„Hallo, Bille!"

Tom trat auf Bille zu und schüttelte ihr die Hand. Bille war so verwirrt von der umwerfenden Neuigkeit, dass sie nichts als ein heiseres „Hallo!" herausbrachte. Sie fühlte, wie ihr Gesicht die Farbe einer reifen Tomate annahm, und drehte sich zu Troja um, als gäbe es dringend etwas an deren Zaumzeug zu richten.

„Ein wunderschönes Pferd!", sagte Tom in bestem Deutsch, wenn auch mit starkem amerikanischem Akzent. „What's her name?"

„Das ist Troja", antwortete Bille schnell. „Ja, sie ist besonders schön, und sie geht fantastisch."

„I'll try her tomorrow. Ich werde sie morgen reiten, wenn es Daddy recht ist. Und dir auch."

„Aber klar, warum denn nicht?"

War es ihr recht? Sie hatte es betont munter gesagt. Aber in ihrem Inneren meldete sich leiser Protest, auch wenn sie diese Regung sofort unterdrückte. Sie wusste selbst nicht, warum sie gegen diesen hübschen, freundlichen Jungen ein solches Misstrauen empfand. Sie kannte ihn doch noch gar nicht, er hatte ihr nichts getan! Warum dann also das Gefühl, als sei sie eine Katze, die man gegen den Strich streichelt? War es sein Aussehen? Sie hatte sich einen schmächtigen, bebrillten College-Knaben vorgestellt, und nun kam Superman persönlich daher. Kam, sah und siegte. War kein Großstadtkind, das vor Pferden ängstlich zurückwich, sondern konnte reiten und verstand offensichtlich etwas von Pferden. Das sah man an der Art, wie er Troja anfasste, ihr prüfend und zärtlich zugleich über Hals und Kruppe fuhr. Und Troja beschnupperte ihn so vertraulich, als wollte sie ihn zur Begrüßung abküssen! Bille gab es einen Stich.

Tom war weitergegangen und begrüßte nun Simon, Daniel und Florian.

„Wo ist Bettina?", fragte er schließlich. „She's not coming tonight?"

„Sie ist krank, erkältet", erklärte Daniel. „She's not well. But I think, she'll come tomorrow."

„Bitte sprecht mit Tom möglichst nur Deutsch", sagte Herr Tiedjen lächelnd. „Denn dafür ist er ja hergekommen."

„Okay."

Alle lachten. Daniel hatte gar nicht bemerkt, dass er auf Herrn Tiedjens Bitte englisch geantwortet hatte, und schaute erstaunt in die Runde.

„Das ist Asterix, ja? Wie alt ist er jetzt?", erkundigte sich Tom.

„Vierzehn. Du weißt gut Bescheid über unsere Pferde."

„Daddy musste mir alles genau schreiben. Meine Mutter ist nicht besonders interessiert in Pferde …"

„… an Pferden", warf Herr Tiedjen ein.

„… ja, pardon, an Pferden. Aber ich! Ich habe gekämpft für jede Minute Reiten, und alle Ferien war ich auf einer Farm von einem Freund – nur immer im Pferdestall. Tag und Nacht."

„Du reitest sicher sehr gut?", erkundigte sich Daniel.

„Sicher nicht. Nicht so gut wie ihr. Aber ich werde es bald tun – jetzt, wo ich bei Daddy bin." Tom trat zu Black Arrow und klopfte ihm den Hals. „And how are you, old boy? Where's your funny little friend?"

„Zottel ist drüben im Stall. Du kennst Black Arrow?"

„Ja. Daddy hat ihn bei Freunden von uns gekauft. Sie haben ein – wie sagt man …"

„Ein Gestüt?"

„Ja. Ein Gestut." Das „ü" machte Tom noch am meisten Schwierigkeiten.

Davon hatte Herr Tiedjen nie etwas erzählt. Kein Wort davon, dass er seine Familie in Amerika regelmäßig besucht und mit seinem Sohn ein Pferd gekauft hatte. Warum nur? Bis heute hatte sich Bille eingebildet, ihn gut zu kennen, hatte geglaubt, einen vertrauten Freund in ihm zu haben, eine Art Ersatzvater. Und nun stellte sich heraus, dass dieser Freund Geheimnisse vor ihr gehabt, ihr ganz wesentliche Dinge nicht anvertraut hatte. Bille war es, als wäre ein schwerer Vorhang zwischen ihnen niedergegangen, sie fühlte sich plötzlich so traurig und allein gelassen, dass sie am liebsten geweint hätte.

Zu blöd, beschimpfte sie sich. Was ist bloß mit mir los? Er

ist sein Sohn, er ist nett, er versteht etwas von Pferden und reitet, alles ist okay, warum sollen wir uns nicht gut verstehen? Aber die Traurigkeit blieb.

„Komm, jetzt will ich dir die Ställe zeigen", sagte Herr Tiedjen und nahm Tom am Arm.

Sie verließen die Reithalle, und Bille, Daniel und Simon stiegen wieder auf. Schweigend trabten sie auf dem Hufschlag, jeder in seine Gedanken versunken.

„Das ist vielleicht ein Hammer", platzte Daniel schließlich heraus. „Mich hat's gleich umgehauen, als Tiedjen mit ihm auftauchte. Wie alt wird er sein?"

„Sechzehn, schätze ich. Er ist zwar ein Riese, aber er hat noch ein richtiges Babygesicht."

„Ein Gesicht wie ein Mädchen!", knurrte Florian von der Tribüne hinunter. „Das ist genau der Typ, hinter dem alle Weiber her sind."

„Was verstehst du denn davon?", sagte Simon verächtlich.

„Mehr als du denkst."

„Ach komm!"

Bille spürte, dass auch die Jungen ganz schön durcheinander waren. Keiner schien sich über das Auftauchen von Tom besonders zu freuen.

„Hoffentlich unterrichtet Herr Tiedjen uns überhaupt noch, jetzt, wo er sich um die Ausbildung seines eigenen Sohnes kümmert", sagte Simon nach einer Weile und sprach damit aus, was sie alle bewegte.

„Er kann uns doch nicht einfach im Stich lassen", meinte Bille. Aber es klang mutlos.

„Jedenfalls wird sich manches ändern, ist doch klar!"

„Abwarten", brummte Daniel.

„Ich weiß gar nicht, was ihr habt!", meldete sich Florian

von oben zu Wort. „Er will doch, dass wir uns um ihn kümmern, dass wir Deutsch mit ihm reden, dass er hier gleich Freunde hat."

„Dann dürfen wir also in Zukunft Kindermädchen für den lieben Tiedjen junior spielen, wie? Und wenn wir nun keine Lust dazu haben?", fragte Simon angriffslustig.

„Dann brauchen wir auch nicht mehr nach Groß-Willmsdorf zu kommen. Dann wird sich Tiedjen junior seine eigenen Freunde suchen, und wir haben hier nichts mehr zu suchen", antwortete Daniel grimmig.

„Du sagst es."

„Hört auf damit!", rief Bille aufgebracht. „Ihr tut gerade so, als sei Herr Tiedjen ein Ungeheuer, herzlos und unmenschlich! Schließlich mag er uns, wir sind seine Schüler, und er fühlt sich für uns verantwortlich. Jetzt sind wir eben einer mehr in der Gruppe! Weiter nichts."

„Das glaubst du doch selbst nicht", höhnte Simon. „Überleg doch mal: Ein Leben lang sehnt er sich nach seinem Sohn, so sehr, dass er mit niemandem darüber sprechen mag, weil das seinen Schmerz nur vergrößern würde. Und nun hat er ihn endlich wieder, der Sohn liebt ihn, reitet genauso leidenschaftlich wie er, will ihm nacheifern – und da glaubst du, es bliebe alles beim Alten! Ist doch nur logisch, wenn wir jetzt abgemeldet sind."

„Ich meine ja nur, man muss nicht gleich so schwarzsehen! Vielleicht wird alles ganz anders, vielleicht bleibt Tom ja gar nicht lange."

„Wetten, dass er jetzt hier in die Schule geht? Ein Jahr bleibt der mindestens."

Bille schwieg betroffen. Simon hatte recht. In Herrn Tiedjens Leben hatte es eine große Veränderung gegeben, man musste blind sein, um nicht zu sehen, wie stolz er auf seinen Pracht-Sprössling war. Und sie selbst kam sich plötzlich wie ausgesperrt vor. Wie jemand, der einem Wartenden eine Weile Gesellschaft geleistet hat, um ihm die Zeit zu vertreiben, und der jetzt gehen kann, weil der erwartete Gast gekommen ist. Alles Weitere geht ihn nichts mehr an.

„Ich mache Schluss für heute", sagte Bille rau und sprang aus dem Sattel.

Auf dem Hof war es nasskalt und neblig, feiner Sprühregen legte sich ihr aufs Gesicht, wehte ihr in die Augen. Bille blinzelte. So sah sie Tom erst, als er direkt vor ihr stand.

„Bist du fertig für heute?" Er legte ihr einfach den Arm um die Schulter und marschierte mit ihr zum Stall. „Ich habe auf dich gewartet. Ich möchte gern, dass du mich mit Zottel bekannt machst, ja?"

„Gern. Hast du ihn noch nicht gesehen?"

„Doch, von Weitem. Aber ich wollte nicht ohne dich zu ihm gehen. Er ist dein Pferd."

„Oh, das hättest du ruhig tun können. Ich bin da nicht so pingelig, er ist schließlich kein kostbares Turnierpferd, das sich vor jedem Schnupfen hüten muss."

„Du bist – what is it, ‚pingelig'?"

Bille lachte laut auf.

„Entschuldige. Pingelig – das heißt kleinlich …"

„I see. Aber ich! With horses I'm very, very pingelig!"

Lachend betraten sie zusammen den Stall. Der alte Petersen nickte ihnen zu.

„Fein, ihr versteht euch ja schon, wie ich sehe. Das war 'ne Überraschung, wie?" Er schlug Bille freundschaftlich auf die Schulter. „Da hast du wohl Augen gemacht? Hätte gern dein Gesicht gesehen."

Bille schielte zu Tom hinüber, der begann, Troja abzusatteln.

„Hm, ich war ganz schön von den Socken."

„Wo kommt ihr Sattel hin?"

„Gib her, ich bring ihn in die Sattelkammer."

„Nein, zeig es mir. Ich will alles sofort lernen, verstehst du?"

„Okay, hier drüben, siehst du? Rechts daneben, der gehört Lohengrin, und links ist der Platz für Black Arrows Sattel."

Gemeinsam rieben sie Troja trocken und brachten sie in die Box. Dann führte Bille Tom zu Zottel.

„Besuch für dich, Dicker. Darf ich dir Tom vorstellen? Er möchte dich gern kennenlernen."

Zottel drängte sich freudig an seine Herrin und suchte ihre Taschen nach einem Leckerbissen ab.

„Hallo, Zottel! Nice to meet you. Hier, der liebe Onkel hat dir etwas mitgebracht. Extra für dich gesammelt."

Tom zog ein Päckchen Kekse aus der Tasche, die offensichtlich aus dem Flugzeug stammten. Ihnen folgte ein in Zellophanpapier gewickeltes Stück Rosinenkuchen.

„Daddy hat mir alle seine Streiche erzählt. Und auch seine Heldentat – wie er die Bande fertiggemacht hat. Sagt man das so? Fertiggemacht?"

„Ja. Wo hast du so gut Deutsch gelernt?"

„Ein Freund von mir. Er kam aus Deutschland, und sein Englisch war – oh, forget it. Wenn er wütend war, sagte er immer: ‚Ich mach dich fertig!'"

„Und?", fragte Bille lachend. „Kannst du noch mehr solche Ausdrücke?"

„Ja. ‚Das ist nicht mein Bier!' und – warte mal – und ‚Rutsch mir den Buckel runter'."

Bille kicherte. Es hörte sich zu komisch an, wenn Tom mit seinem amerikanischen Akzent so etwas sagte.

„Ich wollte dich noch was fragen …"

„Was denn?"

„Ist es dir recht, wenn wir zusammen Unterricht haben – bei Daddy, meine ich?"

„Klar ist es mir recht", sagte Bille überrascht. „Aber dein Vater wird dich doch sicher allein unterrichten wollen."

„Er hat mich gefragt, was ich am liebsten möchte. Und ich habe gesagt, mit dir zusammen."

„Und er war einverstanden?"

„Er findet es gut. Weil – er sagt, ich kann mir was von dir abgucken. Aber ich wollte dich selber fragen."

„Okay, Tom. Ich freue mich drauf. Gleich morgen Nachmittag? Weißt du schon, welches Pferd du reiten sollst?" Billes Stimme hatte auf einmal Flügel bekommen.

„Lohengrin."

„Das ist gut. Er ist ein bisschen faul – aber ein absoluter Profi. Ich hab mit ihm mein erstes Turnier gewonnen."

„Ich weiß."

Advent im Pferdestall

Als Bille zu Hause ankam und Mutsch die große Neuigkeit schon in der Tür berichten wollte, musste sie feststellen, dass die Nachricht von Toms Ankunft im Dorf bereits die Runde gemacht hatte. Karlchen saß in der Küche und schaute Bille erwartungsvoll entgegen.

„Na? Wie ist er? Ein richtiger Cowboy?"

„Wieso warst du heute nicht im Stall?", fragte Bille zurück. Karlchen hob resignierend die Schultern.

„Ich werde wohl eine Weile nicht mehr kommen können. Mit dem Engel und Frankreich, das hat leider nicht funktioniert. Meine Mutter war heute bei unserem Mathelehrer."

„Pech. Und?"

„Sagen wir, es hat in meinem Leben kleine Veränderungen gegeben. Bis auf Weiteres keine Jobs mehr, dafür Nachhilfestunden in Mathe. Sonst wird es nichts mit der Lehrstelle im Herbst. Schicksal."

„Tut mir wirklich leid für dich. Du wirst mir im Stall fehlen. Warum lässt du die Lehrstelle nicht sausen und wirst Pferdepfleger wie dein Bruder Hubert?"

„Ich interessiere mich nun mal mehr für Autos und Motorräder!", maulte Karlchen. „Du mit deinen Gäulen! Für mich ist die Arbeit im Stall ein Job, weiter nichts. Ein Job zum Geldverdienen."

„Dafür hast du's erstaunlich lange ausgehalten", meinte Bille kopfschüttelnd. „Ich frage mich, ob deine unglück-
liche Liebe zu Autos und Motorrädern wirklich ausreicht,
um einen guten Mechaniker aus dir zu machen."

„Du wirst schon sehen! Außerdem ist das ja nur das Über-
gangsstadium. Wenn ich erst mal so weit bin, werde ich nur
noch Rennen fahren!"

„Ach, daher weht der Wind! Sieh mal an …"

Karlchen wurde rot.

„Na ja, das hat ja noch Zeit, vergiss es. Nun komm doch
endlich zum Thema!"

„Welches Thema?"

„Tiedjens Sohn! Wie sieht er aus, wie redet er und was ist
er für ein Typ?"

„Aussehen tut er super, reden tut er Deutsch und ein Typ
ist er nicht."

„Und weiter?"

„Was weiter? Ich kenne ihn ja noch gar nicht richtig."

„Magst du ihn?"

„Weiß ich noch nicht. Im ersten Moment nicht. Aber dann
war er sehr nett, und – aber trotzdem."

„Was trotzdem?"

„Er ist so – so besitzergreifend. Ach, ich kann das auch
nicht erklären."

„Eifersüchtig?"

„Wieso?"

„Dass du jetzt bei Tiedjen nicht mehr die erste Geige
spielst – höchstens noch die zweite."

Bille wollte wütend auffahren, fing sich aber gleich wieder. Hatte Karlchen nicht recht? Das Einzige, was sie gegen
Tom vorbringen konnte, war doch, dass er jetzt ihren Platz

einnahm. Aber konnte sie ihm das übel nehmen? Dafür konnte Tom schließlich nichts. Wenn er von Anfang an in Wedenbruck geblieben wäre, dann wären sie vielleicht schon seit ihrer Kindheit befreundet – so wie sie es mit Karlchen war. Dann würde Tom auch nicht mit diesem komischen Akzent sprechen, und das Groß-Willmsdorfer Gutshaus wäre ein Haus mit einer normalen Familie, in dem immer etwas los war.

„Warum sagst du nichts? Bist du sauer?"

„Ach wo, ich habe nur eben über etwas nachgedacht." Bille lächelte. „Und wenn du's genau wissen willst – es ist mir egal, wer die erste Geige spielt – so lange die Geige so nett ist und so gut aussieht."

Karlchen pfiff durch die Zähne. Bille wurde rot.

„Da gibt's überhaupt nichts zu pfeifen! Du bist auf dem falschen Dampfer, wenn du meinst, dass ich … es ist nur so, dass er sich solche Mühe gibt, nett und hilfsbereit zu sein und sich den anderen anzupassen, dass man ihn einfach gern haben muss!"

„Also, kurz und gut, du weißt selber noch nicht, was du über ihn denkst. Ich muss jetzt gehen. Hab heute genug Krach zu Hause gehabt, einer reicht mir. Und wenn ich in Zukunft nicht pünktlich am Tisch sitze, dann … ach, ein Leben ist das! Zum Verrücktwerden!"

Mutsch hatte die ganze Zeit schweigend am Herd gestanden und in einem Topf gerührt.

„Na, ich bin ja gespannt", sagte sie jetzt, nachdem Karlchen sich verabschiedet hatte. „Aber ich freu mich, dass du dir Mühe gibst, gut mit ihm auszukommen. Es muss schlimm sein für so einen Jungen, in ein fremdes Land zu kommen, wo er niemanden kennt."

„Er macht nicht den Eindruck, als ob er es schlimm fände. Im Gegenteil."

„Das kann täuschen. Vielleicht gibt er sich gerade deshalb so viel Mühe, weil er Freunde braucht – Freunde sucht, und weil er sich vor dem Zusammenleben mit seinem Vater fürchtet."

„Vor dem Zusammenleben mit Herrn Tiedjen? Das glaubst du doch nicht im Ernst!"

„Überleg doch mal!" Mutsch nahm den Topf vom Herd und setzte sich zu Bille an den Tisch. „Tom ist wahrscheinlich ganz anders erzogen worden, als es Herr Tiedjen getan hätte. Viel freier, nehme ich an. Bis jetzt haben sie sich nur kurz bei Besuchen gesehen, da ist es leicht, miteinander auszukommen. Ständig zusammenzuleben – das ist etwas ganz anderes. Und Herr Tiedjen ist inzwischen ein richtiger Junggeselle geworden, liebt seine Ruhe über alles, hat kaum einmal Gäste – meinst du, es wäre leicht für einen sechzehnjährigen Jungen, plötzlich in so einem düsteren, alten Haus zu leben – wie in einem Museum? Es wird ganz entscheidend von euch abhängen, ob er sich hier einlebt."

Bille schaute ihre Mutter nachdenklich an.

„Du hast dir anscheinend schon eine Menge Gedanken über Herrn Tiedjen und seinen Sohn gemacht. Mehr als ich jedenfalls. Ich gebe zu, ich war im ersten Moment nicht gerade begeistert, als er auftauchte. Jetzt – nachdem du mir das alles gesagt hast – merke ich, dass ich verdammt egoistisch war. Karlchen hatte recht, ich hatte wirklich Angst, dass ich jetzt nur noch die zweite Geige spielen würde. Aber das ist vorbei. Tom und ich – wir werden super miteinander auskommen, da bin ich ganz sicher. Wir haben uns schon für morgen verabredet, Herr Tiedjen wird uns gemeinsam unterrichten."

„Fein, das freut mich." Mutsch stand auf, holte eine Schüssel aus dem Schrank und schüttete den Inhalt des Kochtopfes hinein. Es duftete nach Zimt und Äpfeln. „Ich gebe zu", sagte sie leise, „als ich hörte, dass der Junge jetzt hierbleiben soll, hat er mir richtig leidgetan. Aus der Sonne in unser graues, kaltes Nieselwetter, und wo alles fremd ist um ihn herum – na, komm. Nun deck mal den Tisch."

Mutschs Worte hatten bei Bille Wunder gewirkt, sie hatten auch den letzten Rest von Eifersucht und Unbehagen verscheucht und dem festen Willen Platz gemacht, Tom in jeder Weise zur Seite zu stehen.

Als sie am nächsten Tag mit Bettina das Schulgebäude verließ, wurde sie am Tor von Herrn Tiedjen und Tom erwartet.

„Wir haben Tom in der Schule angemeldet und dachten uns, da könnten wir dich gleich mitnehmen. Hättest du nicht Lust, heute bei uns zu Mittag zu essen?"

„Und ob! Mutsch und Onkel Paul kommen ja sowieso erst abends aus dem Geschäft. Ich müsste nur schnell meine Reitsachen holen."

Bille folgte Toms Blick, der an ihr vorbeiwanderte und fasziniert an irgendetwas hinter ihr hängen blieb.

„Ach du Schreck! Entschuldigt bitte! Tom, darf ich dich mit Bettina bekannt machen – ihre drei Adoptivbrüder hast du ja gestern schon kennengelernt."

„Hallo, Bettina. Geht's dir besser heute?" Tom starrte Bettina so hingerissen an, dass Bille fast eifersüchtig wurde.

„O ja, nur ein bisschen Husten habe ich noch." Bettina war zu Billes Genugtuung genauso verlegen, wie sie es gestern gewesen war.

„Kommst du heute zum Reiten?"

„Ja, sicher. Sobald wir mit den Hausaufgaben fertig sind, machen wir uns auf den Weg. Wir haben zum Glück nicht viel auf, nur eine Kleinigkeit. Am vorletzten Tag vor den Ferien sind sie gnädig mit uns."

„Fein. See you later …"

Tom nahm Bille die Schulmappe ab, legte ihr den Arm um die Schultern und führte sie zum Auto. Bille winkte Bettina noch einmal zu und sah befriedigt, wie ihre Klassenkameradinnen sich die Hälse verrenkten, um einen Blick auf Tom zu erhaschen. Bille grinste.

„Dreh dich noch einmal um", sagte sie leise, „so – wink Bettina zu, damit dich alle sehen können. Danke! Jetzt haben die blöden Gänse was zu tratschen."

„Was ist das – tratschen?"

„Hm, wie soll ich das übersetzen? Das ist so was: gagagagagaga." Bille ahmte eine Ente nach.

„Oh, I see." Tom lachte. „Das nächste Mal werde ich einen Kopfstand machen für sie."

Später aßen sie in Herrn Tiedjens behaglichem Wohnzimmer im ersten Stock des Gutshauses zu Mittag. Es gab Grünkohl mit kräftig geräucherten Würstchen und knusprigen Bratkartoffeln, die Tom mit einer dicken Schicht Tomatenketchup bedeckte. Sein Vater verfolgte die Aktion mit fassungslosem Kopfschütteln.

Das Gespräch drehte sich um die vergangenen und kommenden Turniere und um die zurzeit besten Pferde auf den internationalen Parcours. Dann erzählte Tom Erlebnisse aus seiner Schule in Amerika und von der Farm seines Freundes. Alles, was in irgendeinem Zusammenhang mit seiner Mutter stand, mied er sorgfältig.

Zum Nachtisch gab es Zitronencreme. Frau Engelke hatte in weiser Voraussicht eine Portion für sechs Personen zubereitet, die Tom und Bille ohne Mühe verdrückten.

„Ich schlage vor, ihr macht jetzt einen Spaziergang nach Wedenbruck hinüber. Dann kann Bille ihren Zottel holen und sich umziehen und vor allem ihre Hausaufgaben machen. Und Tom kann sich in der Zwischenzeit ein wenig im Dorf umsehen", schlug Herr Tiedjen vor. „Ein gesetzter älterer Herr braucht seinen Mittagsschlaf. Um vier Uhr sehen wir uns dann zum Unterricht in der Halle."

„Älterer Herr – soll das ein Witz sein? Sie sind doch noch ganz jung!", empörte sich Bille.

„Danke für das reizende Kompliment, junge Dame, aber seit meinem Unfall fühle ich mich leider nicht mehr so. Also, bis später, ihr zwei."

Bille und Tom machten sich auf den Weg nach Wedenbruck. Bille zeigte ihm Felder und Koppeln, erklärte, wer auf welchem Hof wohnte, würzte die Erzählung mit lustigen Begebenheiten aus dem Dorf, erzählte von dem alten Strohdachhaus, in dem sie früher gewohnt hatten und in dem sich jetzt Inge und Thorsten eingerichtet hatten. Von Mutschs kleinem Laden und Onkel Pauls Bemühungen, um Mutsch zu werben.

„Als mein Vater noch lebte, waren die beiden sehr befreundet. Darum hatte Onkel Paul nach Papas Tod schreckliche Hemmungen, Mutsch seine Liebe zu gestehen. Es hat Jahre gedauert, bis er sich endlich getraut hat – und wenn ich nicht nachgeholfen hätte, dann hätte er es ihr sicher bis heute noch nicht gesagt", erzählte Bille lachend. „Dabei ist er ein Mann, stark wie ein Baum – und energisch! So viel Zartgefühl vermutet man bei ihm gar nicht."

„Du verstehst dich gut mit deinem Stiefvater, ja?"

„Sehr gut. Ich liebe ihn wie meinen eigenen Vater, ich könnte mir ein Leben ohne ihn gar nicht mehr vorstellen."

„Du hast es gut."

„Wie meinst du das?"

„Oh, forget it. Es lohnt sich nicht. Das ist – ganz weit weg, verstehst du?"

„Nein, aber das macht nichts. Hier ist unser Haus. Komm rein!"

Bille öffnete das Tor und ging zunächst zum Stall hinüber, in dem Zottel und Moischele warteten.

„Zottel kennst du ja schon. Und die wollige kleine Kugel da ist Moischele, ein Shetlandpony. Hat dir dein Vater auch seine Geschichte geschrieben?"

„Ich weiß nicht mehr genau. Ihr habt ihn gefunden, nicht wahr?"

„Er ist ausgesetzt worden. Karlchen und ich haben es beobachtet. Leider war es zu dunkel, um die Leute zu erkennen, sie sind uns mit ihrem Auto vor der Nase davongefahren. Moischele war in einem jämmerlichen Zustand, nur noch Haut und Knochen. Da habe ich ihn mit nach Hause genommen und gesund gepflegt, und Mutsch hat sich so in ihn verliebt, dass er für immer bleiben durfte. Wir nennen ihn Mutschs Hofhund, weil er ihr wie ein Hündchen nachläuft. Und wie sie ihn verwöhnt, das siehst du ja an seinem runden Bauch."

Tom beugte sich zu Moischele hinunter und versuchte, ihn hochzuheben. Zwei Zentimeter schaffte er, dann rutschte er im Stroh aus und landete auf dem Boden.

„Dear me, er ist wirklich sehr gut gefüttert. Soll ich Zottel schon mal putzen?"

„Komm erst ins Haus. Magst du mir bei der Hausaufgabe helfen? Es ist eine englische Übersetzung."

„Why not? Ich liebe Hausaufgaben! Wenn es nicht meine eigenen sind, natürlich."

Im Flur blieb Tom schnuppernd stehen und sah sich um. Dann fiel sein Blick auf den großen Adventskranz, der von der Decke hing und mit rotbackigen Äpfeln und duftenden Wachskerzen verziert war. Vorsichtig befühlte er die Tannenzweige.

„Oh, die sind echt!"

„Na klar, was dachtest du denn?"

„Beautiful. Wunderschön. Und es riecht so gut!"

„Habt ihr keinen Adventskranz?"

Tom schüttelte den Kopf.

„In Amerika haben wir christmas trees aus Plastik, mit kleinen Lichtern …"

„Sicher künstliche Kerzen, keine echten, nicht wahr?"

„Natürlich nicht."

„Dann weißt du gar nicht, wie schön Advent sein kann – und Weihnachten. Schau, überall in den Zimmern haben wir Vasen mit Tannen und Kiefernzweigen. Duftet das nicht herrlich? Ich habe sie mit Bettina und Simon aus dem Wald geholt. Da draußen steht unser Christbaum. Wir schmücken ihn mit selbst gebackenen Lebkuchenfiguren und vergoldeten Kiefernzapfen. Hier, schau mal", Bille zog eine Schublade auf, „die kleinen Engel aus Stroh hat meine Schwester Inge gebastelt. Die kommen auch an den Baum."

„Daddy hat mich gefragt, ob ich einen Christbaum möchte. Ich habe gesagt, no, ich mache mir nichts daraus. Aber das hier ist hübsch, es gefällt mir."

„Keinen Christbaum?" Bille war entsetzt. Weihnachten

ohne Christbaum und Kerzen konnte sie sich überhaupt nicht vorstellen. „Wollt ihr denn gar nicht Weihnachten feiern?"

„Wir werden in die Kirche gehen. Und dann werden wir für uns etwas kochen. Frau Engelke hat frei, weißt du. Ich denke, wir werden schon Spaß haben."

Bille schaute Tom zweifelnd an. Dann hellte sich ihr Gesicht auf.

„Tom, ich hab eine Idee. Damit du ein bisschen auf den Geschmack kommst, werden wir heute nach dem Reiten im Stall eine kleine Adventsfeier machen! Wir holen uns Tannenzweige und nehmen Kerzen mit, was zu knabbern und was zu trinken – und feiern mit unseren Rössern Advent. Warte, ich rufe nur schnell Bettina an. Du kannst dir inzwischen meine Hausaufgabe ansehen."

Bille ging zum Telefon.

„Die anderen sind einverstanden!", sagte sie, als sie kurz darauf zurückkam. „Bettina findet die Idee absolut super – sie organisiert die Plätzchen und was wir sonst noch brauchen."

Tom hatte die Übersetzung bereits fertig, Bille brauchte sie nur noch abzuschreiben. Zwanzig Minuten später waren sie wieder auf dem Weg nach Groß-Willmsdorf. Bille ritt Zottel, und Tom lief nebenher.

„Er wird fett und bequem", seufzte sie. „Ich reite ihn in letzter Zeit viel zu wenig. Immer nur den Weg zwischen Wedenbruck und Groß-Willmsdorf oder mal nach Peershof hinüber. Seit Wochen haben wir keinen großen Ausritt mehr unternommen. Jetzt in den Ferien muss das anders werden."

„Jetzt wird überhaupt alles anders", meinte Tom grinsend. „Was glaubst du, was wir alles anstellen werden!"

„Gefällt es dir eigentlich hier?", erkundigte Bille sich vorsichtig.

„Manches sehr – und manches nicht."

„Und was gefällt dir nicht?"

„Das große leere Haus, und dass alles so … so steif ist. Alles ist so furchtbar deutsch. Wie ein Trauermarsch."

„Vielleicht ist das graue Wetter schuld?"

„Ein bisschen. Aber nicht nur. Es ist nichts los hier."

„Und – sehnst du dich danach, wieder zurückzugehen?"

„Im Gegenteil. Ich will es ändern. Die Bude auf den Kopf stellen. Lass mich nur eine Weile hier sein, dann …"

„Das mit dem Haus kann ich verstehen, da hast du recht. Es ist richtig schade um den schönen alten Kasten."

„Warte nur. Da fällt uns schon etwas ein."

Um Punkt vier Uhr waren sie in der Reithalle. Bille wartete gespannt auf Toms Reitkünste. Er hockte auf Lohengrins Rücken wie ein Jockey, die Steigbügel extrem kurz, die Zügel lässig in der rechten Hand, mit der er sich zugleich auf den Sattel aufstützte. Wie Bille erwartet hatte, winkte Herr Tiedjen seinen Sohn erst einmal in die Mitte der Bahn, um die Steigbügel zu korrigieren und ihm etwas über die Haltung zu sagen.

„Mein Herr Sohn kennt nämlich bis jetzt nur eine Gangart", bemerkte er lächelnd zu Bille. „Eine Art Freistil-Renngalopp. Anders hat er sich auf dem Pferderücken noch nie vorwärtsbewegt."

Tom musste eine ganze Weile im Schritt auf dem Hufschlag reiten und sich endlose Korrekturen seiner Haltung gefallen lassen. Er ertrug es seufzend. Bille bewegte sich inzwischen im Trab durch die Bahn, ritt Volten, Schlangenlinien und Zirkel. Tom warf ihr neidische Blicke zu. Schließlich durfte auch er antraben, preschte los und wurde sofort wieder gebremst durch eine Fülle von Korrekturen.

„Jetzt ist dir alles wieder viel zu deutsch, stimmt's?", rief Bille lachend. „Hier wird hart gearbeitet."

„Ich dachte, du willst Reiter werden?" Herr Tiedjen lachte ebenfalls. „Ohne Arbeit geht das leider nicht. Einfach so drauflosrasen, das ist keine Kunst. Und als Jockey bist du leider nicht zu gebrauchen bei deiner Größe und deinem Gewicht. Jetzt halt mal an und zeig mir eine perfekte Wendung auf der Vorhand. Und Bille ebenfalls."

So ging es noch eine ganze Weile weiter, und Tom atmete erleichtert auf, als draußen auf dem Hof die Stimmen der Peershofer zu hören waren, die zum Unterricht kamen.

Während Simon und Daniel in der Halle arbeiteten, bereiteten Bille, Bettina, Tom und Florian ihren „Pferdeadvent" vor.

„Am liebsten wär's mir, wir könnten uns zu Zottel in die Box setzen, aber das ist zu gefährlich, wegen des Strohs. Am Ende steht der ganze Stall in Flammen", meinte Bille.

„Wegen der Kerzen mache ich mir da weniger Sorgen als wegen Zottel", bemerkte Bettina lachend. „Du glaubst doch nicht im Ernst, dass er uns auch nur ein einziges Plätzchen übrig lässt! Wenn du mich fragst – wir können gar nicht weit genug weg sein von seiner Box. Die Sattelkammer ist genau der richtige Platz."

Mit viel Geschick hatte Bettina aus ein paar Tannenzweigen einen improvisierten Kranz zusammengeflochten, auf dem vier dicke rote Kerzen steckten. Die Namensschilder an den Türen der Pferdeboxen wurden mit kleinen

Tannenzweigen und roten Schleifchen besteckt, Kisten und Eimer als Sitzgelegenheiten zusammengetragen. In einem Korb – unter einem rot-weiß karierten Tuch verborgen – warteten Lebkuchengebäck, Äpfel und Nüsse und eine Thermosflasche mit Tee.

Nachdem auch Florian und Bettina ihren Unterricht absolviert hatten, konnte es losgehen. Natürlich waren auch Herr Tiedjen, Hubert und der alte Petersen geladen – man war im Pferdestall von Groß-Willmsdorf schließlich eine große Familie.

Bille zündete die Kerzen an, und Bettina verteilte den Tee. Der Korb mit dem köstlich duftenden Gebäck machte die Runde. Die Tür zum Stall stand weit auf, neugierig schauten die vierbeinigen Freunde herüber.

„Jetzt weiß ich, was das bedeutet: gemütlich", sagte Tom.

Nachdem der erste Hunger gestillt war, begannen sie zu erzählen. Der alte Petersen hatte schon öfter im Pferdestall Weihnachten gefeiert – damals, als junger Soldat. Auch Herr Tiedjen erinnerte sich an einen solchen Abend. Pferdegeschichten machten die Runde. Dann zog Hubert seine Mundharmonika aus der Hosentasche und begann leise, ein Weihnachtslied zu intonieren. Bettina summte mit, Bille fiel ein, schließlich summten oder sangen sie alle.

„Warum haben wir keinen Christbaum, Daddy?", fragte Tom in die Stille einer Pause hinein.

„Du wolltest doch keinen?"

„Ich wusste nicht – ich dachte, na ja …" Tom brach ab.

„Mensch, ich hab eine Idee! Wie wär's, wenn wir morgen in den Wald reiten und einen Weihnachtsbaum für Tom und seinen Vater holen? Und ihn selber schmücken – mit Strohsternen und Kerzen, Äpfeln und Nüssen …"

„Das ist ein schöner Gedanke!" Herr Tiedjen legte Bille den Arm um die Schultern. „Ein richtiges Weihnachtsgeschenk für Tom und mich. Aber ich habe auch eine Überraschung für euch. Ich will einen Neujahrsritt für euch veranstalten, einen kleinen Geländeritt mit schönen Preisen für die sechs Ersten."

„Aber wir sind doch nur sechs?", fragte Florian erstaunt.

„Eben!"

Der Neujahrsritt

Billes Freundschaft zu Tom wurde jeden Tag herzlicher. Sie konnte sich gar nicht mehr vorstellen, warum sie am Anfang geglaubt hatte, Herr Tiedjen würde sich nun nur noch um seinen Sohn kümmern und sie selbst links liegen lassen. Das Gegenteil war der Fall.

Herr Tiedjen war offensichtlich froh, dass die beiden sich so gut verstanden. Vielleicht hatte auch er ein wenig Angst vor seiner Vaterrolle gehabt, die so ungewohnt und neu für ihn war. Angst vor der Veränderung in seinem Leben, vor der Umstellung in seinen täglichen Gewohnheiten, vor der Unruhe und den Ansprüchen eines Jungen von sechzehn Jahren.

Wo Bille war, war auch Tom – und das hieß: bei den Pferden. Jetzt in den Ferien waren Hubert und Petersen fast arbeitslos, weil Bille und Tom ihnen in allem zuvorkamen. Wenn Tom auch zu einem guten Reiter noch viel fehlte – was die Pferdepflege betraf, war er ein Ass. In jeder seiner Bewegungen spürte man die Liebe zu den Tieren, und Bille war nicht erstaunt, als Tom ihr gestand, sein größter Wunsch sei es, später einmal Tierarzt zu werden.

Wie Herr Tiedjen den beiden erzählte, war seine Idee beim Kauf des schönen Rappen Black Arrow gewesen, dies solle einmal Toms Pferd werden. Aber Toms Liebe galt einem anderen Pferd – Troilus. Und so wurde Toms

Weihnachtsgeschenk der schöne Fuchswallach. Bille freute sich mit Tom. Zwar würde er seinen kostbaren Besitz vorerst noch nicht reiten dürfen, bis Troilus fertig ausgebildet war – und er selbst ebenfalls. Aber seine besondere Fürsorge galt von nun an dem Sohn der Stute Troja, die weiterhin von Bille geritten wurde.

„Wir werden ein super Quartett werden", schwärmte Tom. „Schade, dass du mir nicht auch so ähnlich bist, wie es Troilus seiner Mutter Troja ist. Wenn wir dann daherkämen – wie zweimal zwei Zwillinge – das wäre eine Schau!"

„Wie im Kino!", meinte Bille lachend. „Eine Hollywood-Show. Nur leider sind wir uns nicht ähnlich."

Auch in Wedenbruck war Tom immer willkommen. Mutsch und Onkel Paul hatten den unkomplizierten, fröhlichen Jungen sofort in ihr Herz geschlossen, und es war am Tisch stets ein Platz für ihn frei. Mutsch richtete sich auf doppelte Portionen ein, wenn sie kochte, und war fast enttäuscht, wenn Bille Tom nicht mitbrachte.

Nicht ganz so herzlich war das Einvernehmen mit den Peershofern. Die drei Jungen behandelten Tom mit kühler Höflichkeit und gaben sich keine Mühe, ihre Bekanntschaft mit ihm zu vertiefen. Sie ließen sich jetzt nur noch zu den Reitstunden in Groß-Willmsdorf sehen, ließen sich mal zu einem Ausritt überreden, luden Tom auch nach Peershof ein, aber ihre Reserviertheit war nicht zu übersehen.

Bille bemerkte es kaum, sie war viel zu sehr mit Tom beschäftigt, immer noch gab es so viel, was sie ihm zeigen und erzählen musste! Aber Tom spürte genau, dass man hier keinen großen Wert auf seine Gesellschaft legte.

„Dear me – sie sind so vornehm! Als ob sie goldene Löffel verschluckt hätten", seufzte Tom, als sie aus Peershof kamen.

„Und das Haus – ich hatte Angst, ich würde auf dem glatten Parkett ausrutschen oder das teure Porzellan fallen lassen."

„Genauso ging es mir, als ich das erste Mal nach Peershof kam", erwiderte Bille lachend. „Aber sei beruhigt, man gewöhnt sich daran. Und die Jungen sind wirklich voll in Ordnung, ihr müsst euch nur näher kennenlernen. Wie gefällt dir eigentlich Bettina?"

Tom lachte.

„Ich finde sie toll! Super-class! Ich werde mich näher mit ihr befassen müssen. I'd say – das könnte ein Problem für mich werden."

„Oh, wirklich?" Bille blinzelte ihn frech von unten herauf an.

„Was dagegen, kleine Schwester?"

„Im Gegenteil. Meinen Segen hast du, großer Bruder. Sag mir Bescheid, wenn du Hilfe brauchst."

„Mach ich."

Der Neujahrsmorgen war frostig-klar, die bereiften Zweige der Bäume sahen gegen den Himmel wie weiße Spitze auf vergissmeinnichtblauer Seide aus. Ein herrlicher Tag für einen Ausritt.

Um zehn Uhr sollte gestartet werden. Außer den Peershofern, Tom und Bille war noch Edmund der Weise mit von der Partie. Gegen halb zehn schickte Herr Tiedjen Bettina auf Sternchen los, um die Fährte aus Papierschnipseln zu legen. Sternchen, die in drei Monaten fohlen sollte, musste geschont werden und kam für so einen wilden Ritt nicht mehr infrage. Herr Tiedjen hatte mit Bettina hinter geschlossenen Türen die Strecke besprochen – keine schweren Sprünge, aber ein paar knifflige Aufgaben. Zum Schluss eine schöne weite Galoppstrecke bis zum Ziel.

Der Start lag hinter dem Willmsdorfer Park, das Ziel war die Auffahrt vor dem Gutshaus. Im Haus warteten auf die „sechs Sieger" ein Tisch mit Preisen und eine gedeckte Mittagstafel, damit sie sich von den Strapazen erholen konnten. In Frau Engelkes Backofen brutzelte bereits ein riesiger Braten.

Bille hatte beschlossen, heute Zottel zu reiten. Wenn er sich weiterhin weigerte zu springen, musste er eben die Hindernisse übersteigen oder drum herumgehen. Aber er sollte endlich einmal wieder zu einem richtigen Geländeritt kommen. Und da Tom Black Arrow ritt, hoffte sie, Zottel würde es automatisch seinem großen Freund nachmachen und ohne zu überlegen kleinere Hindernisse überspringen.

Herr Tiedjen erklärte ihnen, worauf sie zu achten hätten, mahnte Edmund den Weisen, vorsichtig zu sein und seine Reitkünste nicht zu überschätzen, dann ritten sie durch den Park zum Start hinüber.

„Wie fühlst du dich, gnädiges Fräulein", erkundigte sich Simon geziert. „Ich hoffe, du hast keinen Kater?"

„Wovon sollte ich wohl einen Kater haben?"

„Nun, ich vermute doch, dass ihr beiden Unzertrennlichen bis nach Mitternacht Silvester gefeiert habt, Händchen gehalten und auf eure gemeinsame Zukunft getrunken ..."

„Du spinnst ja!"

„Bitte aufstellen!" Herr Tiedjen klatschte in die Hände. „Punkt zehn Uhr – es kann losgehen!"

Herr Tiedjen hatte den Start so gewählt, dass sie alle nebeneinander Platz hatten. Der erste Abschnitt der Strecke führte über eine Wiese zum Wald hinüber, weithin waren die leuchtend roten Schnipsel im bereiften Gras zu sehen. Tom und Bille bildeten den linken Flügel, dann kamen Florian, Edmund auf Lohengrin, Simon und Daniel.

Auf ein Zeichen Herrn Tiedjens stürmten sie los. Im Galopp ging es über die Wiese. Edmund der Weise übernahm die Führung, aber nicht lange. Lohengrin, der die Sache irgendwie missverstanden hatte und das Unternehmen für ein Galopprennen hielt, legte ein Tempo vor, dem der arme Edmund noch nicht gewachsen war. Hilflos wie ein Gummifrosch flog er im Sattel auf und nieder, verlor seinen rechten Steigbügel und rutschte schließlich aus dem Sattel. Lohengrin verlangsamte sein Tempo, schaute sich erstaunt nach seinem Reiter um und wartete geduldig, bis der sich stöhnend aufgerappelt hatte.

Inzwischen waren die anderen längst vorbei. Zottel hielt sich dicht bei Black Arrow, Simon auf seiner Stute Pünktchen war ihnen noch ein Stück voraus, dicht gefolgt von Daniel auf seinem Asterix. Florian bildete das Schlusslicht.

Sie näherten sich dem ersten Hindernis, einem umgestürzten Baumstamm. Bille sah es von Weitem, aber Zottel galoppierte weiter ahnungslos neben Black Arrow her.

Simon und Daniel setzten fast gleichzeitig hinüber. Fünf Meter noch. Bille gab Zottel den Kopf frei.

„Braver Junge – komm, spring schön! So ein kleiner Hopser!"

Neben ihnen flog Black Arrow über den Baumstamm. Zottel richtete sich steil auf und schnaubte empört. Dann drehte er sich auf den Hinterbeinen um und trabte seitlich an dem umgestürzten Stamm vorbei. Bille hing wie ein Klammeraffe an seinem Hals, die plötzliche Wendung hatte sie fast aus dem Sattel katapultiert. Zottel wieherte beleidigt hinter Black Arrow her, als habe der ihn reinlegen wollen, dann setzte er zu einem gestreckten Galopp an, um den Freund wieder einzuholen.

„Du alter Spinner!", schimpfte Bille. „Den kleinen Hüpfer hättest du doch mir zuliebe ruhig mal machen können!"

Hinter ihnen preschte Florian auf seinem temperamentvollen kleinen Rappen Bongo heran.

„Na? Hat der Dicke wieder seinen Kopf durchgesetzt?", rief er lachend. „Schade, dass das keiner fotografiert hat – es sah zum Schießen komisch aus!"

„Ich find's leider gar nicht so komisch", knurrte Bille. „Na warte, du Clown – über das nächste Hindernis gehst du mir aber, das schwöre ich dir!"

Die Strecke führte jetzt einen steilen Hang hinauf. Klettern konnte Zottel wie eine Gämse. Er kam vor Black Arrow oben an, dachte aber nicht daran weiterzulaufen, sondern wartete, bis sein Freund ebenfalls oben war. Bille konnte ihn antreiben, so viel sie wollte.

„Du – falls du es noch nicht gemerkt haben solltest, dies ist ein Wettspiel und kein Sonntagsspaziergang", schimpfte Bille, aber das ließ Zottel unbeeindruckt.

Jetzt führte die Strecke durch dichtes Gestrüpp. Vor ihnen leuchtete das weiße Hinterteil Asterix' wie ein auf und nieder wippendes Leuchtsignal. Black Arrow war ihm dicht auf den Fersen.

„Zurück!", schrie Simon. „Ich habe die Fährte verloren."

„Hier …" Daniel wendete Asterix und folgte einem Pfad, der im spitzen Winkel nach links abbog. Gleich darauf ging es wieder nach rechts.

Hinter der Tannenschonung, durch die sie jetzt kamen, wartete eine neue Überraschung. Die Spur führte in einen kleinen Bach hinein, aber nicht wieder heraus. Ging es nun rechts oder links weiter? Sie schwärmten nach beiden Seiten aus und sahen sich um.

„Sie kann sich doch hier nicht einfach in Luft aufgelöst haben!", meinte Edmund kopfschüttelnd.

„Nirgends was zu sehen! Das gibt's doch gar nicht!" Florian sprang aus dem Sattel und stieß mit der Fußspitze das dichte Gras auseinander.

Ratlos sahen sie einander an.

„He, ich weiß es!" Tom wies auf die Stelle, an der sie eben aus dem Wald herausgekommen waren. „Ihr müsst nicht auf die Schnipsel, sondern auf die Hufspuren achten – sie ist genau dieselbe Strecke zurückgeritten. Da, seht ihr den Abdruck?"

„Klar! Hätte uns auch gleich auffallen können, dass hier doppelt so viele von den Schnipseln ausgestreut sind", sagte Simon ärgerlich. „Also zurück."

Er drängte Pünktchen an Black Arrow vorbei und übernahm wieder die Führung. Ein paar Meter weiter lagen ein paar Schnipsel auf einem Tannenzweig halb rechts vor ihnen. Auf dem Hinweg hatten sie sie nicht sehen können.

„Juhuu!" Simons Stimme hallte weit durch den Wald.

Daniel und Tom waren ihm dicht gefolgt. Zottel, Edmund und Florian folgten etwas weiter hinten. Hundert Meter weiter machte der Weg noch einmal eine scharfe Rechtskurve und führte zum Bach zurück.

„Ganz schön raffiniert!", rief Bille den anderen zu. „Wenn man nicht höllisch aufpasst, reitet man automatisch geradeaus weiter."

Diesmal führte die Strecke über den Bach. Bille sah, wie Pünktchen und Black Arrow fast gleichzeitig hinübersetzten.

Hinter ihnen noch immer Daniel. Zottel legte ein wenig Tempo zu. Es schien ihn zu ärgern, dass sein Freund so weit vor ihm lag und nicht auf ihn wartete.

Jetzt kam der Bach, ein kleines Rinnsal zwischen bereiften Gräsern und Sumpfpflanzen. Ich muss mich auf alles gefasst machen, dachte Bille. Fragt sich nur, ob er nach rechts oder links ausbricht, der alte Gauner. Nein, sicher nach links, dort ist die Brücke, und die kennt er. Bille verlagerte das Gewicht nach hinten und etwas nach links, um den Schwung rechtzeitig abzufangen.

Das hätte sie nicht tun sollen. Zottel hatte nur ein Ziel vor Augen – so schnell wie möglich wieder an Black Arrows Seite zu kommen. In einem gewaltigen Galoppsprung setzte er über den kleinen Graben. Bille landete genau dort, wohin sie ihr Gewicht verlagert hatte, links hinten und begreiflicherweise auch unten, denn auf einen solchen Ausgang der Situation war sie nicht gefasst gewesen.

„Nanu?", rief Edmund, der gerade ebenfalls über den Bach setzte. „Baden gehen? In dieser Jahreszeit? Ist das nicht ein bisschen unvernünftig?"

„Du hast recht", rief Bille hinter ihm her. „Ich überleg's mir noch. Und wenn du zufällig an Zottel vorbeikommst – sag ihm, dass ich hier auf ihn warte!"

Edmund war Kavalier. Es gelang ihm, Zottel einzufangen, wobei er selbst fast unfreiwillig von Lohengrins Rücken gesegelt wäre. Kurz darauf saß Bille wieder im Sattel und jagte hinter den anderen her.

Jetzt führte die Fährte auf eine große Feldscheune zu. Sie endete vor dem Tor. Simon und Tom waren bereits abgesprungen und drückten die auf Schienen laufende Holztür zur Seite. Daniel ritt an ihnen vorbei ins Dunkle bis zu dem

Tor auf der anderen Seite und machte sich daran zu schaffen. Jetzt ritten auch Florian, Bille und Edmund heran.

„He, sie wollte uns wieder austricksen!"

Tom wies auf den Boden. Die Schnipselfährte führte etwa zwei Meter in die Scheune hinein, beschrieb einen Kreis und kehrte zum vorderen Tor zurück. Wie der Blitz saßen Tom und Simon wieder im Sattel.

„Hier links – ganz dicht an der Wand entlang hat sie die Fährte gelegt. Raffiniert, sie ist kaum zu sehen!"

Simon trieb Pünktchen mit zusammengebissenen Zähnen vorwärts. Jetzt musste gleich die lange Galoppstrecke kommen – die letzte Chance, den Sieg an sich zu reißen.

Noch einmal führte die Spur zurück zum Wald. In Zickzacklinien ging es durch engen Buchenbestand, über niedrige Hindernisse, schnell aus Zweigen und abgebrochenen Ästen zusammengestellt. Einen Abhang hinunter, hinüber zum Moorsee, um den halben See herum und wieder ein Stück durch den Wald.

Simon trieb seine Stute heftig zur Eile, aber Tom blieb ihm auf den Fersen. An dritter Stelle lag jetzt Bille, Daniel hatte in der Scheune viel Zeit verloren und ritt als Letzter.

Tom spürte, dass Simon ihn um jeden Preis abhängen wollte. Bis jetzt hatte er das Ganze als einen Riesenspaß genommen, doch nun erwachte sein Ehrgeiz. Simon wollte um jeden Preis zeigen, dass er der beste Reiter war. Na schön, dann sollte er ihn mal kennenlernen!

Auch Bille fühlte die Spannung zwischen den beiden Jungen. Zottel jagte unermüdlich hinter Black Arrow her. Er war bereits klitschnass, Schaumflocken lösten sich von seinem Maul. Bille ließ ihn laufen; wenn er erschöpft war, würde er schon langsamer werden. Sollte er sich nur austoben.

Jetzt kam das freie Feld, in gerader Linie ging es auf das Gutshaus von Groß-Willmsdorf zu.

„Jepeeh!", jauchzte Tom, gab Black Arrow den Kopf frei und feuerte ihn an. „Let's go, old boy! We'll show him!"

Black Arrow schoss davon. Seiner Kraft, seinem Tempo war das zarte Pünktchen nicht gewachsen, sosehr Simon seine Stute auch antrieb. Immer größer wurde der Abstand zwischen den beiden Reitern. Zottel hetzte hinterher. Jetzt war er auf einer Höhe mit Pünktchen. Weit vorn galoppierte Black Arrow. Tom, der sich seine dünne Windjacke schon vor einer ganzen Weile ausgezogen und um den Bauch gebunden hatte, weil er in seinem dicken Pulli zu schwitzen begann, knüpfte die Jacke los, nahm sie am äußeren Ende eines Ärmels und schwang sie wie ein Lasso durch die Luft.

„Jepeeh!", rief er noch einmal, dann ließ er die Jacke durch die Luft davonsegeln, legte die Hände an den Mund und imitierte einen Indianerruf. Der Zügel baumelte irgendwo an seinem Ellbogen.

Simon nahm das Tempo zurück. Pünktchen hatte keine Kraft mehr, er durfte sie nicht überanstrengen.

„Cowboy", zischte er verächtlich durch die Zähne.

Bille hatte es nicht gehört. Jetzt kam sie heran.

„Großartig, was?", sagte sie strahlend. „Reitet er nicht toll?"

„Reiten nennst du das?" fauchte Simon giftig. „Er reitet, als sei er hier auf dem Rodeo! Du kannst ihn genauso gut auf einen wild gewordenen Büffel setzen!"

Bille schwieg betroffen. Zottel schien immer noch nicht müde zu sein, er galoppierte unverdrossen hinter Black Arrow her und machte erst halt, als er neben dem Freund stand.

„He! Das ist toll! Zottel, du bist der Größte!", rief Tom lachend. „So klein und so schnell!"

„Ja, ich staune selbst über seine Ausdauer." Bille klopfte ihrem Liebling begeistert den Hals. „Aber jetzt muss ich ihn eine Weile in der Halle trocken reiten, er ist klitschnass von der ungewohnten Anstrengung. Komm, Dicker."

Herr Tiedjen und Bettina hatten die Reiter am Portal erwartet und beglückwünscht. Jetzt kehrten sie ins Haus zurück, während die Teilnehmer des Neujahrsritts die Pferde versorgten.

„Ich weiß nicht, was mit Simon los ist", sagte Bettina, als sie am knisternden Kaminfeuer Platz nahmen. „Er ist so unfreundlich. Ein schlechter Verlierer war er doch noch nie!"

„Nein. Allerdings kann ich mich nicht erinnern, dass er schon mal verloren hätte – es sei denn, gegen wesentlich erfahrenere Reiter. Aber ich glaube auch nicht, dass das der Punkt ist. Ich fürchte, seine schlechte Laune hat ganz andere Gründe. Aber da können wir uns nicht einmischen – er muss allein damit fertigwerden. Geben wir ihm ein bisschen Zeit."

Tumult im Kino

Wedenbruck hatte eine Sensation. Im *Krug* war eine neue Kegelbahn gebaut worden, eine ganz moderne, mit allen Schikanen! Gleich hinter der großen Gaststube, die nur am Sonntag besetzt war und sonst für geschlossene Gesellschaften und Familienfeiern benutzt wurde.

Und da die alte Kegelbahn – eine Baracke hinten auf dem Hof – nun leer stand, kam Ehepaar Jansen auf die glorreiche Idee, dort ein Kino entstehen zu lassen. Niemand wusste, wer den Gedanken zuerst geäußert hatte, sicher war nur, dass er eines Abends am Stammtisch aufkam, beim Skat. Der Bürgermeister hatte sich über den Lärm beklagt, den der Fernseher mache, wie solle sich da einer konzentrieren können. Ja! Schmeißt das Ding doch raus!, hatte Vater Brodersen zugestimmt. Habt ihr nicht einen Raum dafür?

So war die Sache ins Rollen gekommen. Erst hatte man einen neuen Fußboden in die alte Baracke gelegt und Stühle hineingestellt und den Fernsehapparat. Hanne, die Kellnerin, und Elli Jansen – Billes Klassenkameradin – kümmerten sich um das leibliche Wohl der Fernsehzuschauer, die ihr abendliches Bier gern in Gesellschaft anderer Dörfler trinken wollten, aber auf das Programm nicht verzichten mochten.

Und dann kam eines Abends die Idee mit dem Kino. Wenn schon Heimkino im *Krug*, sagte man sich, warum dann nicht eigentlich auch mal richtiges Kino? Mit einem großen Bild? Was brauchte man denn schon dazu? Ein Podest, damit alle was sehen konnten. Das konnte einem auch anders nützlich sein, wenn der Lehrer zum Beispiel seine Schulaufführungen zeigen wollte – oder der Männergesangsverein eine Vorstellung gab. Der Vorführraum war auch kein Problem, man teilte einfach ein Stückchen des großen Raumes ab.

Ein Fachmann wurde geholt, der die nötigen Veränderungen vornahm, und bald konnte das „Film-Casino Wedenbruck" aus der Taufe gehoben werden.

Es gab einen spannenden James-Bond-Film zu sehen. Und dass man in Ruhe sein Bier trinken konnte, während der Held den Verfolgern immer wieder entging, während Filmschönheiten auf der Leinwand seufzend in seidene Kissen sanken, schnittige Straßenkreuzer um die Kurven heulten und Motorboote meterweit durch die Luft sausten – das war das Größte am Wedenbrucker Kino!

Natürlich gab es nicht jeden Tag eine Vorstellung. Aber am Wochenende waren die Plätze bis auf den letzten Hocker besetzt. Elli und Hanne schleppten kistenweise Cola und Limo herbei, wenn nachmittags Kindervorstellung war, und der Eisverkauf erreichte Höhen, wie man es um die Weihnachtszeit noch nie erlebt hatte.

Die Ferien waren zu Ende, und für Tom begann das Leben auf einer deutschen Schule. In Englisch war er natürlich fein heraus, auch in Latein schien er eine Leuchte zu sein. Schwerer war es mit dem Deutschunterricht – und ganz schlimm stand es um sein Wissen in europäischer Geschichte.

So sah sich Herr Tiedjen einer neuen Aufgabe gegenüber: Geschichtslehrer für seinen Sohn zu spielen. Und hatte Herr

Tiedjen keine Zeit, hockten Bille und Tom beieinander und halfen sich gegenseitig: Bille Tom in Deutsch und Geschichte und Tom Bille in Englisch.

Tom ging in Simons Klasse, aber obgleich sie sich nun täglich sahen, war ihr Verhältnis zueinander nicht besser geworden. Simon behandelte den jungen Amerikaner mit eiskalter Höflichkeit und ließ jeden Versuch Toms, mit ihm Freundschaft zu schließen, im Sande verlaufen. Er war nicht direkt feindselig, aber ließ Tom einfach nicht an sich heran. Entweder war er zu beschäftigt, hatte eine andere Verabredung, oder er musste für die nächste Arbeit pauken, ein Buch fertig lesen, das er versprochen hatte zurückzugeben, etwas an Pünktchens Sattel flicken und was es dergleichen an Ausreden noch gab.

Tom nahm diese Abfuhren gleichmütig hin. Er mochte Simon, hatte sich durch die Berichte seines Vaters so an den Gedanken gewöhnt, mit ihm Freundschaft zu schließen und seine Freizeit zu verbringen, dass er einfach nicht glauben wollte, Simon könne ihn nicht leiden. Manchmal versuchte er, eine Erklärung für Simons Verhalten zu finden, glaubte auch, Simon sähe in ihm einen Konkurrenten für künftige Turniere – aber eine solche Haltung passte so gar nicht zu dem Bild, das Herr Tiedjen ihm von Simon vermittelt hatte.

Simon beteiligte sich nur noch selten an den gemeinsamen Ausflügen zu Pferde. Er kam zum Unterricht nach Groß-Willmsdorf, ritt in der Halle oder auf dem Springplatz hinter dem Park, dann verabschiedete er sich sofort und ritt unter irgendwelchen Entschuldigungen heim nach Peershof. Auch Daniel – dessen Abitur bevorstand – hatte immer seltener Zeit für gemeinsame Unternehmungen, so blieben Tom und Bille meistens mit Bettina und Florian zusammen.

Bettina schien es am wenigsten eilig zu haben, wenn es an den Nachhauseritt ging. In Toms Nähe blühte sie auf, wurde übermütig und war zu jedem Streich aufgelegt.

Tom bekam sofort leuchtende Augen, wenn Bettina am Horizont auftauchte, er verhaspelte sich, sprach plötzlich wieder Englisch oder brachte die komischsten Sätze heraus. Er wurde rot, wenn Bettina ihn ansah oder wenn sie ihn wie zufällig berührte. Wenn Bettina Tom beim Pferdeputzen in der Box zuschaute – und wenn Bettina da war, putzte Tom alle Pferde in der Box und nicht in der Stallgasse –, dann dauerte es stundenlang, bis er mit der Arbeit fertig war.

Streichelte Bettina Black Arrows schwarze, glänzende Mähne, so hatte auch Tom ihn gerade streicheln wollen und landete – ganz aus Versehen natürlich! – auf ihrer Hand. Dann wurden beide rot und entschuldigten sich beieinander, als hätten sie sich auf den Fuß getreten.

Superman ist mächtig schüchtern!, dachte Bille amüsiert. Aber das macht nichts. Er ist unheimlich lieb und genau der Richtige für die zarte Bettina mit dem verletzbaren Seelchen.

Das neue Kino in Wedenbruck war natürlich auch bei den Freunden ein beliebtes Gesprächsthema. Und wann immer der Filmtitel einen vergnüglichen Nachmittag versprach, stand ein Kinobesuch auf dem Programm. Allerdings nur dann, wenn das Wetter so schlecht war, dass an einen Ausritt nicht zu denken war.

An diesem Sonntag lag strahlender Sonnenschein auf den Koppeln und Feldern, der Boden war mit einer dünnen Schneeschicht bedeckt, die Luft frostig und prickelnd frisch – ein herrlicher Tag, um über die Felder zu galoppieren. So brachen sie früh auf, ein Picknick in den Satteltaschen, ritten bis an die Ostsee hinauf und den Strand entlang und in weitem Bogen durch die Wälder zurück.

Es war kurz vor drei Uhr, als sie in die Dorfstraße von Wedenbruck einbogen. Sie waren das letzte Stück im Schritt geritten, damit die Pferde bis zum Stall wieder trocken werden konnten, die hatten sich für heute genug angestrengt.

„He, ihr müden Helden – ihr seht ja so k. o. aus?", rief jemand hinter ihnen her.

„Karlchen! Dass man dich mal wieder sieht!" Bille hielt Zottel an und wartete, bis Karlchen herangekommen war. „Wir haben einen tollen Ausflug hinter uns. Einfach fantastisch! Tom sollte das Meer endlich mal bei Sonnenschein sehen – damit er sich vorstellen kann, dass es auch bei uns im Sommer ganz schön ist. Und was machst du?"

„Ich will ins Kino. Super Film heute – warum kommt ihr nicht mit?"

„Lust hätte ich schon, aber wir müssen erst unsere Rösser versorgen."

„Könnt ihr das nicht später tun? Ihr könnt sie ja so lange irgendwo unterstellen! Jansens haben doch eine Scheune. Sie haben sicher nichts dagegen, wenn ihr eure Pferde zwei Stunden da anbindet."

„Ich weiß nicht …"

Bille sah sich unschlüssig nach den anderen um.

„Kino? Immer!" Florian war gleich Feuer und Flamme. „Fragt sich bloß, ob mein Geld reicht."

„Ich hab genug dabei, ich kann dir was leihen. Was ist es denn für ein Film?", erkundigte sich Tom.

„Irgend so ein Western – soll total spannend sein, hat meine Schwester gesagt. Sie war gestern drin."

„O ja, gehen wir ins Kino. Zu Hause erwarten sie uns

sowieso nicht so früh zurück!", rief Bettina. „Und wir haben noch die Hälfte unseres Picknicks. Wir holen uns in der Gaststube etwas zu trinken, futtern unsere Brote und sehen uns dabei den Film an. Nun los – kommt schon, damit wir noch Karten bekommen!"

„Lust hätte ich schon …" Bille schien immer noch zu zögern.

„Nun sei doch kein Spielverderber!", drängte Karlchen. „Was ist denn dabei? Ich rede mit Jansens wegen der Pferde – inzwischen holt ihr die Karten, okay?"

„Na schön, du hast mich überredet. Aber die Pferde müssen so stehen, dass niemand auf dumme Gedanken kommt und nicht etwa Ellis kleiner Bruder wieder mit Zottel abhaut!"

„Ich sorge dafür. Außerdem kann ja immer mal einer nach ihnen sehen."

Karlchen hatte nicht zu viel versprochen. Vater Jansen kam selbst mit ihnen in die Scheune, die sich hinter dem Kinosaal befand, und kümmerte sich um das Anbinden der Pferde. Dann schloss er das Scheunentor.

„Kein Mensch erfährt, dass die hier drin sind. Da sind sie so sicher wie in Abrahams Schoß", versprach er. „Nun beeilt euch aber, sonst verpasst ihr noch den Anfang! Das Vorprogramm läuft schon!"

Florian hatte für Toms Geld nicht nur die Karten, sondern auch eine ganze Batterie von Cola- und Limoflaschen erstanden sowie eine Tüte Bonbons, eine Packung Erdnüsse und zwei Schachteln Eiskonfekt. Tom nahm es verblüfft zur Kenntnis, als er nach dem Wechselgeld fragte. Aber na ja! Wenigstens versprach der Nachmittag, sehr lustig zu werden.

Der Saal war bereits überfüllt, nur an den Seiten standen ein paar unbenutzte Hocker. Jeder von ihnen suchte sich einen Fleck, von dem aus er das Geschehen auf der Leinwand einigermaßen gut verfolgen konnte. Das Licht, das für kurze Zeit aufgeflammt war, erlosch wieder, der Film begann.

Über eine Steppenlandschaft galoppierte ein einsamer Reiter. Mittagshitze lastete auf der staubigen Ebene, Durst und Erschöpfung zeichneten das Gesicht des Reiters. Nur das Pferd war wohlgenährt und trotz des scharfen Galopps trocken und frisch geputzt, das hatten sie wohl vergessen zu schminken.

„Ich muss mal raus!", flüsterte Florian. „Erzählt mir, was inzwischen passiert ist, wenn ich zurückkomme."

„Okay."

Florian tastete sich zu der Tür mit der Aufschrift „Notausgang". Hoffentlich war sie auch für die Art Nöte gedacht, die er jetzt empfand. Er kam in einen schwach beleuchteten Gang, der außen an der Bühne entlangführte und an einer zweiten Tür endete. Florian öffnete sie vorsichtig und fand sich in der Scheune wieder. Bongo wieherte ihm freudig entgegen.

„Mist. Na, versuchen wir's mal in der anderen Richtung."

Als er ein zweites Mal an der Bühne vorbeiging, machte Florian eine fabelhafte Entdeckung. Der Raum hinter der Bühne diente dem Wirt offensichtlich als Lager für seine Reserven an Gebäck und Süßigkeiten. Alle möglichen Kartons standen auf dem Boden herum, manche bereits geöffnet und angebrochen, andere in ihrer Originalverpackung.

„Hochinteressant!", flüsterte Florian. „Das muss man sich merken."

Am entgegengesetzten Ende des Ganges fand er endlich die Tür mit den ersehnten zwei Nullen und kehrte bald darauf in den Saal zurück.

„Was ist inzwischen passiert?", erkundigte er sich leise.

„Nicht viel", war die einzige Antwort. „Pssst!"

Der Held betrat gerade den Saloon und bewegte sich breitbeinig auf die Theke zu. Hinter seinem Rücken steckte man die Köpfe zusammen und tuschelte. Einer nach dem anderen verließ den Raum. Der Held ließ spielerisch seine Colts kreisen und bestellte einen Whisky.

„Das wird ihm schlecht bekommen", platzte Florian heraus. Im Publikum wurde gelacht.

Jetzt traten vier gefährlich aussehende Burschen auf und sagten etwas Unhöfliches zu dem Helden, der gerade seinen Whisky kippte. Und plötzlich war die schönste Schlägerei im Gange. Natürlich war der Held überlegen, er wurde auch mit vieren zugleich fertig, kippte ihnen Tische entgegen, schlug zwei mit den Köpfen aneinander, wich geschickt aus, wenn er – eingekeilt – von einer Faust bedroht wurde, sodass der Kinnhaken voll den hinter ihm stehenden Gangster traf. Stühle flogen, Gläser splitterten, es war ein Heidenspektakel. Auf einmal tauchte oben auf der Treppe die Besitzerin des Saloons auf, eine aufgetakelte Schönheit mit viel rotschwarz Gerüschtem um den Körper – außer auf dem üppig hochgestemmten Busen – und einer Perücke, auf der sie eine Glucke zum Brüten hätte ansetzen können, so groß war sie.

Die Dame wurde mächtig böse, beförderte die ersten drei Gangster, die ihr in den Weg kamen, mit einem Fußtritt nach draußen und schwang sich zur Theke hinüber. Den vierten Mann erledigte sie mit einem abgebrochenen

Stuhlbein. Nun kam der Held. Würde sie ihm um den Hals fallen? Nein! Sie ergriff die noch halb volle Whiskyflasche und zog auch ihm eins über, zur Strafe, dass er ihren schönen Saloon kaputt gemacht hatte. Der Held ging langsam zu Boden.

Jetzt kam die Sache richtig in Gang. Der Sheriff erschien, er kannte den Helden von früher. Anstatt ihn zu verhaften, feierten sie Wiedersehen, der Held schien auch wieder ganz in Ordnung zu sein, man sah ihm nichts von dem Kampf an. Der Sheriff berichtete nun, was in der Stadt so alles los war und dass man unbedingt etwas gegen die gefährliche Bande unternehmen müsse, die alle Leute in Angst und Schrecken versetzte. Ob der Held nicht vielleicht Lust hätte?

Nein, der Held hatte keine Lust, er war nur auf der Durchreise, warum sollte er für andere Leute den Kopf hinhalten. Auf der Straße entstand ein Tumult. Ein paar Reiter galoppierten draußen vorbei und schossen in die Luft. Dann erschien ein wunderschön frisiertes blondes Mädchen in einer Kutsche, und nun wurden die Reiter besonders gemein – sie schossen vor den Pferden des Mädchens in den Sand. Die Pferde stiegen und wieherten wie verrückt und gingen schließlich mit der Kutsche durch.

Jetzt wurde der Held wütend. Er stürzte nach draußen, schwang sich in den Sattel und raste hinter der Kutsche her. Die Gangster hatten sich aus dem Staub gemacht.

„Eine Gemeinheit, wie die ihre Pferde schinden!", empörte sich Bille. „Hoffentlich verstopfen sie ihnen wenigstens die Ohren bei der Knallerei!"

„Glaube ich nicht", murmelte Tom. „Die sind das gewohnt. Außerdem werden sie ja gut bezahlt."

„Ob das ein Trost für sie ist?"

Der Held hatte die Kutsche des Mädchens erreicht, beugte sich zu dem linken Pferd hinüber und ließ sich auf seinen Rücken gleiten. Sein eigenes Pferd verschwand gehorsam aus dem Bild, um nicht zu stören. In einer riesigen Staubwolke kam die Kutsche zum Stehen. Der Held stieg vom Pferd und kümmerte sich um das hübsche Mädchen. Sie war immer noch wunderschön frisch frisiert und geschminkt, anscheinend war sie daran gewöhnt, dass die Pferde mit ihr durchgingen. Der Held zog den Hut und stellte sich vor, dann bot er ihr an, sie nach Hause zu begleiten.

Das Mädchen schien sehr reich zu sein, jedenfalls wohnte sie in einem tollen Farmhaus. Trotzdem kriegte der Held leider nur Limonade angeboten, aber dafür jammerten ihm die Eltern des Mädchens vor, wie schrecklich sie unter der Gewaltherrschaft der Gangster zu leiden hätten. Der Held war immer noch auf der Durchreise, aber er wollte sich die Sache mal durch den Kopf gehen lassen. Zur Belohnung wurde er zum Mittagessen eingeladen.

Beim Essen waren sie alle furchtbar vornehm und sprachen kaum. Der Held ließ das Mädchen nicht aus den Augen, und sie schaute immer wieder errötend in ihre Suppe.

Nur im Hintergrund wurde entsetzlich gepoltert und getrampelt.

„Mann, ist das bei denen in der Küche laut", brummte Florian.

„Vielleicht ist die Küche über dem Pferdestall?" Bettina kicherte. „Oder die Pferde stehen in der Küche?"

„Ich glaube eher, sie ziehen gerade um. Hört sich an, als wenn jemand Kartons hin und her schiebt", meinte Bille kopfschüttelnd. „Sind noch Bonbons da?"

„Hier!"

Tom reichte ihr die Tüte hinüber.

Hinter der Leinwand gab es einen fürchterlichen Schlag, dann prasselte es wie getrocknete Bohnen auf den Boden.

„Das gehört gar nicht zum Film", sagte Tom laut. „Es ist hinter der Leinwand."

„Ruhe da hinten!", brüllte jemand aus dem Publikum.

Das schien zu helfen, jedenfalls war jetzt nur noch leises Knistern und Malmen zu hören. Florian dachte an die Kisten und Kartons voller Gebäck und überlegte, ob er nicht mal nachsehen sollte, wer sich da über Herrn Jansens Vorräte hermachte. Aber jetzt wurde es gerade wieder spannend.

Der Held verabschiedete sich von den Eltern des Mädchens, und das Mädchen begleitete ihn hinaus. Unter einem großen Baum sahen sie sich noch mal tief in die Augen und redeten um den heißen Brei herum, denn dass sie ineinander verliebt waren, das sah ja ein Blinder. Dann verabredeten sie sich für den nächsten Tag.

Inzwischen hatten die Gangster schon wieder etwas angestellt, jedenfalls fand der Held den Gehilfen des Sheriffs angeschossen und wie ein Paket verschnürt auf dem Fußboden des Büros. Der Sheriff war ziemlich böse darüber, und alle drei schworen Rache. Jemand schnaubte ganz fürchterlich, aber man konnte nicht sehen, ob es der Sheriff war oder jemand, der sich im Schrank versteckt hatte. Dann wurde im Hintergrund wieder getrampelt.

„Er hat ein Pferd mit ins Büro genommen, damit es ihm nicht geklaut wird", sagte Karlchen kichernd.

„Ach was, die Wände sind so dünn. Und überall stehen da Pferde herum."

Jetzt war es Nacht. Die Dorfstraße mit dem Saloon lag still im Mondschein. Der Sheriff wartete auf den Helden, aber der war noch bei seinem Mädchen. Das heißt, er wartete unter dem großen Baum auf sie. Hinter dem Baum plätscherte etwas sehr laut. Nach einer Weile kam das Mädchen hinter einem Busch hervor. Das Publikum lachte dröhnend. Aber einer in der ersten Reihe fluchte fürchterlich.

„So ein Ferkel!", empörte er sich. „Dem werde ich Manieren beibringen!"

Er stand auf und ging durch die Tür mit der Aufschrift „Notausgang". „Psssst!", riefen die Leute, denn jetzt nahm der Held das Mädchen in die Arme.

Er sagte irgendetwas Leises, und sie sagte auch etwas sehr Nettes zu ihm, und Bille hatte einen Kloß in der Kehle, weil sie plötzlich an Simon denken musste und daran, dass er eigentlich jetzt hier sein sollte, neben ihr – oder auch so mit ihr unter einem Baum stehen wie die beiden da oben, deren Köpfe sich jetzt ganz langsam näher kamen und schon ein bisschen schräg legten, damit die Nasen nicht gegeneinander stießen.

„Verdammt! Hab ich dich erwischt!", erscholl eine Stimme hinter dem Liebespaar, aber diese Stimme gehörte nicht zum Film.

Hinter der Bühne entstand ein furchtbarer Tumult, Kartons fielen krachend zu Boden, heiseres Schnauben und Wiehern übertönte die Liebesszene auf der Leinwand. Jemand fluchte laut. Das Publikum lachte nervös.

„Sicher hat sich jemand anschleichen wollen, und das Pferd hat ihm auf die Hand getreten", alberte Bettina.

Bille und Tom sahen sich beunruhigt an. Das Liebespaar küsste sich noch immer, aber die Leinwand schwankte leise hin und her.

„Versprich mir, dass du mich nie verlässt!", hauchte das Mädchen.

Der Mann, der sie immer noch in den Armen hielt, schaute sich misstrauisch um, auch ihn schien der Lärm hinter der Bühne nervös zu machen. Wie recht er hatte! Ganz plötzlich gab es einen ohrenbetäubenden Knall, und hinter der weißblonden Lockenpracht seiner Geliebten tauchte der Kopf eines Pferdes auf. Er hing im Baum wie der Kopf der sprechenden Stute Fallada aus dem Märchen.

Das Publikum schrie auf.

„Zottel!", stöhnte Bille und erstarrte.

„Ich mach das schon." Tom sprang auf. „Bleib ganz ruhig. Herr Jansen hat ihn persönlich angebunden, also ist er auch verantwortlich, wenn Zottel sich losreißen konnte."

Tom drängte sich durch die Kinobesucher und verschwand hinter der Bühne. Oben lief der Film weiter. Zottel schaute immer noch aus dem Baum, doch jetzt veränderte sich die Szene. Der Held kam die nächtliche Dorfstraße entlang und pflanzte sich vor dem Schlafzimmerfenster der Saloonbesitzerin auf. Aus dem Nachbarhaus starrte ihm Zottels Kopf entgegen, aber das schien ihn nicht zu stören.

„Komm raus, Joe, ich weiß, dass du da drin bist! Ich will mit dir abrechnen!"

Zottel schüttelte heftig die Mähne, aber er war wohl auch nicht gemeint.

„Was willst du? Ich habe nichts getan, warum beschuldigst du mich?", kam die Stimme des Verbrechers Joe aus dem Haus.

„Das ganze Gebäck gefressen, die Bonbons zertrampelt und dann noch auf den Boden gepisst. Eine Sauerei ist das!", kreischte eine andere Stimme.

Dem Helden wurde es zu dumm, er feuerte zur Warnung ein paar Schüsse aus seinen Colts ab.

„Licht!", brüllte die Stimme wieder, dann erschien der dazugehörige Kopf neben Zottel auf der Leinwand. „Macht doch endlich Licht, ihr Idioten!"

Das Publikum johlte vor Vergnügen und begann zu applaudieren. Zottels Kopf verschwand und an seiner Stelle gähnte ein riesiges Loch in der Leinwand.

„Aufhören! Licht!", schrie der Mann wieder und winkte heftig. Damit gab er der Leinwand den Rest, sie rauschte zu Boden, begrub ihn unter sich und gab den Blick frei auf einen Trümmerhaufen aus zertrampelten Kartons, Keksen und Kuchenresten und einem Meer aus Bonbons, die in einer Pfütze schwammen.

„Das Pony! Bille Abromeits Pony! Wie kommt denn der Kerl hier rein? Der schafft es auch immer wieder", redete und lachte das Publikum durcheinander. „Kann eben nicht verleugnen, dass er aus dem Zirkus kommt. Da steckt doch sicher wieder der Junge dahinter, der Jens, der hat ihn schon zweimal entführt! Weißt du nicht mehr? Damals …"

Bille war es, als müsse sie im Erdboden versinken.

Tom hatte Zottel beruhigt und führte ihn durch die Tür zur Scheune, die Florian in der Eile offen gelassen hatte, nach draußen. Hinter ihm schossen Joe und seine Gangster immer noch auf den tapferen Helden, der sie am Ende alle erledigen würde. Ihre Gestalten huschten als bunte Schatten nun nicht mehr über die Leinwand, sondern über Kartondeckel und an der Rückwand aufgestapelte Stühle. Vorn an der Rampe kämpfte der Filmheld immer noch verzweifelt unter Bergen von glänzender Folie.

Das Publikum hüpfte auf den Stühlen vor Vergnügen. Der Einzige, der nichts von dem Aufruhr bemerkte, war der Vorführer. Er stand mit Elli in der Tür des Vorführraums und erzählte etwas, das er seinen Kinohelden abgehört hatte. Erst als das Publikum lachend und sich gegenseitig auf die Schultern schlagend aus dem Zuschauerraum quoll und der Gaststube zustrebte, obgleich der Film noch gar nicht zu Ende war, bemerkte er die Bescherung.

Eine so ungewöhnliche Vorstellung musste gefeiert werden. Geschlossen marschierte man bei den Wirtsleuten Jansen auf und rief nach Bier und Schnaps – für die Damen Kaffee und Kuchen. Das Nebenzimmer – nach dem Mittagessen schon abgeschlossen und aufgeräumt – musste wieder geöffnet werden, die Wirtin schrie nach Elli. Erst allmählich drang es bis zu Vater Jansen durch, dass der ungewöhnliche Andrang in seinem Lokal auf Zottels Sonderauftritt zurückzuführen war.

Zum Glück hatte er keine Zeit, lange darüber nachzudenken, das Ausschenken erforderte seine ganze Aufmerksamkeit. Und den Schaden bezahlte ohnehin die Versicherung.

Bille hatte wieder einmal Gelegenheit, sich über Zottels ungewöhnlich strapazierfähigen Magen zu wundern, denn weder Rumtörtchen noch Negerküsse schienen ihm etwas anhaben zu können. Und für Tom war ein heimlicher Wunsch in Erfüllung gegangen – einmal bei einem von Zottels Streichen persönlich dabei zu sein.

Sternchen in Gefahr

„I've got a problem, little sister", seufzte Tom, als Bille und er nach dem Mittagessen das Gutshaus verließen und zum Stall hinübergingen. „A big problem."

„Hat es etwas mit der Schule zu tun?" Bille sah ihn prüfend von der Seite an. Tom hatte eine tiefe Dackelfalte auf der Stirn, die Mundwinkel verzogen sich zu einem angestrengten Grinsen.

„Nein, eigentlich nicht … mit der Schule ist alles okay."

„Hast du Schwierigkeiten mit deinem Vater?"

„O nein! Er hat so viel zu tun, dass er gar keine Zeit hat, mir Schwierigkeiten zu machen."

Tom bohrte die Hände noch ein wenig tiefer in die Taschen seiner Reithosen.

„Gehen wir in den Fohlenstall? Ich will mal nach Sindbad sehen."

„Okay."

Sie betraten den weiten, hellen Laufstall, in dem sich die Fohlen befanden. Sindbad hatte geschlafen, aber als Bille ihn ansprach, rappelte er sich sofort hoch und kam zu ihr herüber. Er hatte die Zeit, als er ihr Flaschenkind war und auf Schritt und Tritt hinter ihr herlief, noch nicht vergessen. Bille kraulte ihm zärtlich das wollige Fell. Komisch sah er aus – nicht mehr Fohlen und noch nicht erwachsenes Pferd, ein struppiger kleiner Rüpel, frech und übermütig.

Tom lehnte neben Bille an der Wand und schien tief in Gedanken versunken.

„Also erzähl", ermunterte Bille ihn. „Wo drückt dich der Schuh? Kann ich dir helfen?"

„Deshalb will ich ja mit dir reden. Du könntest mir helfen, wenn du willst."

„Klar will ich! Nun mach's doch nicht so spannend!"

„Abwarten. Es … es hat nämlich was mit Bettina zu tun."

„Mit Bettina? Ja, und?"

„Es ist so. Ich …" Tom suchte nach seinem Taschentuch und putzte sich umständlich die Nase. „Ich habe sie sehr gern und – und ich glaube, sie mag mich auch, so etwas merkt man doch, oder?"

„Ich denke schon."

Bille musste sich das Lachen verkneifen. Die Spatzen pfiffen es von allen Dächern, dass Bettina in Tom verliebt war – es war wirklich nicht zu übersehen.

„Das Problem ist nur – wir sind fast nie allein! Ich meine, man möchte sich doch mal in Ruhe aussprechen", sagte Tom. „Falls du verstehst, was ich meine."

„O ja! Und was kann ich dazu tun?"

„Na ja, ich habe bis jetzt immer Schwierigkeiten gehabt, das zu arrangieren. Wir sind doch immer alle zusammen, ich meine, du und Florian und oft auch Daniel und Simon – ihr seid meistens dabei. Und wenn wir wirklich mal fünf Minuten allein sind, dann muss man immer befürchten, dass einer von euch auftaucht. Versteh mich nicht falsch", unterbrach er sich erschrocken, als hätte Bille etwas eingewendet. „Ich will mit ihr wirklich nur mal in Ruhe reden – weiter nichts! Aber das kann man nicht so zwischen Tür und Angel."

„Natürlich nicht. Also, was schlägst du vor?"

„Ich würde gerne mit ihr allein ausreiten. Einen Ausflug zu Pferd machen, irgendwohin, verstehst du?"

„Hm. Da gibt's eigentlich nur eine Möglichkeit: Wir sagen den Jungen, Bettina käme zu mir, um bei mir die Hausaufgaben zu machen, und wir wollten den ganzen Nachmittag zusammensein. Dann holst du sie bei mir ab und reitest mit ihr aus."

„Das wäre die Lösung!" Tom wurde ganz zappelig. „Meinst du, du kannst das arrangieren?"

„Warum nicht? Ich spreche morgen in der Schule mit Bettina. Nach dem Mittagessen sage ich dir Bescheid, okay?"

„Okay. Du bist schwer in Ordnung, Bille. Genau die Schwester, die ich mir immer gewünscht habe."

„Danke, gleichfalls! Du bist auch genau der Bruder, den ich mir immer gewünscht habe. Und weißt du, was ich so toll daran finde? Freundschaften können kaputtgehen, sogar Ehen halten manchmal nicht ewig. Aber Geschwister – die hat man für sein ganzes Leben. Deshalb war ich so froh, dass dein Vater mich als so eine Art Adoptivtochter akzeptiert hat – auch, als du dann gekommen bist. Und dass du mich gleich als Schwester angenommen hast."

„Das war für mich schon klar, als ich noch in Amerika war. Daddy hatte so viel von dir geschrieben – als ... als seiner ‚Ersatztochter'. So hat er dich immer genannt. ‚Wenn du nach Deutschland kommst, wirst du eine Schwester haben', hat er geschrieben. Das war eine Tatsache für mich. Ich wusste, dass wir uns sehr ähnlich sind, dass du auch so verrückt bist auf Pferde, also – warum sollten wir nicht wirklich Geschwister sein?"

„Und was hat er dir über Bettina erzählt?"

„Nicht viel. Nur, dass ihre Eltern tödlich verunglückt sind

und sie bei ihren Vettern lebt. Und dass du ihr sehr geholfen hast am Anfang, als es ihr so schlecht ging."

„Das stimmt. Aber ohne deinen Vater hätte ich sie nie kennengelernt. Er hat mir so eine Art Auftrag dazu gegeben. Komisch – bevor du kamst, war ich mir nie ganz sicher, ob er mich wirklich mag. Ich wusste, dass er eine gute Reiterin aus mir machen wollte und dass meine Fortschritte ihn gefreut haben. Aber er kam mir meistens vor wie ein Mann, der gar keine persönlichen Gefühle kennt."

„Da hast du recht. Ich denke es auch oft. Man hat immer ein bisschen Angst vor der Mauer, die er um sich herum gebaut hat, nicht wahr?"

„Ja. Ich wusste nicht, dass es dir auch so geht. Glaubst du, das wird sich eines Tages ändern?"

„Vielleicht. Ich weiß nicht. Am Anfang habe ich es gedacht, aber jetzt – er hat irgendetwas, was ihn sehr beschäftigt, aber er will nicht darüber sprechen. Ich wünschte, ich wüsste, was es ist."

Am nächsten Tag berichtete Bille Bettina in der großen Pause von ihrem Gespräch mit Tom.

„Er will mit mir ausreiten? Allein?" Bettina wurde rot bis unter die Haarwurzeln. Bille spürte, wie das Herz der Freundin zu galoppieren begann – auch wenn sie sich noch so sehr den Anschein geben wollte, als berühre sie die ganze Angelegenheit nicht besonders.

„Nun ja, warum nicht. Ein Ausritt mit ihm wird bestimmt eine ganz lustige Sache. Und ich wollte ihn schon immer so vieles über Amerika fragen …"

„Dann kann ich ihm also deine Zustimmung überbringen? Und wann passt es dir am besten?"

„Oh, ich würde sagen – nicht, dass es eilt, aber das Wetter

ist gerade so günstig. Wer weiß, ob es übermorgen nicht schon wieder schneit oder regnet. Warum nicht morgen?"

„Morgen. Gut, ich werde es ihm sagen. Und du kommst nach dem Mittagessen zu mir nach Wedenbruck, abgemacht?"

„Okay. Wir machen zusammen die Hausaufgaben und dann … Übrigens wäre es gut, wenn wir zu dritt losreiten würden, und wenn wir aus dem Dorf raus sind …"

„Dann verabschiede ich mich höflich und reite nach Groß-Willmsdorf hinüber, ist doch klar. Du kannst dich auf mich verlassen. Und wenn mein großer Bruder frech wird, sag mir Bescheid, dann kriegt er eine Tracht Prügel."

Eher als erwartet erschien Bettina am nächsten Tag bei Bille. Wahrscheinlich hatte sie vor Aufregung nichts essen können und hatte ihre Stute Sternchen im Schnellverfahren geputzt.

„Wann meinst du, dass er kommt? Werden wir es schaffen mit den Hausaufgaben?", fragte sie schon in der Tür.

Bille hatte sich gerade zwei Spiegeleier gemacht, die sie nun in aller Ruhe über ein dickes Schinkenbrot gleiten ließ, ehe sie der Freundin antwortete.

„Also, erstens kommt er nicht vor drei Uhr und zweitens haben wir bis dahin die Hausaufgaben längst fertig. Und wenn nicht, kann er uns ja helfen."

Im ersten Punkt hatte Bille sich allerdings getäuscht. Tom hatte es genauso eilig wie Bettina und stand bereits um halb drei vor der Tür.

„Wo kann ich Lohengrin so lange unterstellen? Soll ich ihn in den Stall bringen – oder ist es da zu eng?"

„Stell ihn zu Zottel und Sternchen, ich lasse Moischele so lange in den Garten. Es bekommt ihm ganz gut, wenn er noch ein bisschen Auslauf hat. Und dann kannst du uns beim englischen Aufsatz helfen."

Als Tom und Bettina sich begrüßten, wurden sie rot wie Pfingstrosen. Bille sah diskret weg.

„Hallo", murmelte Tom.

„Hallo", hauchte Bettina.

„Mögt ihr einen Orangensaft?", versuchte Bille die Situation zu überbrücken.

„O ja, gern", krächzte Tom, der plötzlich einen Frosch im Hals hatte.

Bettina nickte nur eifrig.

Bille schob Tom Bettinas Englischheft vor die Nase.

„Da, lass dir mal etwas einfallen. Und mir darfst du dann eine zweite Version der Story liefern."

Tom war froh darüber, dass er seine Verlegenheit überspielen konnte, und machte sich an die Arbeit. Zwanzig Minuten später hatte jedes der Mädchen einen perfekten Aufsatz im Englischheft.

„Ich helfe dir gern öfter, wenn du magst." Tom hielt Bettinas Heft so liebevoll in den Händen, als sei es ihre Hand. „In Englisch und so – vielleicht bist du auch an englischer Konversation interessiert? Zur Übung!"

„O ja, gerne!"

„Wenn du magst, können wir immer mal zwischendurch eine Stunde nur Englisch sprechen!"

„Warum nicht? Und du musst alle meine Fehler sofort verbessern, damit ich wirklich etwas lerne!"

„Okay."

„Kommt, Leute, wir müssen uns in den Sattel schwingen, es wird früh dunkel – sonst habt ihr keine Zeit mehr für euren Ausflug."

Bille fing Moischele wieder ein und brachte ihn in den Stall zurück. Tom hatte inzwischen Zottel gesattelt. Zu dritt ritten sie die Dorfstraße hinauf und bogen in einen Feldweg ein.

„Da vorn am Wald verlasse ich euch und reite nach Groß-Willmsdorf rüber. Verirrt euch nicht und denkt daran, dass Sternchen bald Mutter wird und nicht überanstrengt werden darf!"

„Was glaubst denn du – wir reiten nur ganz langsam!"

„Also dann, tschüss, ihr beiden, und viel Spaß!"

Sollte mich wundern, wenn die in der ersten Viertelstunde überhaupt ein Wort rausbringen!, dachte Bille. Na, im Zweifelsfall werden sie über Pferde reden, da haben sie Gesprächsstoff genug. Ob ich auch so einen idiotischen Ausdruck in den Augen habe, wenn ich mal verliebt bin?

Bille hatte sich getäuscht. Tom und Bettina hatten ihre Anfangsschwierigkeiten schnell überwunden. Tom – wohl ahnend, dass es ihm die Sprache verschlagen könnte, wenn er nun endlich einmal mit Bettina allein war – hatte sich eine ganze Reihe von Fragen überlegt und sie sich eingeprägt. Das Rezept bewährte sich. Bettina sprudelte die Antworten nur so heraus, erzählte, als hätte sie sich seit Monaten alles für diesen einen Nachmittag aufgehoben – und sobald sie einmal richtig in Schwung waren, redeten sie beide ohne Pause.

Sie ließen die Pferde im Schritt gehen, legten nur manchmal einen kleinen Trab ein, und hin und wieder hielten sie an, wenn sie einen Vorwand suchten, einander näherzukommen.

„Sind deine Hände nicht kalt? Zeig her, komm, ich wärme sie dir." Oder: „Warte, dein Pulli ist ganz voller Schnee! Komm, ich klopfe ihn ab, sonst wirst du nass!"

Sie waren kreuz und quer durch den Wald geritten, das dichteste Tannendickicht war ihnen gerade recht, obgleich sie nichts anderes taten, als sich an den Händen zu halten und sich tief in die Augen zu sehen. Und zu reden natürlich, denn je mehr sie sprachen, desto mehr fiel ihnen ein. Es war ihnen, als müssten sie ihr ganzes bisheriges Leben vor dem anderen ausbreiten wie ein aufgeschlagenes Buch.

„Wo sind wir hier eigentlich?", fragte Bettina plötzlich. „Es wird dunkel. Wir müssen an den Heimweg denken."

„Lass mal sehen, dort ist Westen. Ich schlage vor, wir halten uns jetzt links, dann müssen wir automatisch zurückkommen. Weit kann es nicht sein."

Aber Tom täuschte sich. Sie waren viel weiter von Groß-Willmsdorf fortgeritten, als er ahnte, das Gut lag hinter ihnen, und der Weg, den sie nun einschlugen, führte direkt nach Neukirchen. Es dauerte eine Weile, bis sie den Irrtum bemerkten.

„Verdammt, das war genau die falsche Richtung! Wir müssen umkehren, Tom, sonst machen wir einen riesigen Umweg und sind frühestens in zwei Stunden zu Hause", jammerte Bettina.

„Okay, du hast recht, kehren wir um und reiten auf dem Waldweg zurück. Reg dich nicht auf, wir werden eben jetzt einen Trab einlegen. Das hält Sternchen schon aus – bis jetzt hat sie sich ja nicht anzustrengen brauchen."

„Wie dunkel es schon ist", rief Bettina nach einer Weile. „Hoffentlich finden wir den Weg überhaupt!"

„Stimmt, wenn wir nicht bald aus dem Wald herauskommen, sieht es schlecht aus. Gibt es nicht vielleicht eine Abkürzung?"

„Warte mal, da hinten, die Lichter, die man zwischen den

Bäumen sieht, das müsste Wedenbruck sein. Wenn wir also hier quer durch den Wald reiten, müssten wir am Moorsee auf den Weg nach Groß-Willmsdorf kommen."

„Bist du sicher?"

„Ziemlich sicher."

Schweigend ritten sie durch den Buchenwald. Zunächst schien alles gut zu gehen. Durch die kahlen Baumkronen der Buchen fiel ein wenig Licht auf den Boden, genug, um Hindernisse rechtzeitig erkennen zu können. Wenn die Pferde auch nur im Schritt gehen konnten, so kamen sie doch gut vorwärts.

„Da vorn wird es heller, dort ist der Buchenschlag zu Ende. Dahinter müsste der Moorsee liegen."

„Hoffen wir's."

Beflügelt von dem Gedanken, jetzt endlich aus dem dunklen Wald hinauszukommen, trieb Bettina Sternchen an und ritt ein paar Meter vor Tom her. Plötzlich verschwand sie vor seinen Augen, als habe sich die Erde geöffnet und sie verschluckt.

„Vorsicht, Tom!" Bettinas Schrei mischte sich mit einem verzweifelten Angstlaut ihrer Stute.

Tom hörte Äste krachen, Schilf rascheln und heftiges Platschen. Mit einem Satz war er aus dem Sattel und an der Stelle, an der Bettina verschwunden war.

„Vorsicht!", rief Bettina noch einmal. „Wir sind viel weiter oben am See, als ich dachte. Hier geht's ganz steil runter ins Wasser. Schnell – hilf uns!"

Jetzt sah Tom die Bescherung. Bettina war aus dem Sattel gerutscht und hing festgeklammert zwischen den Zweigen des Gesträuchs, mit dem die Böschung bewachsen war. Schlimmer stand es um Sternchen – sie strampelte weiter unten im Moorwasser und drohte mit jedem Tritt tiefer zu versinken. Tom übersah die Situation mit einem Blick.

„Shit", knurrte er durch die Zähne. „Das kalte Wasser ist Gift für sie. Wir müssen sie so schnell wie möglich da rausbringen. Komm!"

Tom streckte seine Hand aus und zog Bettina zu sich herauf.

„Nimm du Lohengrin, ich muss sehen, was ich machen kann."

Geschickt schlüpfte er zwischen den Sträuchern hindurch zum Wasser und untersuchte mit den Füßen den schlammigen Untergrund.

„Ich muss sie da rüberbringen, hier kommt sie nie raus, es ist viel zu steil und rutschig. Ruhig, Mädchen, wir schaffen das schon!", redete er auf die aufgeregte Stute ein. „Ganz ruhig stehen, brav so. Ruhig."

Wieder tastete er – diesmal auch mit den Händen – den Untergrund ab.

„Mein Gott, Tom! Du bist ja bis auf die Haut nass!"

„Na, wenn schon – hol mir Zweige, Reisig, irgendetwas, das ich ihr unter die Hufe werfen kann, damit sie Halt bekommt. Schnell!"

Bettina griff an Zweigen, was sie im Dämmerlicht erwischen konnte. Tom riss von der Böschung, so gut es mit einer Hand ging, Zweige ab. Lohengrin schien den Ernst der Situation zu erfassen. Aufmerksam beobachtete er das Geschehen und machte keinerlei Anstalten, sich ohne seine Begleiter auf den Heimweg nach Groß-Willmsdorf zu machen.

„Wirf alles hier runter, beeil dich! Wenn sie wenigstens mit den Vorderfüßen Halt bekommt!"

Tom stampfte Äste und Reisig vor den Hufen der Stute ins morastige Wasser.

„Komm, Sternchen, versuch's mal. Na komm, nur einen Schritt! He, na los doch! Verdammt!"

„Was ist?"

„Das Zeug rutscht immer wieder weg. Und sie hat bald keine Kraft mehr, sie zittert am ganzen Körper."

„Hier sind noch Zweige."

„Gut."

Tom versuchte die Prozedur noch einmal. Sternchen bemühte sich mit aller Kraft, mit den Vorderfüßen einen Halt zu finden, aber vergeblich. Bettina schluchzte auf. Wenn Sternchen nun ihr Fohlen verlieren sollte, und schlimmer noch, wenn sie – nein, sie konnte den Gedanken nicht zu Ende denken!

„Verdammt, was mach ich bloß, hör mal, Mädchen, du musst hier raus, streng dich an – wir müssen es schaffen!", redete Tom der verzweifelten Stute zu. „Halt! Warte!" Mit einem Griff riss sich Tom die Jacke von den Schultern und drückte sie in den Schlamm auf das Bett von Zweigen und Ästen. Dann suchte er sich einen Halt an einem der größeren Sträucher, die mit ihren Zweigen ins Wasser hingen, und stemmte sich mit der anderen Hand mit aller Kraft gegen Sternchens Hinterteil. Sternchen quiekte erschrocken, strampelte noch einmal und erwischte mit einem Vorderhuf die feste Unterlage aus Zweigen und Toms darüberliegender Lederjacke.

„He! Los jetzt, vorwärts, Mädchen! Don't let it get you! Ja!"

Sternchen, ermutigt von dem Gefühl, so etwas wie festen Untergrund unter einem Huf zu spüren, wagte eine letzte Anstrengung – und wirklich schaffte sie es, bis zu dem schmalen Uferstreifen zu kommen. Tom hechtete hinter ihr her, um zu verhindern, dass sie von Neuem ins Wasser rutschte.

„Nimm ihre Zügel! Schnell! Zieh sie nach oben – ich schiebe von unten nach. Warte, jetzt!"

Endlich stand Sternchen wieder auf festem Boden. Bettina liefen noch immer die Tränen über das Gesicht.

„Kannst du irgendwas von dem Zeug, das du anhast, entbehren?", fragte Tom. „Deinen Pulli?"

Bettina streifte ihre Jacke ab und zog den Pulli über den Kopf. Sie schauderte in dem dünnen T-Shirt, das sie darunter trug, und schlüpfte schnell wieder in die Jacke. Tom hatte ihr den Pulli aus der Hand gerissen und sofort begonnen, Sternchen von unten bis oben abzureiben. In kräftigen, gleichmäßigen Strichen massierte er ihr mit dem wollenen Pullover den Körper.

„Mein Gott, Tom, du wirst dir eine Lungenentzündung holen!" Bettina versagte fast die Stimme. „Du bist bis auf die Haut nass – und ohne Jacke!"

„Solange ich in Bewegung bleibe, ist mir nicht kalt. Du wirst jetzt Lohengrin reiten, und ich führe Sternchen am Zügel. Wenn wir kräftig traben, friert keiner von uns."

Sternchen schien sich unter der wohltuenden Massage langsam zu entspannen.

„So – ich glaube, jetzt können wir es riskieren. Steig auf."

Bettina zog sich mit klammen Fingern in Lohengrins Sattel. Der Schock saß ihr noch immer in den Gliedern, sie zitterte am ganzen Körper, und vom Magen her kroch eine würgende Übelkeit in ihr hoch. Tief durchatmen!, dachte sie. Nur jetzt nicht schlappmachen! Sie trieb Lohengrin in einen flotten Trab. Hinter ihr keuchte Tom, der Sternchen am Zügel führte und mit großen Sätzen neben ihr herrannte.

Zum Glück war der Weg eben und ohne Tücken, sodass die Pferde frei ausschreiten konnten.

„Auf dem direkten Weg nach Peershof!", rief Tom. „Du musst so schnell wie möglich nach Hause und Sternchen auch!"

„Aber du brauchst etwas Trockenes zum Anziehen!"

„Später. Erst bringe ich euch mal nach Hause."

Nach einer halben Stunde erreichten sie den Peershofer Gutshof. Tom hatte das Gefühl, der Brustkorb müsse ihm auseinanderspringen, so hart klopfte sein Herz dagegen. In seinen Ohren rauschte es und vor den Augen tanzten schwarze Punkte.

„Dear me", keuchte er, als sie im Stall ankamen. „Das war die größte sportliche Leistung, die ich je vollbracht habe!"

„Sportlich nennst du das also", kam eine schneidende Stimme aus der Dunkelheit, und ein Schatten löste sich von der Wand. Simon trat ins Licht. „Allerdings! Wahnsinnig sportlich, mit einem nichts ahnenden Mädchen abzuhauen und erst mitten in der Nacht zurückzukommen!"

„Simon!", schrie Bettina wütend. „Was fällt dir ein! Erstens ist es nicht Nacht, und zweitens hast du keine Ahnung, was passiert ist! Also rede nicht so einen verdammten Scheiß, sondern hilf uns lieber!"

„Ich brauche gar nicht zu wissen, was passiert ist – ich kann es mir auch so denken."

„What the hell …"

„Moment, ich bin noch nicht fertig. Bitte nimm zur Kenntnis, lieber Tom, dass deine amerikanischen Methoden hier nicht erwünscht sind. Und nimm weiter zur Kenntnis, dass dies das letzte Mal war, dass du meine Cousine Bettina zu sehen bekommen hast. Und jetzt hau ab, wenn du nicht noch mehr Ärger kriegen willst!"

„Simon! Tom braucht etwas Trockenes zum Anziehen, er hat …"

„Du halt den Mund! Geh sofort ins Haus, die Eltern warten schon – sie haben sich furchtbar aufgeregt! Um Sternchen kümmere ich mich."

Bettina war starr vor Empörung. Aber nur einen Augenblick. Dann schoss sie wie ein Raubtier auf Simon zu und haute ihm rechts und links eine runter.

„Du verdammter Idiot!", schrie sie. „Ich schäme mich für dich. Reite nach Hause, Tom. Und wenn du eine Lungenentzündung bekommst, dann bedank dich bei diesem Vollidioten! Diesem herzlosen, gefühllosen, eingebildeten … oh …" Sie konnte vor Schluchzen nicht weitersprechen und stürzte zum Haus hinüber.

„Also dann", sagte Tom kalt und richtete sich vor dem kleineren Simon zu seiner vollen Größe auf. „Kümmere dich um Sternchen. Sie braucht dringend Pflege. Weiteres kann dir ja deine Cousine mitteilen. Bye."

Tom schwang sich in Lohengrins Sattel und ritt davon. Simon sah ihm nach, wie er in der Dunkelheit verschwand, nass bis auf die Haut, schmutzig und nur mit einem dünnen Pulli bekleidet. Ihm wurde unbehaglich zumute. Sollte er Tom nachreiten? Unsinn – Strafe musste sein. Was immer passiert war, Tom hatte mit seinem Superman-Charme erst Bille, dann Bettina eingewickelt. Und wenn er glaubte, er sei hier der Größte und könne sich alles erlauben, dann tat es ihm ganz gut, mal zu fühlen, dass dem nicht so war!

Onkel Paul weiß Bescheid

Als Tom in Groß-Willmsdorf ankam, war er kalt wie ein Eisblock. Und am nächsten Tag hatte er vierzig Grad Fieber. Simon sah beunruhigt, dass Toms Platz in der Schule leer blieb.

Bille und Bettina hatten schon früher Schule aus, also konnte er Bille nicht fragen, ob sie etwas von Tom wusste. Bettina hatte ihm am Abend wütend und verzweifelt den Hergang des Ausritts erzählt und Simon wusste, dass ohne Toms Hilfe Sternchen nicht zu retten gewesen wäre – und dass es Bettinas Leichtsinn gewesen war, der den Unfall verschuldet hatte.

Bettina hatte natürlich auch Bille die Geschehnisse des Nachmittags und Simons übertriebene Szene bis in alle Einzelheiten erzählt.

Bille war außer sich vor Wut. Wie konnte Simon sich derart unmöglich benehmen? Es schien so gar nicht zu ihm zu passen! Unbegreiflich. Und unverzeihlich! Für sie war Simon erledigt – ein für alle Mal.

Am Nachmittag ging sie ins Groß-Willmsdorfer Gutshaus, um Tom zu besuchen.

„Warte mal, ich sehe nach, ob es geht", sagte Frau Engelke, die ihr die Tür geöffnet hatte. „Das Fieber ist sehr hoch, wer weiß, ob ein Besuch nicht zu anstrengend ist."

Nach einer Weile kam sie zurück.

„Herr Tiedjen meint, für einen Augenblick kannst du zu ihm hineinschauen, vielleicht freut er sich, wenn er dich sieht. Komm."

Bille erschrak, als sie Tom so liegen sah – blass, mit schweißnassem Gesicht. Er schien sie gar nicht wahrzunehmen, sein Atem ging rasselnd, die Hände fuhren unruhig über die Decke.

„Tom." Bille trat leise näher. „Tom, ich bin es, Bille! Kann ich etwas für dich tun?"

Tom erwachte aus seinen Fieberträumen.

„Hello, little sister – pardon me, I'm down and out."

Tom schloss erschöpft die Augen.

„Pssst, schlaf nur weiter, ich will dich nicht stören. Bettina lässt dich grüßen! Sie wünscht dir gute Besserung – und ich soll dir sagen, dass sie keinen Augenblick vergisst, was du für sie getan hast!"

„Forget it! Wie geht's Sternchen?"

„Sie ist okay – das Bad scheint ihr nicht geschadet zu haben."

„Gut – das ist gut …" Tom schlief wieder ein.

Bille schlich wie betäubt hinaus. Dass es Tom so schlecht ging, hatte sie nicht vermutet. Wie hatte Simon nur so unverantwortlich handeln können! Wenn sich Toms Zustand nun verschlimmerte?

Wie eine Schlafwandlerin verrichtete Bille ihre Arbeiten im Pferdestall. Dann ging sie für je eine halbe Stunde mit Troja und mit Iris in die Bahn. Herr Tiedjen hatte in die Stadt fahren müssen, er konnte erst abends zurück sein, Bille war froh, dass deshalb die übliche Trainingsstunde bei ihm ausfiel. So nahm sie Black Arrow nur noch kurz an die Longe, versorgte ihn und machte sich vorzeitig auf den Heimweg.

„Was ist los mit dir? Geht's dir nicht gut, mein Deern?", erkundigte sich Onkel Paul besorgt, als Bille vor ihrem gefüllten Abendbrotteller saß und keinen Bissen hinunterbrachte.

„Entschuldigt, bitte!" Bille schluchzte auf und lief hinaus.

In ihrem Zimmer warf sie sich aufs Bett und weinte hemmungslos. Eine Weile blieb es still, dann wurde leise die Tür geöffnet.

„He, was ist denn los, Kleines?" Onkel Paul setzte sich auf die Bettkante und begann, vorsichtig über Billes Rücken zu streichen. „Um welchen der Herren handelt es sich denn? Oder ist es ein Vierbeiner?"

Bille schüttelte heftig den Kopf. Onkel Paul ging zum Schrank und holte ein Taschentuch, das er Bille mit leisem Nachdruck unter das Gesicht schob. Das Kopfkissen war schon ganz durchnässt.

Bille schnäuzte sich heftig und richtete sich mühsam auf. Sie fühlte sich so leer, ausgebrannt und verzweifelt wie nie zuvor.

„Also, wo drückt der Schuh? Wenn dein alter Onkel auch nicht besonders schlau ist, ein bisschen Lebenserfahrung hat er vielleicht doch. Hat es etwas mit Tom zu tun?"

„Ja … nein … ja, doch, auch – aber …"

„Also Simon?"

„Simon – Tom …" Bille zuckte die Achseln und warf sich auf das nasse Kopfkissen. Schweigend starrte sie an die Decke, ihre Augen füllten sich bereits wieder mit Tränen.

„Na, na …" Onkel Paul streichelte ihr liebevoll die Hand.

„Weinen hilft zwar manchmal, weil es erleichtert. Aber ändern tut es nichts. Nun erzähl mal. Wer hat dich gekränkt – oder geärgert?"

„Mich? Niemand!" Wieder starrte Bille stumm an die Decke. „Onkel Paul", begann sie schließlich zögernd, „wie ist es möglich, dass ein Mensch sich so völlig verändert?"

„Dass sich seine Gefühle verändern, meinst du?"

„Nein, nicht seine Gefühle, er selbst! Jemand, der früher so zartfühlend und rücksichtsvoll und immer fair und kameradschaftlich gewesen ist – auf einmal ist er böse und hartherzig und gemein, richtig gemein!"

„Nun, wenn jemand sich in seinem Verhalten so verändert, so plötzlich, wie du sagst, kann man eigentlich nur annehmen, dass er sehr unglücklich ist. Dass ihn etwas schmerzt und traurig und verzweifelt macht, sodass er in seinem Schmerz wie ein Wilder um sich zu schlagen beginnt. Weißt du noch, als du ein kleines Mädchen warst, hatte ich einen Hund …"

„Mucki – diese komische Promenadenmischung?"

„Genau. Mucki wurde eines Tages von einem größeren Hund angegriffen. Es gab einen wilden Kampf, die beiden verbissen sich ineinander und waren nicht auseinanderzubringen. Ich stürzte hin, um dem kläglich jaulenden Mucki zu helfen, und versuchte ihn zu befreien – da hat er mich in die Hand gebissen! Etwas, was er sonst nie getan hätte, verstehst du? Er war der anhänglichste und zärtlichste Hund, den man sich vorstellen kann, er hätte mir normalerweise niemals wehgetan – aber in diesem Augenblick, in seinem Schmerz und seiner Hilflosigkeit, hat er zugebissen. Aus lauter Verzweiflung."

„Warum erzählst du mir das?"

„Weil derjenige, von dem du eben sprachst, sich vielleicht genauso fühlt wie damals der kleine Hund Mucki."

„Warum sollte Simon verzweifelt und hilflos sein?"

„Simon also."

„Ja, Simon! Er hat Tom von Anfang an schlecht behandelt. Er hat ihn fühlen lassen, dass er ihn nicht mag, dass er ihn zum Teufel wünscht. Er war wütend, dass Tom das Neujahrsrennen gewonnen hat, und hat ihn nur mies gemacht. Dabei war gerade Simon früher immer fair und hat auch andere gelten lassen! Und jetzt – als Bettina mit Sternchen den Unfall hatte und Tom Sternchen aus dem Moorsee gerettet und sich dabei eine schlimme Erkältung geholt hat, da hat er ihn obendrein noch beschimpft und vom Hof gejagt! Klitschnass, so wie Tom da vor ihm stand, völlig durchgefroren und überanstrengt! Er hat ihm nicht geholfen, nein, er hat ihn nur beschimpft! Das ist doch total unverständlich!"

„Nein, das ist es nicht."

„Aber Onkel Paul …"

„Von den drei Henrich-Jungen warst du mit Simon am engsten befreundet, nicht wahr?"

„Ja. Das war einmal …"

„Seit Tom da ist, ist das anders?"

„Ja. Weil er sich Tom gegenüber so unmöglich benommen hat! Wir waren alle erst ein bisschen voreingenommen gegen Tom, aber als wir dann gemerkt haben, wie nett er ist, da hat sich das geändert. Wir haben ihn in unseren Kreis aufgenommen, und er ist unser Freund geworden."

„Und für dich ist er noch ein bisschen mehr?"

„Er ist mein Adoptivbruder, ja – genauso wie Herr Tiedjen eine Art Adoptivvater für mich ist! Was ist schon dabei?"

„Nichts. Nur sieht Simon das vielleicht ein bisschen anders. Tom ist groß und kräftig – er selbst ist zierlich und klein. Tom ist ein strahlender Draufgänger, dem alle Herzen zufliegen, Simon ist ein stiller, verträumter, sensibler Junge."

„Deshalb mochte ich ihn ja gerade am liebsten von allen."

„Warum versuchst du dann nicht mal, seine Gefühle zu verstehen?"

„Weil es da nichts zu verstehen gibt! Daniel ist auch groß und sportlich und strahlend, und Simon hat noch nie Anstoß daran genommen! Warum also bei Tom?"

„Ja, Bille …" Onkel Paul hob hilflos die Schultern. „Wenn du das nicht weißt – wer außer dir sollte es dann wissen? Warum sprichst du nicht mit ihm darüber? Hast du es überhaupt schon mal versucht?"

„Nein."

„Dann wird es höchste Zeit!"

„Ich denke ja überhaupt nicht daran! Simon ist für mich gestorben!"

„Dann ist dir nicht zu helfen. Überleg es dir noch mal."

Bille besuchte Tom täglich. Tom erholte sich schnell, und bald konnten sie ihre Hausaufgaben zusammen erledigen, Schach und Mühle spielen und sich stundenlang unterhalten. Das Einzige, was Bille an Tom nicht gefiel, war, dass er nicht mehr lachte. Immer schien er bedrückt und traurig, und wenn sie von den kommenden Monaten sprach, vom Frühling, von den Fohlen, von den Turnieren im Sommer, dann winkte er nur ab. Für Pferde schien er sich nicht mehr zu interessieren.

„Ich bin so gespannt, wie Sternchens Fohlen aussehen wird", sagte Bille eines Tages. „Ist es nicht wundervoll, dass sie es nicht verloren hat?"

„Ja, ich freue mich für Sternchen und Bettina. Ihr müsst mir dann schreiben, wie es aussieht."

„Schreiben?", fragte Bille entgeistert.

„Ja." Tom drehte den Kopf zur Wand. „Ich habe mich entschlossen zurückzugehen – nach Amerika."

„Du willst zurück? Ja, warum denn, um Himmels willen? Davon hast du mir ja noch nie etwas gesagt!"

„Nein, ich musste mir erst darüber klar werden. Aber jetzt weiß ich, dass es das Beste ist."

„Und warum? Warum, Tom?", fragte Bille verzweifelt.

„Ich bin hier überflüssig."

„So ein Quatsch! Wie kommst du denn auf die Idee?"

„Mein Vater hat keine Zeit für mich, er ist viel zu beschäftigt; Freunde habe ich keine gefunden – außer dir natürlich. Das Mädchen, das ich liebe, darf mich nicht wiedersehen, weil die Eltern sauer sind, also – was soll's?"

„Das ist doch alles an den Haaren herbeigezogen! Nein, du willst wieder zu deiner Mutter! Du hast Heimweh, stimmt's? Du willst endlich wieder in die Sonne, in die Wärme zurück!"

„Selbst wenn es so wäre, würde es mir nichts nützen. Meine Mutter hat vor drei Wochen zum zweiten Mal geheiratet, bei ihr kann ich nicht wohnen. Ich werde in irgendeinem Internat landen – und ob das gerade in Kalifornien oder sonst einem sonnigen Land liegen wird, das ist die Frage. Aber das ist auch nicht der Punkt. Wichtig allein ist, dass niemand mich hierhaben wollte und alle froh sein werden, wenn ich wieder weg bin."

„Mir kommen gleich die Tränen! Wie kann man nur so einen verdammten Mist reden! Okay, Bettina hat zwei Wochen Hausarrest, weil sie geschwindelt hat und zur Strafe für ihren Leichtsinn. Aber das hat nichts mit dir zu tun. Frau Henrich ist nun mal ziemlich streng und hasst es, angelogen zu werden. Florian und Daniel mögen dich sehr gern, das weiß ich. Und Simon …"

„Ja eben! Was ist mit ihm los? Warum behandelt er mich so? Was habe ich ihm eigentlich getan? Wir gehen in die gleiche Klasse, wir haben die gleichen Interessen – damn it to hell, warum können wir nicht Freunde sein?"

„Ich weiß es nicht. Aber ich schwöre dir, ich bekomme es heraus! Und was deinen Vater betrifft: Ich glaube, es wäre schrecklich für ihn, wenn er hörte, dass du wieder zurück nach Amerika willst. Er hat sich so auf dich gefreut! Aber du musst Geduld mit ihm haben – er muss es erst lernen, Vater zu sein. Väter sind nun mal anders als Mütter, sie fragen nicht dauernd, ob einem was fehlt, ob man warm genug angezogen ist oder seinen Kakao ausgetrunken hat, ob man in der Schule drangekommen ist oder – oder ob man sich vor dem Essen die Hände gewaschen hat!"

Tom musste lachen.

„Da wäre ich vermutlich auch ziemlich sauer auf meinen alten Herrn, wenn er das täte. Aber im Ernst, meinst du, dass ihm etwas daran liegt, dass ich hier bin?"

„Und ob!", sagte Bille mit Nachdruck. „Und jetzt entschuldige mich – ich habe noch was Wichtiges zu erledigen. In einer Stunde bin ich wieder bei dir."

„Du musst noch mal weg? Davon hast du vorhin gar nichts gesagt!"

„Ich hab's vergessen", log Bille.

„Und was hast du zu erledigen?"

„Sage ich hinterher. Bis später."

Bille winkte Tom noch einmal zu und stürmte aus dem

Zimmer. Als Tom eben Simon erwähnt hatte, war ihr wie ein Blitz durch den Kopf gefahren, dass sie jetzt, jetzt sofort, mit Simon reden müsse. Es musste endlich einmal Klarheit geschaffen werden. Und wenn es das letzte Gespräch war, das sie in ihrem ganzen Leben mit Simon führen würde – sie musste ihn jetzt zur Rede stellen.

Zottel war hocherfreut, so unerwartet zu einem Ausritt zu kommen, er hatte sich schon damit abgefunden, dass er den ganzen Nachmittag im Willmsdorfer Stall auf Bille warten müsste wie meistens an solchen Tagen, an denen seine Freundin stundenlang in der Reithalle trainierte.

Im Galopp ging es in Richtung Peershof. Der Boden war leicht gefroren und mit einer federnden flaumigen Schneeschicht bedeckt, einzelne Flocken schwebten vom Himmel. Zottel schnaubte begeistert.

Vor dem Peershofer Stall trafen sie auf Daniel, der Asterix putzte.

„Hallo, wo kommst du denn jetzt her? Bettina ist oben, sie brütet noch über den Mathe-Aufgaben. Ich wusste gar nicht, dass ihr heute verabredet seid."

„Sind wir auch nicht. Wo ist Simon? Ich muss ihn sprechen, sofort!"

„Ist was passiert?"

„Eine Menge. Wo ist er?"

„In seinem Zimmer, glaube ich."

„Okay, ich werde ihn schon finden."

Bille nahm Zottel Sattel und Zaumzeug ab und band ihn am Halfter vor der Küche an einen Baum. Dann lief sie die Hintertreppe hinauf in den ersten Stock und klopfte an Simons Zimmertür. Sie wartete seine Antwort nicht ab, riss die Tür auf und stand wie ein Racheengel im Zimmer.

„Bille?!" Simon, der am Schreibtisch gesessen und gearbeitet hatte, drehte sich erstaunt zu ihr um.

„Ich möchte mit dir sprechen", sagte Bille knapp. „Ich muss dich etwas fragen."

„Ja?" In Simons Augen leuchtete etwas wie Hoffnung auf. „Setz dich doch!", sagte er lächelnd.

„Danke, es wird nicht lange dauern. Ich möchte dich fragen, warum du Tom so mies behandelst, was du gegen ihn einzuwenden hast und was er dir eigentlich getan hat!", platzte Bille heraus.

Simons Gesicht verhärtete sich abrupt.

„Aha, die Sorge um deinen Cowboy treibt dich also zu mir. Das hätte ich mir ja denken können. Aber sei beruhigt, ich werde ihm kein Haar krümmen, falls du das befürchtest. Du kannst sicher sein, dass ich ihn in Zukunft mit ausgesuchter Höflichkeit behandeln werde. Es tut mir leid, dass er krank geworden ist, das war wirklich nicht meine Absicht. Schließlich konnte ich nicht wissen, was geschehen war."

„Aber du hättest es sehen müssen! Simon", Billes Stimme nahm einen flehenden Ton an, „ich versteh dich einfach nicht mehr. Du warst doch früher nie so – so hart und kalt und rachsüchtig. Warum hast du dich so verändert – warum können wir nicht mehr ganz normal miteinander reden, so wie früher. Ich dachte, wir wären Freunde."

„So – waren wir das?", fragte Simon bitter. „Erstaunlich, dass du dich noch daran erinnerst. Aber was die Rachsucht betrifft, die du in mir vermutest: Sie ist eine reine Erfindung von dir. Ich bin nicht im Mindesten rachsüchtig, wie du es nennst. An dem Abend, auf den du vermutlich anspielst, war ich sehr besorgt um Bettina. Ja, auch wütend, zugegeben.

Aber alles, was ich gesagt oder getan habe, entsprang nicht meiner Rachsucht, sondern meiner Angst um Bettina. Und wenn ich ein bisschen hart gegen ihn war, so … nun, es ist wohl mein gutes Recht als Bruder, meine Schwester zu verteidigen und zu schützen", sagte er steif.

„Und es ist mein gutes Recht, *meinen* Bruder zu verteidigen und zu schützen!", schrie Bille aufgebracht.

„Deinen Bruder? Ich verstehe nicht …"

„Tom ist gerade so gut mein Adoptivbruder, wie Bettina deine Adoptivschwester ist, auch wenn es nicht verbrieft und versiegelt ist. Und ich werde nicht zulassen, dass du ihn weiter miesmachst und beschimpfst und mit deiner arroganten Höflichkeit verletzt! Deinetwegen will er zurück nach Amerika! Weil er glaubt, alle seien so wie du und keiner wollte ihn hier haben! Dabei ist er mit dem festen Wunsch hierhergekommen, in dir einen guten Freund zu finden."

Bille glühte vor Erregung. Sie war so von dem Gedanken an ihre Mission erfüllt, dass sie gar nicht bemerkte, welche Verwandlung in Simons Gesicht vor sich gegangen war.

„Ich wusste nicht, dass er dein Bruder ist", sagte Simon unsicher. „Wieso überhaupt?"

„Weil wir so empfinden, und weil Herr Tiedjen es ihm schon drüben in Kalifornien gesagt hat, dass ich so was wie eine Tochter für ihn sei und dass er sich daran gewöhnen müsse, jetzt eine Schwester zu haben, wenn er zurück nach Deutschland käme. Und …"

„Und dir hat er nie etwas von deinem Bruder gesagt?"

„Nein. Aber das ist doch jetzt wurscht. Jetzt ist es eben so und damit basta. Also, nimm bitte zur Kenntnis, dass ich nicht zulassen werde, dass du ihn runtermachst! Mehr habe ich dazu nicht zu sagen."

Bille drehte sich um, marschierte hinaus und knallte die Tür hinter sich zu. Auweia, dachte sie, wenn das Tante Charlotte gehört hat! Türknallen – das ist wirklich nicht ladylike! Und dann noch in diesem Hause! Immer zwei Stufen auf einmal nehmend sprang sie die Treppe hinunter, sattelte und zäumte Zottel in Windeseile und schwang sich in den Sattel. Eigentlich hätte sie Bettina noch Guten Tag sagen können, aber sie wollte fort von hier, so schnell wie möglich. Ihr Herz klopfte immer noch bis zum Hals.

Was hatte sie getan? Hatte es überhaupt einen Sinn gehabt? Würde Simon seine Haltung Tom gegenüber ändern, nur weil sie ihm gedroht hatte? Sie war zu ihm geritten, weil sie sich mit ihm hatte aussprechen wollen, weil sie herausbekommen wollte, was der Grund für sein Verhalten war. Und nun? Sie wusste genauso wenig wie vorher. Hätte sie doch nur auf Onkel Paul gehört! Hätte sie sich die Mühe gemacht, in Ruhe nachzudenken, bevor sie mit Simon sprach – dann hätte sie sich durch seine kalte, steife Art auch nicht so leicht wütend machen lassen.

Bille ritt zu Tom zurück, aber bald verabschiedete sie sich. Sie war so niedergeschlagen, dass sie unbedingt allein sein musste.

Onkel Paul öffnete die Tür, als sie mit Zottel zu Hause ankam.

„Warte, ich bringe Zottel für dich in den Stall. Du hast Besuch. Drinnen, im Wohnzimmer", sagte er und zwinkerte ihr zu.

„Besuch?"

Verwundert betrat Bille das Haus, streifte die Stiefel ab und schielte zur Wohnzimmertür hinüber. Warum sagte Onkel Paul das so geheimnisvoll? Wer konnte sie schon besuchen? Ihre Patentante aus Hannover vielleicht? Die war lange nicht da gewesen.

Sicherheitshalber fuhr sich Bille einmal mit dem Kamm durch die Haare und zog ihren Pulli gerade. Dann öffnete sie die Tür.

„Simon!" Bille spürte, wie ihr Herz zu rasen begann.

Simon war aufgesprungen und stand vor seinem Stuhl wie ein Abiturient, der merkt, dass er das Einmaleins vergessen hat.

„Ich … ich wollte …" Mehr kam nicht aus ihm heraus.

Bille ging langsam auf ihn zu und sah ihn aufmerksam an. Und plötzlich begriff sie alles. Simon starrte immer noch vor sich hin und suchte nach einem Anfang. Mit den Fingerspitzen strich Bille ihm über die Stirn, ganz zart, dann über die Augen und über den Mund.

Plötzlich – so unerwartet, dass sie fast zu Boden geworfen wurde – fiel Simon ihr um den Hals. Bille angelte mit einer Hand nach der Sessellehne und fand im letzten Moment ihr Gleichgewicht wieder. Bei der stürmischen Umarmung waren ihre Köpfe schmerzhaft zusammengestoßen, jetzt rieben sie sich die Schädel und grinsten einander verlegen an.

„Entschuldige", sagten beide wie aus einem Mund und verstummten erschrocken wieder.

„Das müssen wir wohl noch üben." Bille kicherte leise.

„Hm. Bist du mir noch böse?"

„Blöde Frage. Ich hab nur nicht kapiert, was los war."

„Aber jetzt hast du's!"

„Hm."

Diesmal ging er behutsamer ans Werk. Langsam schlangen sich seine Arme um Billes Schultern, dann drückte er sie fest an sich.

„Ich war krank vor Eifersucht!", flüsterte Simon. „Ich habe geglaubt, du wärst in ihn verliebt und …"

„In Tom? Das ist doch ein Witz! Warum hast du bloß nie …"

Draußen räusperte sich Onkel Paul.

„Ich muss gehen. Sehen wir uns morgen beim Reiten?"

„Klar."

„Und sag Tom, ich komme ihn morgen besuchen. Allein, okay?"

„Sag ich ihm."

„Also dann …"

„Bis morgen, Simon!"

„Ja?"

„Ich bin sehr froh, dass du gekommen bist!"

Neue Pläne

Simon kam nicht zum Reiten. Er saß den ganzen Nachmittag an Toms Bett und redete und redete. Bille schaute immer wieder zu Toms Fenster hinauf, wenn sie vom Stall zur Reithalle hinüberritt oder zurück. Und jedes Mal wurde sie vergnügter. Es schien zu klappen! Die beiden würden endlich Freunde werden.

Herr Tiedjen trainierte zwei Stunden mit Bille. Erst ritt sie Troja, dann war Black Arrow an der Reihe. Wie so oft ging es um stilistische Feinheiten, um die Einheit zwischen Reiter und Pferd.

„Du bist heute sehr gelöst und konzentriert. Fein!", lobte er seine Schülerin. „Wenn du so weitermachst, kann ich dich bald auf größere Turniere schicken. Übrigens, hast du Lust, heute bei uns Abendbrot zu essen? Ich möchte etwas mit Tom und dir besprechen."

„Gern! Ich rufe gleich zu Hause an."

Bille versorgte Black Arrow, half Petersen und Hubert noch ein wenig im Stall, dann ging sie zum Haus hinüber. Als sie die Treppe hinaufging, kam ihr Simon entgegen. Sie lächelten sich zu, und Simon berührte im Vorübergehen ganz leicht ihre Hand.

„War ein super Nachmittag", sagte er. „Wirklich."

„Toll! Bis morgen dann also!"

„Bis morgen. Tschüss!"

Tom war zum ersten Mal aufgestanden. Er strahlte.

„Ich fühle mich stark wie …“

„Wie Goliath, bevor ihm David begegnete“, vollendete Bille den Satz und tippte ihm vor die Brust, dass er hintenüber in den Sessel kippte. „Nur die Knie sind noch aus Kaugummi.“

Frau Engelke hatte ein besonders leckeres Abendbrot angerichtet. Zartrosa Schinken und Salami neben hausgemachter Leberpastete, kaltem Braten, gegrillter Hühnerbrust, einer Platte voller Rührei mit Räucheraal, Tomaten, Radieschen und einem großen Holzbrett mit allen möglichen Käsesorten darauf. Daneben stand ein Korb mit frisch gebackenem Bauernbrot.

Tom seufzte. Ihm fehlte es immer noch am rechten Appetit.

„Nun esst tüchtig“, mahnte Herr Tiedjen, „damit ihr wieder zu Kräften kommt.“

Bille zwinkerte Tom zu, als sie sich den Teller vollpackte und sah, wie er zögernd nach einer Tomate griff.

„Wie Sie sehen, esse ich tüchtig, damit Tom wieder zu Kräften kommt. Aber ich weiß ein gutes Mittel: Flößen Sie ihm ein Glas von Ihrem guten Rotwein ein, dann kriegt er sofort Hunger! Das hat Onkel Paul mit mir auch mal gemacht.“

„Das ist eine gute Idee. Für das, was ich mit euch besprechen möchte, ist ein Schluck Wein gerade der richtige Begleiter.“

Als Herr Tiedjen mit der Flasche zurückkam und drei Gläser einschenkte, sah Tom seinen Vater von der Seite an.

„Weißt du, was mich unheimlich stört, Daddy?“

„Na?“

„Dass Bille dich noch immer mit ‚Herr Tiedjen‘ anredet. Warum kann sie nicht ‚du‘ zu dir sagen? Und ‚Hans‘ oder meinetwegen ‚Onkel Hans‘ oder ‚Daddy‘ – wie du willst. In Amerika ist das alles viel einfacher.“

„Du hast recht. Eigentlich hat es mich auch schon lange gestört. Einverstanden, Bille?“

„Und ob! Prost, Daddy!“

„Super. Diese schwere Arbeit hat mir direkt Appetit gemacht. Gib mir das Brot rüber und das Rührei bitte auch gleich.“

Tom schien wirklich plötzlich einen Riesenhunger bekommen zu haben, er futterte drauflos, als müsse er alles Versäumte auf einmal nachholen.

„Du wolltest doch etwas mit uns besprechen“, sagte er schließlich. „Worum dreht sich's?“

„Um dieses Haus.“ Herr Tiedjen nahm einen tiefen Schluck aus seinem Glas und schmeckte den Wein mit Kennermiene nach.

„Um dieses Haus? Machen Sie's – äh – mach's doch nicht so spannend!“, sagte Bille und griff schnell noch einmal in den Brotkorb. „Nur noch ein halbes Stückchen“, murmelte sie entschuldigend.

Herr Tiedjen atmete wie vor einem schweren Entschluss noch einmal tief ein und richtete sich auf.

„Ja, um dieses Haus. Ich möchte hier ausziehen.“

„Ausziehen?“ Tom und Bille riefen es wie aus einem Mund.

„Schaut nicht so entsetzt. Nicht aus Groß-Willmsdorf. Nur aus diesem riesigen alten Kasten. Jetzt, wo Tom hier ist, da ist es mir erst richtig klar geworden, wie ungemütlich so ein großes leeres Haus für eine kleine Familie ist. Ich habe mich neulich in der Stadt mit einem befreundeten

Architekten zusammengesetzt und mir eine neue Wohnung entwerfen lassen. Mal sehen, was ihr davon haltet."

Herr Tiedjen stand auf und ging zum Schreibtisch.

„Macht mal ein bisschen Platz auf dem Tisch", sagte er und kam mit einem Plan zurück, den er auf dem Esstisch ausbreitete. „Wie gefällt euch das?"

„Hm …" Tom und Bille beugten sich über das Papier und studierten die Schriftzeichen. „Schlafzimmer, Bad, noch ein Schlafzimmer mit Bad, Gästezimmer, Wohnzimmer mit Essecke, Küche, Studio, oh, und ein riesiger Balkon, schön! Aber wo soll das hin?"

„Über den Pferdestall. Ich will den alten Speicher ausbauen lassen, er wird ohnehin nicht mehr benutzt. Nach Südosten haben wir dann einen schönen Blick zum Park hinüber und über die Felder. Hier – seht ihr – kommt ein überdachter Außenaufgang hin, auf dem man nach oben gelangt. Das Studio liegt direkt unter dem Giebel – es bekommt ein Atelierfenster, und auf der anderen Seite wird eine kleine Extra-Wohnung für Frau Engelke entstehen. Na, wie gefällt es euch?"

„Toll! Das wird bestimmt richtig gemütlich. Es muss herrlich sein, mit den Pferden unter einem Dach zu wohnen!", schwärmte Bille.

„Und ich kann von meinem Fenster aus Richtung Peershof schauen", sagte Tom grinsend. „Wenn ich Bettina ein Zeichen geben will, werde ich Leuchtkugeln abschießen."

„Wie wär's mit Brieftauben?", meinte Bille kichernd.

„Der Umbau wird natürlich recht aufwändig und kompliziert. Aber dafür habe ich für den Rest meines Lebens eine Behausung, in der ich mich wirklich wohlfühlen kann", sagte Herr Tiedjen.

„Für den Rest deines Lebens – wie sich das anhört!"

„Tja, mein Lieber, ich muss mich damit abfinden, dass es allmählich Veränderungen in meinem Leben gibt. Ich werde nur noch dieses eine Jahr auf Turnierreise gehen, das habe ich mir fest vorgenommen. Es wird Zeit, dass andere, Jüngere meinen Platz einnehmen. Doch das heißt nicht, dass ich ein Rentnerleben führen will. Jetzt heißt es, neue Aufgaben zu finden. Eure reiterliche Ausbildung liegt mir sehr am Herzen, das wisst ihr. Aber darüber hinaus möchte ich auch etwas für die Ausbildung anderer Reiter tun."

„Ich werde das Gefühl nicht los, dass du uns das Wichtigste noch gar nicht gesagt hast", meinte Bille. „Aber noch eine Zwischenfrage: Was wird eigentlich dann aus dem Gutshaus, wenn ihr in eure Wohnung über dem Pferdestall gezogen seid?"

„Das ist eben dieses ‚Wichtigste', das ich euch noch nicht gesagt habe. Das Gutshaus wird zum Internat. Ein Internat, in dem Reiten ein Hauptfach ist, also eine Schule für besonders pferdebegeisterte Jungen und Mädchen, die das Zeug haben, gute Reiter zu werden. Das war nicht allein meine Idee. Ich bin von einer Gruppe von Leuten angesprochen worden, die ein Landschulheim gründen wollen, ob ich das Willmsdorfer Gutshaus nicht an sie verpachten wolle. Aus diesen Gesprächen ist dann der Plan mit dem Reiter-Internat entstanden. Ihr müsst wissen, dass ich schon eine Weile mit dem Problem kämpfe, wie ich das Gut Groß-Willmsdorf gewinnbringender nutzen kann. Die Pferde kosten viel Geld – mehr, als ich zurzeit verdienen kann, seit ich den Unfall hatte. Mit dem Internat ist das Problem gelöst."

„Das muss ich erst mal verdauen!", stöhnte Bille. „Im ersten Moment hat der Gedanke etwas Erschreckendes – dass hier ein Haufen fremder Kinder rumlaufen soll, die durch die Ställe trampeln und alles in Besitz nehmen."

„Nun, so schlimm wird es nicht werden. Die Reitschüler dürfen nur nach einem ganz bestimmten Plan die Ställe betreten, nämlich wenn sie reiten und wenn sie ihre Pferde versorgen müssen. Und wir werden die Schulpferde getrennt von den Zuchtpferden unterbringen, den Plan für einen weiteren Stall habe ich schon. Keine Sorge – eure Sonderstellung als Eingesessene wird euch nicht genommen werden", sagte Herr Tiedjen lächelnd.

„Auf jeden Fall wird eine Menge los sein hier – und das finde ich super!" Tom war begeistert.

„Du hast recht – je länger ich darüber nachdenke, desto besser finde ich den Plan! Und werden wir auch die Schule besuchen dürfen?"

„Selbstverständlich!"

„Daddy – das ist einfach stark!" Bille hob ihr Glas. „Darauf müssen wir trinken!"

„Ja", sagte Tom. „Auf die glorreiche Zukunft des Reit-Internats Groß-Willmsdorf!"

Ein Filmstar
mit vier Beinen

Hochbetrieb in Groß-Willmsdorf

„Vorsicht, der beißt!"

Bille, die vom Fahrrad gesprungen und an die Koppel getreten war, sah sich erstaunt um. Sie hatte den jungen Mann im graublauen Arbeitsanzug gar nicht bemerkt, der da schräg hinter ihr stand und mit dem Ausdruck lässiger Überlegenheit an seiner Zigarette zog.

„Ach ja?"

Sie bemühte sich, ihr Lächeln vor dem Fremden zu verbergen, und sah auf Black Arrow, der ungeduldig mit dem Kopf schlug, weil er auf seinen Begrüßungsleckerbissen wartete.

„Sie verstehen wohl was von Pferden?", fragte Bille mit naivem Augenaufschlag.

„Klar doch", sagte der Jüngling. „Vor dem da muss man sich in Acht nehmen, ein Teufel ist das!"

„Hat er Ihnen was getan?"

„Mir doch nicht – ich kenne mich schließlich aus!" Der junge Arbeiter warf die Zigarette vor sich auf den Boden. „Aber für Mädchen ist das nichts. Ehe du dich recht versiehst, hat er zugeschnappt, und die Hand ist weg!"

„Ach, wirklich?" Bille konnte sich das Lachen nur mühsam verkneifen. „Und Sie meinen, ich kann ihn nicht mal streicheln?"

„Unmöglich! Der Bursche ist gefährlich!"

„Wohnen Sie hier?"

„Nur vorübergehend. Gehöre zu der Bauarbeiter-Kolonne, die auf dem Gut hier die Umbauten des Pferdestalls erledigt", sagte der Jüngling hochnäsig. „Äußerst schwieriger Auftrag, das. Da braucht man allererste Fachkräfte."

„Aha. Und das sind Sie."

„Logisch."

„Wenn Sie so viel von Pferden verstehen, dann sind Sie sicher auch ein sehr guter Reiter, nicht wahr?"

„Ja …"

„Das muss für Sie doch der ideale Arbeitsplatz sein – zwischen so vielen herrlichen Pferden!"

„Wieso?"

„Nun, Sie als Pferdekenner und Reiter."

„Ja, ja, sicher", murmelte der Mann, halb geschmeichelt, halb misstrauisch. „Bist du vom Gut hier?"

„O nein", Bille ritt der Teufel, „ich bin hier nur Gast."

„Dachte ich's mir doch. Nur für die Ferien, wie?" Der junge Arbeiter schien erleichtert zu sein. „Und da willst du dir mal so ein Pferd in natura ansehen. Kennst sie sicher nur aus Büchern, hab ich recht?"

„Auch aus Büchern", antwortete Bille ausweichend. „Und Sie meinen, es ist gefährlich, dem da einen Apfel zu geben? Ich sollte mich lieber nicht trauen? Aber Sie trauen sich, ja?"

„Hab ich doch schon gesagt – das ist ein Teufel! Bei dem muss man aufpassen. Siehst du ja auch schon – so kohlrabenschwarz! Und wie wild der guckt, richtig böse!"

Kein Wunder, dachte Bille, er ist sauer auf mich, weil er genau weiß, dass ich einen Leckerbissen für ihn in der

Tasche habe. Aber diesen Angeber hier muss ich noch ein bisschen schmoren lassen.

„Würden Sie's für mich versuchen?", fragte Bille und reichte dem jungen Mann einen Apfel. „Sie verstehen doch was von Pferden, Ihnen tut er sicher nichts."

Der junge Arbeiter schaute ein bisschen unsicher, nahm aber dann doch zögernd den Apfel aus Billes Hand. Er holte tief Luft, ging breitbeinig auf Black Arrow zu und stellte sich in Imponierhaltung vor ihm auf. Vorsichtig näherte er den Apfel dem Koppelzaun. Black Arrow schnaubte, als wolle er sagen: Was soll der Blödsinn! Hast du noch nie einem Pferd etwas zu fressen gegeben? Dann schnappte er freudig nach dem Leckerbissen. Vor Schreck ließ der junge Mann den Apfel ins Gras fallen.

„Er mag den Geruch von Zigaretten an meinen Fingern nicht", entschuldigte er sich schnell.

„Das wird's sein, sicher!" Bille unterdrückte mit Mühe einen Lachkrampf. „Wollen Sie's noch mal versuchen?"

„Ein andermal. Muss jetzt wieder an meine Arbeit", murmelte der Jüngling. „Übrigens – ich heiße Erwin. Falls du mich mal besuchen magst …"

„Okay, Erwin, wir treffen uns sicher noch."

Bille sah ihm nach, bis er hinter den Parkbäumen verschwunden war.

„Entschuldige, mein Schatz!", wandte sie sich lachend an den schönen Rappwallach, der ärgerlich mit dem linken Vorderhuf einen Grasballen bearbeitete. „Hier ist dein Apfel. Dem Erwin werden wir wohl heute noch eine kleine Extravorstellung geben. In einer Stunde komme ich und hol dich."

Bille schwang sich auf ihr Fahrrad und fuhr zum Pferdestall hinüber. Stirnrunzelnd sah sie auf einen Stapel

Baumaterial, der von ein paar Arbeitern in der Mitte des Hofes aufgeschichtet wurde und bereits eine beträchtliche Höhe erreicht hatte.

Sie mochte nicht daran erinnert werden, dass sich Groß-Willmsdorf bald so verändern würde. Das Gutshaus, das jetzt still und verträumt in der Frühlingssonne lag, würde dann von den Stimmen und dem Krach vieler fremder Kinder erfüllt, die schattigen Parkwege nicht mehr nur zum Reiten da sein – ein unerträglicher Gedanke!

„He! Da bist du ja endlich!" Tom trat aus dem Pferdestall, er zog Lohengrin am Halfter hinter sich her, der offensichtlich mal wieder nicht in Stimmung war zu arbeiten. „Was ist los, Dicker, soll ich dich vielleicht tragen?", schimpfte Tom.

„Daddy hätte das nicht tun sollen", platzte Bille heraus.

„Was? Wovon redest du?"

„Das Gutshaus zum Reiter-Internat machen! Es wird schrecklich werden. Wenn ich schon das Zeug da sehe, wird mir schlecht. Monatelang wird der ganze Hof eine Baustelle sein."

„Unsinn! Warte, bis alles fertig ist, dann wird es dir hier besser gefallen als vorher. Was kümmert dich das Gutshaus? Du hältst dich ja doch nur in den Ställen auf – oder in der Reitbahn, genau wie wir. Soll der riesige Kasten nur wegen ein paar lieber Erinnerungen ständig zu vier Fünfteln leer stehen und langsam vermodern?"

„Nein, nein, ich sehe ja ein, dass es so vernünftiger ist. Trotzdem bin ich traurig. Es ist wie ein Abschied. Ein Abschied von den Träumen meiner Kindheit vielleicht. Deshalb wird es mir so schwer." Bille lächelte entschuldigend. „Kannst du dir das nicht vorstellen? Ein kleines Mädchen, das in Pferde vernarrt ist und von seinem Dorf aus sehnsüchtig zu dem schönen, großen Gutshaus hinüberschaut, in dem der berühmte und bewunderte Springreiter Hans Tiedjen wohnt. Und zu den Ställen und Koppeln mit all den herrlichen Pferden …"

„Du spinnst", sagte Tom trocken. „Was willst du denn? Heute hast du alles, wovon du damals geträumt hast. Der berühmte und berüchtigte Springreiter Tie…"

„Berüchtigt!", unterbrach ihn Bille in gespielter Empörung. „Wie sprichst du denn von deinem Vater!"

„Also schön, nur berühmt. Eben dieser stolze Gutsbesitzer und Ritter deiner Träume hat dir das Reiten beigebracht und dich so quasi adoptiert. Jedenfalls kannst du dich in seinen Pferdeställen nach Herzenslust austoben und seine Pferde reiten, wann immer du willst. Übrigens, austoben – der Fohlenstall müsste noch gemacht werden!"

„Ich kümmere mich drum."

„Wen reitest du heute?"

„Ich will mit Black Arrow anfangen. Ist die Außenbahn einigermaßen trocken?"

„Es geht. Die Pfützen sind weg, aber der Boden ist noch ein bisschen schwer."

„Ich werd's versuchen. Also, ich geh dann in den Fohlenstall."

„Du, übrigens", rief Tom Bille nach, „wir sollen nachher zu einer Besprechung zu Daddy ins Büro kommen."

„Zu einer Besprechung? Das hört sich so offiziell an! Wann denn?"

„Um vier, wenn die Peershofer da sind."

„Okay, und worum geht es?"

„Um ein paar Extra-Jobs für uns. Es dreht sich um die Bauerei hier."

„Du lieber Himmel, sollen wir beim Bau helfen?"

„Nein, nein, das wohl doch nicht."

Toms Kopf verschwand unter dem runden Bauch des Fuchswallachs. Bille hörte ihn leise über die Dreckkruste fluchen, die Lohengrin sich Tag für Tag von Neuem zulegte.

Im Stall herrschte Mittagsruhe. Ein großer Teil der Pferde tummelte sich auf den Koppeln in der Frühlingssonne, nur Nathan, Troilus und Troja warteten auf ihr tägliches Trainingspensum. In der Sattelkammer schwatzten Hubert und der alte Petersen über Erfahrungen ihres Pferdepfleger-Lebens, während sie Sättel und Zaumzeuge auf Hochglanz brachten. Pferdegeschichten gehen einem nie aus, dachte Bille, jeder Tag bringt neue – und ich möchte den Pferdenarren sehen, der einmal nichts über seine Lieblinge zu erzählen weiß!

„Guten Tag, die Herren", rief sie übermütig zur Sattelkammer hinüber. „Wie ist das werte Befinden heute?"

„Man kann nie genug klagen", grunzte Hubert. „Und du? Wie war die Mathe-Arbeit?"

„Na ja. Reden wir von was Erfreulicherem."

„Wieso? Wenn du einen Einser geschrieben hast, gibst du uns einen aus und wir feiern kräftig; wenn du eine schlechte Note geschrieben hast, brauchst du keinen auszugeben und hast 'ne Menge Geld gespart. Wenn das nicht erfreulich ist!" Hubert erschien grinsend in der Tür. „Was machst du denn da?"

„Na, was schon!? Ich hol mir Mistgabel und Schaufel für den Fohlenstall."

„Brauchst du nicht zu machen, ich geh schon rüber", sagte Hubert ritterlich. „Wie ich dich kenne, kannst du's doch gar nicht erwarten, in den Sattel zu kommen, hab ich recht?"

„Du musst Hellseher sein", meinte Bille lachend. „Danke! Dann hole ich mir jetzt Black Arrow rein."

„Nimmst du nicht erst Troja dran?"

„Nein, heute brauche ich erst Black Arrow – ich hab meine Gründe. Wo arbeiten eigentlich diese Bauleute?"

„Drüben im Park. Da stellen sie gerade einen Baucontainer auf", rief der alte Petersen. „Warum?"

„Ach, nur so", murmelte Bille.

Als sie zu Black Arrow an die Koppel kam, schaute sie sich nach allen Seiten um. Von Erwin war nichts zu sehen. Das war gut. So würde die Überraschung perfekt sein. Bille streifte dem schönen Rappwallach das Halfter über.

„Komm, mein Junge, jetzt wird gearbeitet. Wir zwei geben gleich eine Sondervorstellung. Und vorher muss ich dich noch schön machen!"

Mit dem Schönmachen allerdings nahm Bille es heute nicht so genau wie sonst. Hubert hatte recht, sie konnte es kaum erwarten, in den Sattel zu kommen. Schnell einmal noch mit der Kardätsche über das blauschwarz schimmernde Fell, die Mähne ein wenig mit den Fingern zurechtgezupft, die Hufe ausgekratzt – fertig.

Als Bille Black Arrow den Sattel auflegte, sah sie Erwin mit einem der anderen Arbeiter über den Hof schlendern. Bille wich in den Schatten der Stallgasse zurück und beobachtete, wie die beiden Männer aus dem Stapel Baumaterial ein paar Latten heraussuchten und damit Richtung Park marschierten. Bille zog den Sattelgurt fest und saß auf.

Wenig später trabte sie in einem weiten Bogen außen um die Stallungen herum, um von hinten in den Park zu gelangen. Schon von Weitem sah sie den Baucontainer und ein paar Arbeiter, die daneben auf Kisten und Brettern saßen und Bier tranken. Der dort drüben musste Erwin sein. Bille kicherte. Erwin drehte ihr den Rücken zu, er schien den anderen gerade eine seiner Heldentaten zu erzählen, denn sie starrten ihn ungläubig an, während er mit weit ausholenden Gesten Gebirge in die Luft zu malen schien.

Bille galoppierte an. Sie ritt scharf an die Gruppe Männer heran und stoppte hinter dem nichts ahnenden Erwin. Die Männer lachten.

„Erwin, du kriegst Besuch", sagte der älteste von ihnen grinsend.

Erwin fuhr herum und sah sich unversehens dicht vor dem heftig schnaubenden Black Arrow.

„Huch!", kreischte er und stolperte rückwärts, wobei er Black Arrow in die Augen starrte wie ein Kaninchen der Schlange.

„Ich wollte Sie fragen, ob Sie nicht Lust zu einem kleinen Ritt haben?", fragte Bille zuckersüß. „Gleich hinter dem Park ist die Reitbahn. Wir haben ein paar schöne Hindernisse aufgebaut …"

Erwin zuckte zusammen, erst jetzt bemerkte er, wer da im Sattel saß!

„Oh, hallo …", sagte er matt und winkte leicht mit der Hand. Sein Gesicht drückte fassungsloses Staunen aus. „Du – äh – du hast mich ganz schön reingelegt, wie?"

„Na los, Erwin, die junge Dame hat dich eingeladen", drängte einer seiner Kollegen.

„Der Erwin – der kann doch überhaupt nicht reiten", brummte ein anderer. „Der hat doch noch nie auf einem Pferd gesessen."

„Hab ich wohl!", protestierte Erwin schwach.

„Ja, damals auf dem Jahrmarkt! Im Hippodrom! Da warst du ja auch total blau!"

Die anderen lachten schallend.

„Na schön." Bille bekam Mitleid mit dem jungen Mann, dessen Gesicht allmählich die Farbe eines Feuerwehrautos angenommen hatte. „Überlegen Sie sich's noch mal. Wenn Sie Lust auf ein paar Runden Galopp bekommen – ich bin drüben in der Reitbahn."

Sie trieb Black Arrow an und galoppierte davon. Hinter sich hörte sie die Arbeiter durch die Zähne pfeifen.

„Was soll das?", rief Tom kopfschüttelnd, als sie an der Reitbahn ankam. „Trainierst du neuerdings für Galopprennen, kleine Schwester?"

„Warum nicht?", antwortete sie übermütig. Über Erwins dummes Gesicht würde sie sich noch den ganzen Tag freuen.

„Ts, ts, ts!" Tom betrachtete sie grinsend von oben bis unten. „Ich wusste gar nicht, dass du ab sofort mit dem Essen aufhören willst!"

„Wieso mit dem Essen aufhören?"

„Na, für einen Jockey hast du mindestens zehn Pfund zu viel. Da sehe ich schwarz für deine Vorliebe für Eisbecher und Kuchen …"

„Meinst du wirklich? Also – unter den Umständen – ich weiß nicht recht. Ich glaube, Springturniere sind mir doch lieber."

Eine ganze Weile arbeiteten sie schweigend, jeder auf sein Pferd konzentriert. Tom hatte alle Mühe, den schwerfälligen Lohengrin in Bewegung zu halten, der offensichtlich nicht einsehen mochte, dass das tägliche Training nun einmal dazugehört, wenn man große Siege erringen will. Lohengrin tat grundsätzlich nur das, was sich um keinen Preis vermeiden ließ, und strengte sich nur an, wenn er Publikum hatte.

Black Arrow schien sich in den Kopf gesetzt zu haben, was Lohengrin an Temperament vermissen ließ doppelt und dreifach zu bieten. Bille hatte alle Mühe, ihn zu beruhigen.

„Den sticht heute der Hafer", stöhnte sie. „Das muss das Frühlingswetter machen!"

„Es ist seine Art, dir klarzumachen, dass er Lust auf einen schönen weiten Ausritt hat", rief Tom. „Und wer kann ihm das schließlich übel nehmen! He! Da kommen die Peershofer!"

Auf einem Feldweg näherten sich vier Reiter. Daniel, der älteste der drei Peershofer Brüder, mit seinen achtzehn Jahren schon erwachsen, ritt auf seinem Schimmel Asterix den anderen voraus. Dahinter folgten seine Brüder Simon auf der Fuchsstute Pünktchen und Florian auf dem stämmigen kleinen Rappen Bongo. Bettina, die Cousine der Jungen, ritt als Schlusslicht. Ihre Haflingerstute Sternchen, deren stark gerundeter Bauch verriet, dass bald Nachwuchs zu erwarten war, ging in gemächlichem Schritt, als sei sie sich ihrer zukünftigen Mutterwürde bewusst.

„Da seid ihr ja schon!" Bille ritt an das Gatter heran und sprang aus dem Sattel. „Herr Tiedjen will etwas mit uns besprechen, er erwartet uns im Büro. Gehen wir gleich rüber?"

„Bille kann es nämlich vor Spannung nicht mehr aushalten, wie ihr seht", meinte Tom. „Grüß euch! Wie geht's meinem Sternchen?"

„Danke, super! Sie hat einen solchen Appetit, dass ich manchmal befürchte, es sei gar kein Fohlen, das sie trägt, sondern einfach ein gewaltiger Fettbauch", sagte Bettina lachend. „Erst wenn ich dann die Bewegungen des Kleinen spüre, bin ich wieder beruhigt."

„Sie frisst eben für zwei, das braucht sie jetzt."

Tom ritt dicht an Bettina heran und strich ihrer Stute zärtlich über die Mähne. Dabei schaute er Bettina so tief in die Augen, dass es ihr nicht schwerfallen konnte zu bemerken, dass eigentlich sie selbst gemeint war.

„Ja, ja, der Frühling", grunzte Florian und schaute betont in die andere Richtung.

Herr Tiedjen erwartete sie vor dem Büro.

„Lasst uns zu einem Lokaltermin schreiten", sagte er, nachdem er einen nach dem anderen begrüßt hatte.

„Lokaltermin?" Bille sah ihn fragend an.

„Ja. Wir werden während der Bauarbeiten einen Teil unserer Vierbeiner evakuieren müssen. In den nächsten Tagen wird das Dach des Pferdestalls abgerissen. Ich fürchte, der Baulärm wird eine zu große Belastung für die Tiere, vor allem für die trächtigen Stuten."

„Das ganze Dach muss abgerissen werden?", fragte Bille entsetzt.

„Ja, leider. Für eine Wohnung, wie Tom und ich sie uns wünschen, ist die Dachkonstruktion nicht stark genug. Außerdem muss Platz für die Installationen geschaffen werden. Ihr könnt euch die fertigen Baupläne nachher noch mal ansehen."

„Und wohin wollen wir die Pferde ausquartieren?", erkundigte sich Tom.

„Das wollen wir uns jetzt gemeinsam überlegen. Da kommen Lohmeier und sein Assistent!"

Herr Lohmeier, der Gutsverwalter, schritt über den Hof, als überquere er die schwankenden Planken eines Schiffes.

Vermutlich hatte er heute Morgen auf dem Viehmarkt mit anderen Landwirten die allseits zufriedenstellenden Verkaufsabschlüsse gefeiert. Neben ihm stakste Edmund, genannt der Weise, weil er stets die neuesten wissenschaftlichen Theorien in die Tat umzusetzen versuchte.

„So, dann sind wir ja komplett", stellte Herr Tiedjen fest. „Dann wollen wir uns mal umschauen. Petersen und Hubert warten im Stutenstall."

Einer nach dem anderen betrat hinter Herrn Tiedjen den Stall.

„Der Stutenstall ist am meisten betroffen", berichtete Herr Tiedjen. „Ich habe mir die Sache hin und her überlegt, aber wir kommen nicht darum herum: Wir werden vorübergehend die Reithalle opfern müssen."

„Die Reithalle? Aber wo sollen wir bei schlechtem Wetter mit den Pferden arbeiten?", fragte Bille besorgt.

„Nun, bis die neue Halle kommt, müssen wir uns irgendwie behelfen."

„Wir kriegen eine neue Halle?", fragte Simon überrascht.

„Ja, für den Reitschulbetrieb des Internats. Ich möchte ihn getrennt von allem anderen halten", klärte Herr Tiedjen seine Schüler auf. „Die alte Halle soll ganz der Arbeit mit den Turnierpferden vorbehalten bleiben. Die neue Halle wird bald errichtet sein – es ist eine Fertighalle, Leichtbauweise; ihr habt so was sicher schon in Fachzeitschriften gesehen."

Daniel und Simon nickten eifrig, gerade neulich hatten sie ihren Vater mit einer solchen Anzeige zur Anschaffung einer eigenen Reithalle überreden wollen.

„Und wo kommt die neue Halle hin?", fragte Bille.

„Auf die andere Seite des Gutshauses, wo jetzt die Kälberkoppel ist."

„Die Groß-Willmsdorfer Kälber müssen weichen, damit Großstadtkälber da reiten lernen können", alberte Florian.

Herr Lohmeier schien von der Lösung nicht begeistert zu sein.

„Die Koppel wird uns fehlen, Chef! Die Kälber brauchen die freie Bewegung an der frischen Luft!"

„Da habe ich schon eine Lösung parat. Sie werden vollauf zufrieden sein! Zunächst mal zum Thema Stuten. Die Reithalle scheint deshalb die beste Lösung, weil sie von der Temperatur, vom Licht und von der Lüftung her die wenigsten Probleme aufwirft. Jetzt geht es um die Einrichtung provisorischer Boxen, die unseren Ansprüchen gerecht werden. Beim Einrichten hoffe ich auf eure Hilfe, denn wir können uns nicht ein halbes Dutzend weiterer Hilfskräfte von der Baufirma kommen lassen. Die haben keine Ahnung, worauf es uns ankommt."

„So eine wichtige Arbeit geben wir auch gar nicht aus der Hand!", sagte Bille mit Nachdruck. „Aber was machen wir mit den Kleinen aus dem Fohlenstall?"

„Tagsüber können sie raus auf die Koppel", meinte Tom. „Und nachts wird ja nicht gearbeitet."

„Richtig. Für die Jungpferde ist es ohnehin am besten, wenn sie sich draußen austoben können."

„Haben Sie wegen der anderen schon mit Peershof gesprochen, Chef?", erkundigte sich der alte Petersen.

„Ja, Herr Petersen, das geht klar. Ich habe gerade mit eurem Vater telefoniert", wandte er sich an Daniel. „Er ist bereit, einige unserer Schützlinge in Pension zu nehmen."

„Wirklich?" Simon begann zu strahlen wie ein Weihnachtsbaum, an dem man eben die Kerzen angezündet hat. „Wer kommt denn zu uns rüber?"

Herr Tiedjen lächelte geheimnisvoll.

„Nun, ich habe mir gedacht, Lohengrin, Troja, Black Arrow, Sinfonie, Troilus, vielleicht auch Nathan – und das Pferd, das du in Zukunft reiten sollst!"

„Da bleibt doch gar keins mehr", meinte Bille stirnrunzelnd. „Alle anderen Stuten sind trächtig."

„Alle bis auf eine – Feodora!"

„Ich soll Feodora …" Simon errötete bis unter die Haarwurzeln, er schluckte hörbar.

„Ja. Ich habe seit Langem beschlossen, dass du meine Pferde weiterreiten sollst. Tom ist noch nicht so weit und er ist für Feodora auch zu schwer. Für ihn werden wir außer Troilus noch ein anderes Pferd finden, wenn es so weit ist. Meine Verletzung macht mir so stark zu schaffen, dass ich den Gedanken aufgegeben habe, noch einmal auf einem Turnier zu starten. Jetzt seid ihr dran. Zwei, drei Jahre wirst du mit Feodora noch starten können – bis sie zu alt für die Anstrengungen eines Wettbewerbs ist. Bis dahin müssen wir neue Pferde aufbauen."

Die anderen hatten stumm vor Staunen zugehört. Feodora, der Star des Stalles von Groß-Willmsdorf! Wer hätte gedacht, dass Herr Tiedjen sie je in andere Hände geben würde! Aber nicht einer war unter ihnen, der Simon diese Auszeichnung nicht gegönnt hätte. Wenn einer der jungen Reiter das Zeug dazu hatte, Hans Tiedjens Nachfolger auf den internationalen Turnierplätzen zu werden, dann war es Simon.

„Übrigens will ich dir nicht verheimlichen, dass es Tom war, der mich gedrängt hat, dir Feodora endlich zu überlassen", fügte Herr Tiedjen hinzu.

„Ist das wahr? Danke, Tom! Du bist super!"

„Quatsch. Du bist ein super Reiter!", wehrte Tom verlegen ab. „Du hast es eben einfach – das richtige feeling, im Hirn, im Herzen und im Hintern."

„O Simon! Ich freu mich so für dich!" Bille, die mit einem dicken Kloß im Hals kämpfte, fiel dem Freund um den Hals. Sie hatte oft davon geträumt, Feodora einmal selbst reiten zu dürfen. Aber dass Simon der Glückliche war, fegte auch den letzten Rest Eifersucht hinweg. Keinem anderen hätte sie die schöne Apfelschimmelstute mit der seidigen, schwarzen Mähne gegönnt.

„Wir gehen schon mal vor zur Reithalle", sagte Herr Tiedjen lächelnd. „Ihr beiden könnt ja nachkommen."

Aprilscherze

„Bille, aufwachen! Zottel ist mal wieder durchgebrannt! Du musst ihn suchen gehen!"

Bille fuhr aus dem Schlaf hoch und starrte entsetzt auf Onkel Paul, der vor ihrem Bett stand und sie eben aus den schönsten Träumen gerüttelt hatte.

„O nein! Nicht schon wieder! Mein Gott, hoffentlich ist er nicht auf die Bundesstraße gelaufen – oder auf die Bahngleise!" Bille taumelte aus dem Bett und suchte eilig ein paar Kleidungsstücke zusammen. „Ich verstehe nicht, wie das überhaupt passieren konnte! Ich habe die Stalltür doch gestern fest zugemacht! Er konnte unmöglich raus!"

„Ja, das weiß ich nun auch nicht", sagte Onkel Paul und lehnte sich gemächlich gegen den Türpfosten. „Ich habe nur seine Botschaft auf der Stalltür gelesen …"

„Botschaft? Was für eine Botschaft?" Bille strich sich verwirrt die Haare aus der Stirn.

„Er hat mit Kreide an die Tür geschrieben: *Habe heute keine Lust zu arbeiten, gehe mit Moischele spazieren!*"

„Was, Moischele ist auch weg?" Bille war offensichtlich noch zu verschlafen, um die Zusammenhänge zu begreifen. Doch plötzlich schlug sie sich mit der flachen Hand vor die Stirn. „Ich Idiot! Heute ist ja der erste April! Und vor dem Einschlafen habe ich mir extra noch vorgenommen, mich diesmal nicht – o du Biest!" Blitzschnell ergriff sie ihr

Kopfkissen und schleuderte es nach Onkel Paul. „Na warte! Das sollst du mir büßen …“

„Haaalt! Bevor du auch noch mit der Lampe schmeißt, will ich dir nur schnell sagen, dass das Frühstück fertig ist. Mutsch wartet schon.“

„Ja, ja, April, April! Gleich komme ich runter, und keine Spur von einem Frühstück ist zu sehen! Ist doch noch viel zu früh! Ich gehe wieder ins Bett!“

„Deine Uhr ist anscheinend stehen geblieben.“

„Ich falle auf nichts mehr rein. Moment mal, wie spät ist es denn?“

Onkel Paul zeigte ihr schweigend seine Armbanduhr.

„O nein! Schon Viertel vor acht! Wieso habe ich denn verschlafen? Und ich wollte spätestens um acht in Peershof sein – die Boxen einrichten helfen!“, jammerte Bille und raffte ihre Sachen zusammen.

„Mach dich nicht verrückt, schließlich hast du Ferien. Wenn du willst, fahre ich dich rüber.“

„Das geht nicht, ich muss Zottel mitnehmen. Ein schneller Ritt wird dem Dicken ganz guttun, er hat ein viel zu faules Leben in letzter Zeit. In fünf Minuten bin ich unten.“

„Vergiss das Zähneputzen nicht“, sagte Onkel Paul und brachte sich vor einem weiteren Kissenwurf seiner Stieftochter in Sicherheit, indem er schnell die Tür hinter sich schloss.

„Ich putze mir immer die Zähne!“, rief Bille beleidigt, und klatschend prallte etwas gegen die Tür.

„Diesmal war's ein Pantoffel“, murmelte Onkel Paul.

Als Bille eine Viertelstunde später – das Frühstücksbrot in der Hand – in den Stall hinüberrannte, stand Zottel bereits fertig geputzt und gesattelt in seiner Box und wieherte seiner

Freundin erwartungsvoll entgegen. Um seinen Hals hing ein Pappschild mit der Aufschrift: *Ich habe mich heute mal selber geputzt und gesattelt, weil du verschlafen hast!* Kopfschüttelnd nahm Bille das Schild herunter und entdeckte, dass auch die Rückseite beschrieben war. *April, April! Mutsch*, stand darauf.

Bille lachte laut auf.

„Von der Sorte Aprilscherze kann ich ruhig mehr gebrauchen", murmelte sie, legte Zottel noch das Zaumzeug an und führte ihn ins Freie. Hinter ihr wieherte Moischele, das Shetlandpony, sehnsüchtig. „Ich kann dich heute nicht mitnehmen, mein Kleiner!" Bille ließ Zottel draußen stehen und trat zu dem strubbeligen kleinen Schimmel in die Box. Zärtlich fuhr sie ihm durch die Mähne. „Vielleicht kann ich dich morgen als Helfer gebrauchen. Mal sehen, was sich machen lässt. Mach's gut, mein Schatz; wie ich Mutsch kenne, wird sie dich reichlich trösten."

Den größten Teil der Strecke legten sie in scharfem Galopp zurück. Zottel schien glücklich zu sein, dass seine Freundin endlich einmal wieder Zeit hatte, ihn zu reiten, und er nicht mit ein paar liebevollen Worten auf die Koppel abgeschoben wurde. Erst als sie in die Allee einbogen, die zum Gutshaus von Peershof führte, ließ Bille ihr schnaubendes und dampfendes Pony im Schritt gehen.

„Du bist fett und träge geworden, mein Lieber", sagte Bille zärtlich und streichelte ihm den Hals. „Aber warte nur, wenn ich in Zukunft jeden Tag nach Peershof muss, wirst du dir den Winterspeck schon wieder ablaufen."

Bille ritt an dem alten efeubewachsenen Backsteinbau vorbei, der immer etwas von steifer Feierlichkeit ausstrahlte. Sie hatte sich manchmal auszumalen versucht, wie es wäre, für immer hier zu wohnen. Aber jedes Mal schreckte sie vor dem Gedanken zurück. Die Vornehmheit der mit wertvollen alten Möbeln ausgestatteten Räume war erdrückend, auch wenn die jungen Leute sich darin bewegten, als existierten all diese Kostbarkeiten für sie nicht. Sie waren es eben nicht anders gewohnt, aber Bille …

Nun, Simon schien sich jedenfalls aus solch einer Umgebung überhaupt nichts zu machen. Er hatte darauf bestanden, ein fast leeres Zimmer zu bekommen – ein Schrank, ein Bett, ein Schreibtisch mit Stuhl waren die einzigen Einrichtungsgegenstände. Dafür waren die Wände dicht mit Postern beklebt, in allen Ecken stapelten sich Bücher, Zeitschriften und Platten.

„He! Da bist du ja endlich! Wir haben schon angefangen." Florian stieß seine Mistgabel in einen Strohhaufen und kam zu Bille herüber. „Oje, wie ist denn das passiert?" Seine Augen weiteten sich vor Erstaunen.

„Was?"

„Na, die schwarzen Flecken hier! Hat Zottel sich in einen Eimer mit Teer gesetzt?"

Bille sprang aus dem Sattel und untersuchte das Fell ihres Lieblings von allen Seiten. Es glänzte rot-weiß gesprenkelt und vom Ritt schweißnass, nichts Ungewöhnliches war zu entdecken.

„Ha, ha, April, April!", rief Florian und brachte ein paar Meter Sicherheitsabstand zwischen sich und Bille.

„O nein! Nicht schon wieder!", stöhnte Bille. „Jetzt reicht's mir aber wirklich!"

„Wieso – war ich nicht der Erste?"

„Nein! Onkel Paul hat mich schon mit einem Aprilscherz aus dem Bett getrommelt!"

„Das kommt davon, wenn man behauptet, man fiele auf Aprilscherze niemals herein!", sagte Bettina lachend, die gerade mit einem Eimer voller Schmutzwasser aus dem Stall kam. „Du hast deine lieben Mitmenschen mit dieser Behauptung ja geradezu herausgefordert!"

„Na, wartet nur, ab jetzt werde ich übervorsichtig sein!"

Bille sattelte Zottel ab und rieb das dampfende Fell kräftig mit einem Strohwisch.

„So, mein Junge, du hast jetzt erst mal Pause. Komm, ich bringe dich zu Bongo in die Box, damit du dich nicht langweilst. Aber wehe, ihr prügelt euch!"

Im Stall waren Daniel und Simon dabei, die seit Jahren leer stehenden Boxen gründlich auszuwaschen und zu desinfizieren. Bille sah, dass sie bereits mit neuen Heuraufen und Tränken versehen worden waren. In der Stallgasse warteten aufgestapelte Strohballen darauf, die Boxen mit einer dicken, weichen Einstreu zu versehen.

„Wahnsinn, das wird ja das reinste Luxushotel!", lobte Bille. „Ein Glück, dass es bei euch so viele leer stehende Boxen gibt. Wie kommt das eigentlich?"

„Das weißt du nicht? Mein Großvater war ein Pferdenarr, er hat die verrücktesten Züchtungsversuche gemacht."

„So lange, bis er so pleite war, dass er um ein Haar den Hof hätte verkaufen müssen", ergänzte Daniel. „Meine Großmutter hat damals für Ordnung gesorgt und einen großen Teil der Pferde verkauft. Mein Großvater hat die Enttäuschung nie überwunden und ist bald darauf gestorben."

„Sicher war er auch ein hervorragender Reiter?"

„Klar. Das habe ich von ihm", sagte Simon grinsend. „Hier, mach du an der Wand weiter, ich hole noch einen Eimer mit Desinfektionslösung."

„Wo ist Bettina? Sie soll schon anfangen, Stroh in die ersten Boxen zu verteilen."

„Sie ist zum Haus rübergelaufen, um noch ein paar alte Putzlappen zu organisieren", rief Florian von der Stalltür her. „Wo ist der Schraubenzieher? Hier ist ein Riegel locker!"

„Im Geräteschrank ganz oben in der Kiste links!" Simon blinzelte Bille zu und zeigte auf seine rechte Gesäßtasche, aus der ein Holzgriff ragte.

Eine Weile hörte man Florian kramen und leise fluchen.

„Verdammt noch mal, er ist nicht da!", maulte er schließlich. „Sicher hat einer von euch ihn wieder verschlampt!"

„Irrtum! Sicher hast du wieder keine Augen im Kopf. Du siehst ja die meisten Sachen erst, wenn sie dich in die Nase beißen!"

„Ich sehe ihn von hier aus!", pflichtete Bille ihm bei und kicherte.

Florian kam zu ihr herüber, stellte sich neben sie und verfolgte ihre Blickrichtung.

„Ich sehe nichts", muffelte er.

„Aber ja! Da oben im Schrank – an der Rückwand! Zwischen den zwei Nägeln …"

„Aber da ist doch – du spinnst!"

„Ich sehe ihn auch", sagte Daniel und schielte zu Simon hinüber. „Ein schöner neuer Schraubenzieher mit einem schönen braunen Holzgriff!"

„Im Schrank?"

„Im Schrank! Wo denn sonst!"

Florian kratzte sich am Hinterkopf. Dann sah er die drei lachenden Gesichter.

„O nein!", stöhnte er.

„April, April!", sagte Simon liebenswürdig und überreichte ihm mit einer Verbeugung den gesuchten Schraubenzieher.

„Nur Geduld, ihr kommt auch noch dran", brummte Florian. „Wer zuletzt lacht …"

„Wer mag einen Schluck Cola?", rief Bettina von der Tür her und schwenkte einen Becher in der Hand.

Simon stürzte vor. „Ich! Her damit! Eine schöne kühle Cola ist genau das, was ich jetzt brauche!" Ungeduldig riss er Bettina den Becher aus der Hand und nahm einen tiefen Schluck. Doch so schnell, wie er getrunken hatte, spuckte er die dunkelbraune Flüssigkeit in hohem Bogen wieder von sich.

„April, April!", sagte Bettina zuckersüß.

„Was ist denn das? Willst du uns vergiften?" Simon bekam einen Hustenanfall.

„Wermut-Tee. Sehr gut bei Magenbeschwerden und allen möglichen anderen Krankheiten!" Bettina kicherte. „Hab ich schon gestern vorbereitet."

„Ich ahne Schreckliches – was wird dieser Tag denn noch alles bringen? Meint ihr nicht, dass es jetzt allmählich genug ist?", fragte Daniel kopfschüttelnd.

„Merkt ihr was? Er hat Angst, dass er der Nächste ist, der reingelegt wird", stellte Bille fest. „Warum soll es dir besser gehen als uns?"

„Nun lasst uns weitermachen, sonst werden wir heute nie fertig!", versuchte Daniel abzulenken. „Es ist noch eine Menge zu tun!"

Damit hatte er zweifellos recht, und so stürzte sich jeder mit Feuereifer in die Arbeit. Bald waren der erste April und weitere noch mögliche Scherze vergessen.

Gegen Mittag brachte ihnen Fräulein Fuchs, die Haushälterin, einen Imbiss, doch sie nahmen sich kaum Zeit, etwas zu essen.

„Wir schuften um die Wette, als bekäme der Tüchtigste von uns am Ende einen Preis", sagte Bettina lachend. „Als wenn uns ein Fieber befallen hätte!"

„Na, wenn das keine Krankheit ist! So arbeiten doch nur Idioten!", stöhnte Florian.

„Solange es kein chronisches Leiden wird, geht's ja noch. Und das wird es bei dir bestimmt nicht", bemerkte Simon bissig.

„Ich finde, wenn man hinterher den Erfolg sieht, dann hat sich die Plackerei doch gelohnt!" Bille rieb sich den schmerzenden Rücken. „Mir jedenfalls macht's Spaß."

Um halb vier Uhr nachmittags war das Werk vollendet. Die neu hergerichteten Boxen sahen so sauber und behaglich aus, dass Bille am liebsten selbst dort eingezogen wäre.

Nach einer Teepause sattelten die Jungen ihre Pferde und ritten nach Groß-Willmsdorf hinüber, um die zukünftigen Bewohner der Boxen abzuholen. Bille und Bettina spannten Zottel vor den kleinen Kastenwagen aus der Peershofer Scheune, den Zottel schon öfter gezogen hatte. In ihm sollten Sättel und Zaumzeug, Putzzeug und alles übrige Gepäck der umziehenden Pferde transportiert werden.

„In ein paar Tagen muss ich ganz aufhören, Sternchen zu reiten", seufzte Bettina auf der Fahrt. „Wenn ich nur wüsste, welches Pferd ich inzwischen nehmen soll …"

„Hast du schon mit Herrn Tiedjen darüber gesprochen?"

„Ja. Für den Unterricht ist gesorgt, ich werde abwechselnd Troja oder Lohengrin bekommen. Aber für unsere Ausritte weiß ich noch keine Lösung."

„Ganz einfach! Du nimmst Zottel. Ich bekomme von Herrn Tiedjen bestimmt die Erlaubnis, Lohengrin oder Black Arrow auch mal im Gelände zu reiten."

„Du würdest mir wirklich Zottel überlassen?"

„Na, hör mal! Sind wir nun Freundinnen oder nicht?"

„Super! Ich hab Sternchen gegenüber schon ein schlechtes Gewissen gehabt, dass ich sie nicht genug schone. Mein einziger Trost war, dass Haflinger robust sind und dass ich nur noch ganz langsam und vorsichtig geritten bin."

„Wo war Tom eigentlich die ganze Zeit – warum hat er uns nicht geholfen?", fragte Florian, der vor der Kutsche herritt.

„Das weißt du doch! Er muss beim Einrichten der Stutenboxen helfen. Petersen, Hubert, Karlchen und Herr Tiedjen – alle sind heute in der Reithalle, um die Trennwände aufzubauen und die Boxen einzurichten. Die haben bestimmt genauso geschuftet wie wir!", meinte Bille.

„Klar, hatte ich ganz vergessen", murmelte Florian. „Ja, dann …"

„Was dann?"

„Ich hab nur gerade überlegt, wie wir Tom in den April schicken können. Aber wenn Herr Tiedjen dabei ist …"

„Sag bloß, dann traust du dich nicht!"

„Sicher doch! Mir ist nur noch nichts eingefallen."

„So, so."

„Vielleicht fällt mir auch was für Karlchen ein – oder für Edmund den Weisen …"

„Bestimmt."

Schon von Weitem hörten sie in der Reithalle lautes Hämmern und Sägen. Sie sattelten die Pferde ab, banden sie draußen an und betraten den hohen Raum, der von Staub und Lärm erfüllt war.

„He! Das wird ja eine richtige Bühne!", rief Bille überrascht aus.

„Ja, wir fanden es besser, einen Holzboden über dem Hallenboden einzuziehen – wegen der Trockenheit und der besseren Lüftung", erklärte Tom. „So stehen unsere Pferdedamen etwas erhöht, und jede bekommt ihre eigene kleine Rampe."

„War das deine Idee?"

Tom nickte stolz.

„Wir haben drunter alte Dachbalken verlegt und darüber starke Bretter genagelt. Jetzt kommen die Seitenwände dran."

„Toll! Richtig professionell sieht das aus. Hallo, Karlchen, du hast dich hier aber lange nicht sehen lassen!"

„Na ja, man wird älter und hat so seine Pflichten, nicht wahr?" Karlchens Gesicht war von der anstrengenden Arbeit so gerötet, dass man zweimal hinschauen musste, um festzustellen, wo die Stirn aufhörte und wo sein brandroter Schopf anfing. „Aber wenn Not am Mann ist, bin ich natürlich zur Stelle."

Florian schob sich an Bille heran und beobachtete, wie Karlchen seinem Bruder Hubert Bretter hinaufreichte, die dieser mit erstaunlicher Geschwindigkeit aneinanderfügte und auf den Verstrebungen festnagelte.

„Wer hat denn dein Moped so fürchterlich zugerichtet?", fragte er lauernd.

„Mein Moped? Was ist damit?"

„Es ist total verbogen, ich dachte, du wüsstest es? Vielleicht ist Herr Lohmeier beim Rückwärtsfahren draufgebrummt und hat es gegen die Wand gedrückt?"

Wenn es eines gab, was Karlchen heilig war, dann war es

sein Moped. Er hätschelte und pflegte es wie einen Säugling, und es war ein Wunder, dass er es abends nicht mit ins Bett nahm. Karlchen ließ die Bretter fallen, wo er stand, und stürzte nach draußen. Florian trottete hinterher.

„Was ist denn mit dem los – warum haut er einfach ab?", knurrte Hubert.

„Keine Sorge, er wird gleich wieder da sein", beruhigte ihn Bille. „Ein kleiner Aprilscherz."

„Die Pferde sind fertig zum Abmarsch." Der alte Petersen kam in die Reithalle und erinnerte Bille und ihre Freunde an ihre Pflichten. „Ihr könnt das Zeug aufladen, ich habe alles draußen vor dem Stall bereitgestellt."

Auf dem Hof verfolgte Karlchen Florian mit einem Wasserschlauch. Florian quiekte wie ein angestochenes Ferkel.

Simon und Daniel begannen die Pferde aus ihren Boxen zu führen. Die Jungen sollten sie als Handpferde mitführen. Simon nahm Feodora und Sinfonie, Daniel Nathan und Troilus, und Florian ritt mit nur einem Handpferd, er geleitete Lohengrin zu seinem neuen Quartier. Black Arrow und Troja führten Bille und Bettina vom Wagen aus mit, so konnte Black Arrow in der Nähe seines geliebten Freundes Zottel bleiben.

„Wie ein Wanderzirkus", meinte Bille, als sie sich auf den Weg machten. „Eigentlich müssten wir den Umzug doch mit einem kleinen Fest feiern, was meinst du?"

„Warum nicht? Wenn wir die Bande versorgt haben …" Bettina betrachtete Black Arrow. „Ein tolles Gefühl, auf einmal so viele Pferde bei uns zu haben. Jetzt kommt richtig Leben nach Peershof."

„Der arme Herr Tiedjen muss jeden Tag mit dem Auto zu seinen Rössern fahren, wenn er sie sehen oder reiten will, und Hubert wird es vorkommen, als habe er eine neue Arbeitsstelle", rief Daniel herüber. „Den habe ich übrigens auch schnell noch in den April geschickt!"

„O hör auf, ich kann es nicht mehr hören!", stöhnte Bille. „Pass lieber auf, dass du dein Portemonnaie nicht verlierst, es hängt schon halb aus der Hosentasche!"

Daniel befühlte blitzschnell seine Hinterseite. Die Tasche war leer.

„Wieso – ich hatte es doch gar nicht eingesteckt!", sagte er kopfschüttelnd.

„Du merkst aber auch alles. April, April!"

Herr Henrich erwartete seine Sprösslinge bereits an der Allee und nahm Feodora und Nathan am Zügel, um ihnen das Ehrengeleit zu geben.

„Willkommen in der neuen Heimat – oder sollte ich sagen, am Urlaubsort?", fragte Simon und führte Sinfonie in den Stall.

Die anderen folgten in einer regelrechten Prozession, und ein bisschen feierlich war ihnen auch wirklich zumute.

Als sie mit der Abendfütterung begannen, hörten sie ein Auto vorfahren. Bald darauf erschien Herr Tiedjen in Begleitung von Tom und dem alten Petersen, um nach dem Rechten zu sehen.

„Ausgezeichnet", lobte er seine Schüler. „Man kann sich auf euch verlassen. Aber das wusste ich ja."

„Keine Beanstandungen?", fragte Bille.

„Nein, keine."

„Darauf wollen wir anstoßen."

Herr Henrich brachte einen Korb, in dem sich Flaschen und Gläser befanden, „Senioren-Getränke" und „Junioren-Getränke", wie Florian es nannte. Und natürlich hatte

Fräulein Fuchs auch eine ganze Menge zum Naschen dazugesteckt.

„Auf unsere Schützlinge! Dass es ihnen in ihrem Ausweichquartier gefallen möge und sie vom ersten bis zum letzten Tag bei bester Gesundheit bleiben mögen!" Herr Henrich hob sein Glas und schwenkte es in die Runde.

„Ja, auf unsere Rösser! Und nochmals vielen Dank für die Gastfreundschaft, lieber Herr Henrich! Sie haben uns sehr geholfen!"

Die Männer tranken andächtig und nickten sich bedeutsam zu. Bille, Bettina und Florian gebärdeten sich weniger feierlich und stürzten sich auf die im Korb verborgenen Leckerbissen. Den ganzen Tag hatten sie kaum Zeit gehabt, ans Essen zu denken, plötzlich hatten sie richtigen Heißhunger.

„Fräulein Fuchs muss hellgesehen haben, dass wir ein Fest feiern wollten!", lobte Bille. „Zur Feier des Umzugs!"

„Ja, feiert ihr nur richtig, ihr habt's verdient", meinte Herr Tiedjen. „Auf mich müsst ihr leider verzichten, ich muss dringend nach Groß-Willmsdorf zurück."

Er verabschiedete sich und stieg in den Wagen, der alte Petersen und Tom folgten ihm. Schon im Anfahren kurbelte Tom das Fenster herunter und winkte Bille zu sich. „Bei Donau haben nämlich die Wehen eingesetzt", sagte er.

Der Wagen brauste davon.

„Ja, denkste! April, April!", sagte Bille und tippte sich an die Stirn. „Heute falle ich auf nichts mehr rein!"

Zottel macht sich unbeliebt

Diesmal war sie wirklich hereingefallen.

Als Bille am nächsten Morgen nichts ahnend in den Groß-Willmsdorfer Gutshof ritt und vor dem Pferdestall hielt, erwartete Tom sie bereits.

„Du hast dir aber Zeit gelassen! So kenne ich dich ja gar nicht, kleine Schwester!"

„Wieso? Es ist doch noch früh! Außerdem musste ich erst Zottel und Moischele putzen."

„Na ja, ich dachte nur …"

„Was dachtest du?"

„Dass dich die Neugierde früher hertreiben würde."

„Die Neugierde worauf?"

„Auf Donaus Fohlen – du stellst vielleicht Fragen!"

„Donaus Fohlen? Sag bloß, sie hat heute Nacht wirklich gefohlt!"

„Ja, was dachtest du denn? Sie bekommt stundenlang Wehen und sagt am Ende …"

„April, April", vollendete Bille den Satz. „Nein, das sicher nicht. Aber nachdem mich gestern mehrere Leute in den April geschickt haben, habe ich das auch für einen Scherz gehalten. Ich Idiot!"

Bille nahm sich kaum Zeit, Zottel in den Stall zu bringen. Sie schob ihn kurzerhand in die erste leere Box und verschob das Absatteln auf später. Dann stürzte sie an Tom vorbei in den Seitentrakt des Stalls und ging leise zu Donaus Box. Ja, da stand es! Ein kräftiges fuchsrotes Hengstfohlen mit einer breiten weißen Blesse. Donau spitzte die Ohren und schaute zu Bille herüber, als wollte sie deren Meinung über ihren Sohn hören.

„Einen kräftigen Sohn hast du da! Süß ist er!", lobte Bille den Kleinen.

„Nicht wahr? Ich habe mich sofort in ihn verliebt. Mal sehen, vielleicht darf ich ihn behalten. Es war immer mein Traum, ein Pferd von klein auf an mich zu gewöhnen und mit ihm Freundschaft zu schließen, weißt du. Das klingt vielleicht ein bisschen romantisch, aber …" Tom zögerte.

„O nein, ich kann dich so gut verstehen! So geht's mir mit Sindbad, den ich mit der Flasche großgezogen habe. Der Gedanke, dass er eines Tages verkauft wird, ist mir unerträglich. Wann ist der Kleine geboren worden?", fuhr Bille fort.

„Kurz vor Mitternacht. Du glaubst nicht, wie schnell er auf den Beinen war! Donau ist eine super Mutter. Und sie hat Milch für zwei."

„Er scheint auch enormen Appetit zu haben, schau!"

„Er wird sich sicher prächtig entwickeln."

„Habt ihr schon einen Namen für ihn?"

„Wir haben an Don Quichotte gedacht."

„Das gefällt mir. Es klingt nicht so feierlich."

Während Bille und Tom in den Anblick des neugeborenen Fohlens versunken waren, hatte Erwin auf dem Hof eine denkwürdige Begegnung. Zottel hatte es nicht schwierig gefunden, die von Bille nur nachlässig verriegelte Boxentüre zu öffnen, und keine Zeit verloren, zu einem Spaziergang aufzubrechen. Plötzlich erschien er neben dem jungen

Bauarbeiter, der Zementsäcke von einem Wagen auf eine Schubkarre lud.

„He, was bist denn du für ein komischer Vogel?"

Hmhmhmhm, machte Zottel freundlich und untersuchte Erwins Taschen.

Erwin streckte zögernd die Hand aus und begann das rot-weiß gefleckte Pony vorsichtig zu streicheln. Der hier war ihm wesentlich sympathischer als der große Schwarze, der so wild schaute und gleich zuschnappte, wenn man ihm in aller Harmlosigkeit einen Apfel reichte.

„Brav, ja, du bist ein Guter. Ein ganz Braver bist du."

Ob es nun die Komplimente waren oder einfach die Tatsache, dass es in Erwins Taschen nach Essbarem roch, Zottel beschloss, diesem neuen Verehrer zu folgen.

Als Erwin sich wieder seinen Säcken zuwandte und sich gleich darauf mit der vollen Schubkarre auf den Weg machte, wich Zottel ihm nicht von der Seite.

Erwin schluckte ein anfängliches Unbehagen hinunter und betrachtete das immer noch gesattelte Pony.

„Hast du dich losgerissen, wie? Oder binden sie dich gar nicht an, weil du so brav bist und niemandem was tust? Du bist ja ein richtiger Schoßhund!"

Zottel rieb seinen Kopf an Erwins Schulter. Erwin setzte die Karre ab. Zottel schaute ihn auffordernd an. Zögernd griff Erwin nach den auf Zottels Hals liegenden Zügeln. Sollte er? Es wäre doch eine Möglichkeit, den alten Lästermäulern, seinen Kollegen, zu beweisen, dass er sich nicht vorm Reiten fürchtete! Das Pony war sicher lammfromm. Andererseits war es nicht so klein, dass sie ihn auslachen würden. Fast schon so groß wie ein richtiges Pferd. Wie lieb es schaute!

„Was meinst du – machen wir eine kleine Runde? Nur einmal um den Stall, an den anderen vorbei. Sie richten das Gerüst auf, verstehst du! Der Bruno fällt vor Staunen von der Leiter, wenn er uns sieht! Nur eine kleine Runde!", machte sich Erwin selbst Mut.

Zottel schien ihm freundlich zuzunicken. Wie fröhlich er aussah – wie ein riesiges Plüschtier, mit seinem wolligen Fell. Erwin streichelte noch eine Weile an Zottel herum, dann nahm er entschlossen Maß, packte den Sattel und zog sich hoch.

Die Art, wie sich Erwin mühsam in den Sattel arbeitete, befremdete Zottel. Er drehte sich zweimal im Kreis, was Erwin das Vorhaben nicht gerade erleichterte.

„Brrr!", ächzte er. „Brrrrr! So bleib doch stehen, du Trottel! Ich bin doch noch gar nicht oben!"

Endlich hatte er es geschafft und griff nach den Zügeln.

„Hüa!"

So hatte noch niemand mit Zottel zu reden gewagt! War er ein Droschkengaul? Und dann trat ihn dieser Bursche auch noch so kräftig mit den Absätzen in den Bauch, als wäre er ein Zementsack!

Zottel preschte los, als hätte ihm jemand eins mit der Peitsche übergezogen. Er nahm den direkten Weg aus dem Hof hinaus auf den Waldrand zu. Erwin klammerte sich zugleich an den Sattel und an die Zügel, was Zottels Tempo nur noch zu beschleunigen schien.

„Brrrrr! Brrrrr! Halt doch an, du blödes Vieh! Hörst du nicht! Brrrrr habe ich gesagt! Verstehst du denn überhaupt kein Deutsch! Anhalten!"

Zottel schien Mitleid zu haben, jedenfalls verlangsamte er sein Tempo zu einem gemächlichen Zockeltrab. Erwin hüpfte im Sattel auf und ab wie ein Gummiball. Ihm war, als hätten sich bereits alle seine Knochen aus ihrer Verankerung gelöst und flögen munter in seinem Körper durcheinander.

Zottel hielt weiter auf den Wald zu. Dies war seine Lieblingsstrecke – sie führte zu einer Waldwiese, auf der es besonders zartes Gras gab.

„Du verfluchter Mistbock, jetzt halt endlich an! Brrrrr!"

Zottel legte wieder ein paar Galoppsprünge ein.

„Nicht zu fassen, der verwechselt alles! Hüa! Vielleicht hilft das. Hüa!"

Zottel trabte wieder.

„Hüa!"

Zottel entschloss sich, einen Augenblick zu verschnaufen und im Schritt zu gehen.

„Na also. Und jetzt umkehren!" Erwin zog am linken Zügel. „Links rum, hü!"

Zottel schüttelte ärgerlich den Kopf und schnaubte.

„Na, na! Wer wird denn gleich böse werden. Sei vernünftig, Junge, lass uns umkehren!"

Zottel legte wieder einen kleinen Trab ein.

„Du bi-bist do-doch e-ein B-b-braver", redete Erwin ihm zu, hilflos hin und her geschüttelt. „Nun halt schon an! Ich will aussteigen, eh, ich meine absteigen, sei doch vernünftig!"

Abspringen!, dachte Erwin. Soll doch das Vieh sehen, wie es wieder nach Hause kommt! Als Zottel wieder einmal ein paar langsamere Schritte einlegte, löste Erwin die Füße aus den Steigbügeln und lehnte sich vor, um Schwung für den Absprung zu nehmen. Das hätte er nicht tun sollen. Denn gerade als er sein Gesicht in die Nähe des Pferdehalses gebracht hatte, warf Zottel seinen Kopf so kräftig nach oben, dass Erwins Nasenbein bedenklich knackte.

Erwin stöhnte auf.

„Du hinterlistiges, bösartiges Luder! Meine Nase!", jammerte er wehleidig. „Meine Nase! Sie schwillt an! Sicher blutet sie gleich! Sie ist gebrochen! Siehst du! Siehst du! Sie blutet! Ich sag's ja, sie blutet!"

Zottel schnaubte ungerührt und setzte sich wieder in Trab. Erwin hing stöhnend an seinem Hals, unfähig, noch einen klaren Gedanken zu fassen. Zottel schlug einen schmalen Weg ein, der nach links hinüberführte, dann wandte er sich wieder nach rechts, und schließlich wieder nach links. Erwin hatte keine Ahnung, wo sie sich befanden.

Endlich hatte Zottel sein Ziel erreicht – die Waldwiese. Mit einem fröhlichen Schnauben blieb er stehen, suchte sich die schönste Stelle zum Grasen aus, zog Erwin mit einem sanften, aber energischen Ruck die Zügel aus den Händen und begann zu speisen. Erwin sah statt auf einen Pferdehals ins gähnende Nichts.

Er brauchte eine Weile, bis ihm klar wurde, dass das Pony nun endlich stand. Erwin wagte kaum an sein Glück zu glauben. Mit unendlicher Vorsicht lehnte er sich nach vorn und versuchte, das von Muskelschmerzen verkrampfte rechte Bein über Zottels runden Po zu schieben. Zottel ging zwei Schritte, dann blieb er stehen und fraß weiter. Erwin rutschte neben ihm ins Gras und blieb erschöpft liegen. Zottel beschnupperte ihn kurz, als hätte er ihn erst jetzt wahrgenommen, und schnaubte ihm ins schweißnasse Gesicht.

„Uh! O nein …", stöhnte Erwin.

Es dauerte eine Weile, bis er die Kraft fand, sich aufzurichten. Zottel graste friedlich. Wo war er hier? Und aus welcher

Richtung waren sie gekommen? Wo lag der Hof? Himmelsrichtungen waren nicht Erwins Stärke, und im Wald sah für ihn sowieso alles gleich aus.

„Was mach ich denn bloß? Du verdammter Scheißgaul hast mir das eingebrockt! Der Schlag soll dich treffen!" Ärgerlich griff er nach einem Erdbrocken und schleuderte ihn gegen das Pony. Zottel machte einen Hüpfer wie ein Ziegenbock und lief ein paar Meter weiter.

„Halt, lass mich hier nicht allein! War ja nicht so gemeint. In der Not muss man zusammenhalten", seufzte Erwin und wühlte in seinen Taschen.

„Oh, nicht doch! Nicht das auch noch", murmelte er weinerlich und zog eine Packung total zerkrümelter Zigaretten aus der Tasche. „Womit habe ich das verdient!"

Erwin stützte den schmerzenden Kopf in die Hände und dachte nach. Wo lag bloß Groß-Willmsdorf? Wie sollte er den Weg zurückfinden? Die Erleuchtung traf ihn wie ein Blitz.

„Klar doch, Mann! Du hast mich hierhergeschleppt, du bringst mich auch wieder zurück. Ich brauch dir ja nur nachzugehen, wenn es dich in den heimischen Stall zurückzieht!"

Ja, wenn! Vorerst verspürte Zottel überhaupt keine Lust, den Heimweg anzutreten. Wenn Erwin in absehbarer Zeit nach Groß-Willmsdorf zurückkehren wollte, musste er Zottel irgendwie zum Aufbruch bewegen.

Erwin erhob sich seufzend. Jeder Muskel, jeder Knochen tat ihm weh von dem ungewohnten Ausritt. Jammernd humpelte er auf Zottel zu.

„Also, hör mal, mein Junge, lass uns vernünftig miteinander reden. Wir gehen jetzt schön nach Hause. Du führst mich und rennst gefälligst nicht so schnell, und dafür kriegst du vom guten Onkel Erwin ein ganzes Kilo Äpfel! Na, ist das ein Wort? Du bist doch sowieso längst satt! Nein? Noch nicht? Also gut, ich will nicht so sein. Eine Viertelstunde, okay? Aber dann ab durch die Mitte!"

Erwin lehnte sich an einen Baum und beobachtete, wie Zottel genüsslich immer neue Grasbüschel ausrupfte. Nach einer halben Stunde verspürte Zottel Lust zu einer Ortsveränderung. Den Weg zum Waldgasthof hatte er in angenehmer Erinnerung. Gemächlich trottend setzte er sich in Bewegung. Erwins Gesicht hellte sich auf.

„Braver Junge! Siehst du, ich wusste ja, dass man mit dir reden kann. Jetzt gehen wir schön ins Ställchen und dann gibt's ein feines Äpfelchen."

Dass dies nicht Zottels Absicht gewesen war, merkte Erwin eine halbe Stunde später, als sie vor dem Waldgasthof ankamen.

Nun hatte Erwin beileibe nichts gegen Gasthöfe, ob sie nun im Wald oder sonst wo lagen, nur dieser hier hatte den Fehler, dass an seiner Tür ein Schild prangte: *Vom 1.11. bis 30.4. geschlossen.* Und heute war erst der 2. April!

„Das ist doch zum ..." Erwin stampfte mit dem Fuß auf, zuckte aber gleich darauf mit schmerzverzerrtem Gesicht zusammen, denn seine geschundenen Knochen nahmen jede heftige Erschütterung übel. Stöhnend ließ sich Erwin auf die Stufen der abweisenden Eingangstür sinken – fertig mit sich und der Welt.

Aber auch Zottel schien nicht zufrieden zu sein. Er spazierte ein wenig im Wirtshausgarten herum, schnupperte hier und dort, zupfte lustlos an dem einen oder anderen Grashalm und wandte sich schließlich zum Gehen.

„Mach, was du willst! Ich renn dir nicht mehr nach, du

dämliches Vieh. Du kriegst es fertig und führst mich noch zwanzig Kilometer in die falsche Richtung. He! Lass mal sehen!" Erwin hatte in der Richtung, die Zottel nun einschlug, einen Wegweiser entdeckt. Ächzend kam er wieder auf die Beine und ging näher an ihn heran.

„Nach Wedenbruck! Sieh einer an! Du bist mir ja ein ganz Schlauer! Bevor du den Heimathafen anläufst, erst mal einen Abstecher in die Kneipe – Pech für uns beide, alter Junge, dass die Bude geschlossen hat. Wedenbruck – da ist doch Groß-Willmsdorf gleich nebenan –, das muss der Weg sein."

Von neuer Hoffnung beflügelt, trottete Erwin hinter Zottel her. Abwechselnd rieb er sich die schmerzende Nase und den Rücken, auch das Hinterteil schmerzte unerträglich, und seine Beine fühlten sich an wie mit Erbsensuppe gefüllt. Erwin hatte das Gefühl, mit jedem Schritt kleiner zu werden.

„Nicht so schnell, Junge, ich kann nicht mehr! Nun warte doch mal!" Erwin rannte humpelnd hinter Zottel her und klammerte sich an den Sattel.

Zottel blieb stehen und sah ihn fragend an.

„Nein, nein, mach dir keine falschen Hoffnungen! Mit mir hast du's dir ein für alle Mal verdorben!"

Zottel rührte sich nicht vom Fleck und starrte verträumt ins Leere. Erwin geriet in Panik. Wenn das Pony sich nun verlaufen hatte und nicht mehr weiterwusste? Aber nein, Pferde fanden immer nach Hause! Vielleicht war er beleidigt?

„Also schön, war nicht so gemeint. Immerhin hast du dich sehr, sehr unbeliebt gemacht. Na, was ist nun – gehen wir? Oder willst du hierbleiben? Dann geh ich allein."

Erwin stolperte ein paar Schritte weiter und stöhnte auf.

„Ich kann nicht mehr, ich geh auf dem Zahnfleisch! Komm her, jetzt ist mir alles egal!"

Mit letzter Kraft zog er sich in den Sattel. Zottel setzte sich munter in Bewegung, als hätte er nur darauf gewartet, seinen ungeschickten Reiter nach Hause zu bringen.

Benommen hing Erwin auf seinem Rücken, die Arme um Zottels Hals geklammert, den Kopf in seine Mähne vergraben. So erreichten sie den Hof.

„Da ist er ja!", brüllte einer der Bauarbeiter.

„Erwin!"

„Erwin! Guck dir das an! Das hältst du doch im Kopf nicht aus – Erwin auf einem Gaul! Der muss total blau sein, wie er da hängt!"

Im Nu hatten sich sämtliche Kollegen versammelt, um das seltene Schauspiel zu genießen.

„Erwin auf einem Gaul!" Die Arbeiter brachen in brüllendes Gelächter aus. „Hab ich doch gleich gesagt, dass der sich höchstens zu reiten traut, wenn er besoffen ist!"

Ein denkwürdiger Besuch

In ihrem ersten Zorn hatte Bille geschworen, Zottel würde für sein Weglaufen mindestens eine Woche lang keinen einzigen Leckerbissen bekommen. Aber als sie ihren Liebling nach einer ebenso langen wie vergeblichen Suche endlich wiederhatte, war der Ärger schon halb verraucht. Edmund der Weise tat ein Übriges, Zottels Verhalten in rosigem Licht erscheinen zu lassen.

„Denk doch mal logisch!", sagte er und schaute mit lehrerhaft erhobenem Zeigefinger auf Bille hinunter. „Zottel hat äußerst intelligent gehandelt. Wenn er reden könnte, würde er es dir selber erklären – so muss ich es eben tun. Zottel hat begriffen, dass hier einem Angeber eine tüchtige Lektion erteilt werden muss – und genau das hat er getan. Er hat diesem Schnösel gezeigt, wo seine Grenzen sind. Der wird sich in Zukunft überlegen, ob er mit Fähigkeiten prahlt, die er nicht besitzt."

„Meinst du? Na, vielleicht hast du recht." Bille fuhr ihrem Pony zärtlich mit der Hand durch die Mähne. „Aber in Zukunft meldest du dich gefälligst vorher bei mir ab, wenn du solche Ausflüge unternimmst, Bürschchen!"

Für Bille änderte sich der Tagesablauf jetzt entscheidend. Nur gut, dass gerade Osterferien waren, so konnte sie sich in Ruhe auf die neuen Verhältnisse umstellen.

Ihr erster Weg führte nun morgens nicht mehr nach Groß-Willmsdorf, sondern nach Peershof, wo sie Hubert und den Freunden half, die Pferde zu versorgen. Tom kümmerte sich inzwischen mit dem alten Petersen um die Mutterstuten und um den Pferdenachwuchs.

Seit Neuestem schickte Herr Tiedjen schon die Einjährigen auf ein größeres Gestüt zur weiteren Aufzucht und entschied später, welches der Pferde er selber ausbilden wollte und welches verkauft wurde.

So hatte es auch dieses Jahr sein sollen, aber Tom und Bille hatten ihm so in den Ohren gelegen, dass Sindbad und Jacky-Boy bleiben müssten, dass er schließlich nachgegeben hatte. Vor allem, da Tom ihm versprach, sich der beiden Einjährigen ganz besonders anzunehmen. Tom hatte Billes ehemaliges Flaschenkind Sindbad ebenso ins Herz geschlossen wie den temperamentvollen Jacky-Boy, der Sindbad bereits überragte und dem keiner mehr ansah, dass er noch vor einem Jahr das Sorgenkind gewesen war. Sindbad schien – im Gegensatz zu seiner nervösen Mutter – ein ausgeglichenes Temperament zu entwickeln. Er war freundlich, aufgeschlossen und intelligent, seine Bewegungen waren kraftvoll und energisch, und es war zu hoffen, dass er einmal ein ausgezeichnetes Reitpferd werden würde. Jacky-Boy war ein temperamentvoller Rüpel geworden, verwöhnt und eigenwillig, dabei aber so komisch, dass man ihn einfach gern haben musste. Sein schwarzes Fell war nun stellenweise grau wie das eines Esels und ließ den künftigen Schimmel ahnen.

„Das werden unsere zukünftigen Turniersieger, warte nur ab", beteuerte Tom jedem, der es hören wollte. „Ich werde sie so pflegen und trainieren, wie es noch nie jemand getan hat. Sie sollen der Stolz von Groß-Willmsdorf werden!"

War Bille in Peershof mit ihrer Arbeit fertig, ritt sie nach Groß-Willmsdorf hinüber. Zottel war schon lange nicht mehr so viel unterm Sattel gegangen und verlor allmählich die überzähligen Pfunde, die er sich in den Monaten zuvor angefuttert hatte.

Am Nachmittag gab es einen neuen Standortwechsel. Dann fuhr Herr Tiedjen mit Tom und Bille nach Peershof hinüber, um zu reiten und seine Schüler zu unterrichten. Herr Henrich hatte den alten Reitplatz herrichten und erweitern lassen, und sie hatten einen kleinen Parcours aufgebaut. Herrn Henrich, den man sonst nur hinter seinem Schreibtisch gesehen hatte, fand man jetzt ständig im Stall oder am Reitplatz, er freute sich wie ein Kind an seinen vierbeinigen Gästen.

Zum Glück war das Wetter sonnig und trocken, sodass sie im Freien reiten konnten. Was bei einer längeren Regenperiode geschehen sollte, wenn die neue Halle noch nicht errichtet war, wusste bis jetzt keiner.

Frau Henrich ließ sich selten bei den Pferden blicken, aber sie sorgte dafür, dass Fräulein Fuchs sich um die eifrigen Pferdepfleger und Reiter ausreichend kümmerte. Und die Haushälterin machte sich einen Spaß daraus, ihre Verpflegungskörbe, die sie in den Stall brachte, mit immer neuen kulinarischen Überraschungen zu füllen.

„Eine schönere Art, seine Osterferien zu verbringen, kann ich mir überhaupt nicht vorstellen. Pferde, Sonne, Frühling – und auf einem Strohballen vor dem Pferdestall Picknick halten", sagte Bille glücklich.

„Ich auch nicht!" Florian hielt in jeder Hand eine Fleischpastete und stopfte sich abwechselnd mit der Rechten und mit der Linken die Backen voll. „Man wird nicht angemeckert: ‚Sitz gerade! Schling nicht so! Rede nicht mit vollem Mund! Nimm die Ellbogen heran! Nimm den Arm gefälligst hoch beim Essen, er ist doch nicht an der Tischplatte festgewachsen!' So muss es im Paradies sein!"

Bettina lachte hell auf.

„Armer Flori! Wie musst du bei den Mahlzeiten leiden, wenn das schon für dich das Paradies bedeutet!"

„Trotzdem brauchst du auch hier draußen nicht unbedingt mit vollem Mund zu reden!", sagte Daniel streng. „Man braucht ja einen Regenschirm, wenn man dir gegenübersitzt!"

„He, seht mal zum Haus rüber! Erwartet ihr Besuch?" Bille zeigte zur Einfahrt hinüber. Eine Luxuslimousine hielt vor dem Portal des Gutshauses, vier Männer saßen drinnen, aber keiner schien die Absicht zu haben auszusteigen. „Die haben sich wohl in der Adresse geirrt. Kennt ihr den Wagen?"

„Nein."

„Keine Ahnung."

„Sie diskutieren wie wild und fummeln mit Papieren herum", stellte Bettina fest.

„Die denken doch wohl nicht, das Haus wäre zu verkaufen?", meinte Daniel kopfschüttelnd. „Vielleicht wollen sie ein Hotel draus machen. Soll ich mal rübergehen und fragen, was sie wollen?"

„Zu spät, sie starten schon wieder."

„War wohl nicht das Richtige für ein Hotel," meinte Simon gleichmütig. „Schade, ich hätte einen perfekten Nickonkel abgegeben."

„Was ist ein Nickonkel?", fragte Florian und griff nach dem fünften Pastetchen.

„Der Nickonkel ist einer, der in feinen Restaurants an der Tür steht und nickt, wenn die Gäste reinkommen. So zur Begrüßung. Manchmal schüttelt er auch den Kopf."

„Wenn die Gäste in der Badehose zum Essen kommen?"

„So ähnlich. Wenn sie ihm nicht vornehm genug sind. Dann schüttelt er den Kopf und sagt: ‚Tut mir leid, meine Herrschaften, aber es ist alles reserviert!'"

„Und das wäre ein Beruf für dich?" Bille lachte ungläubig, dann beugte sie sich über den Picknickkorb. „Wer hat die ganzen Fleischpastetchen – oh, Florian, du Vielfraß, ich hatte erst eins! Das ist eine Gemeinheit!"

„Soll ich ihn in den Tränkeimer setzen?", fragte Simon.

„Nicht nötig, ich räche mich auf meine Weise. Ich esse sein Stück Kuchen mit."

„Streuselkuchen kann ich sowieso nicht leiden", mampfte Florian hinter seinem Pastetchen hervor.

„Dein Pech. Also, ich mach mich jetzt auf den Weg. Bis später."

Bille winkte den Freunden noch einmal zu und holte sich Zottel aus dem Stall. Wenig später ritt sie die Allee hinunter auf Groß-Willmsdorf zu.

Heute Morgen hatten die Jährlinge in zwei Transportern den Weg in ihr neues Domizil angetreten. Bille war absichtlich nicht dabei gewesen. Wenn sie auch wusste, dass sie es auf dem Gestüt gut haben würden und in fachmännische Hände kamen – der Abschied wurde ihr jedes Mal schrecklich schwer. Wie gut, dass Sindbad und Jacky-Boy zu Hause bleiben durften!

Bald würden die neugeborenen Fohlen ihre ganze Aufmerksamkeit und Liebe beanspruchen. Aber im ersten Augenblick des Abschieds fühlte man sich scheußlich leer. Wer von ihnen würde nach Groß-Willmsdorf zurückkehren? Jasmin, Irrlicht und San Francisco waren bereits verkauft, die jetzt Zweijährigen. Frau Beck, die Gutssekretärin, hatte es Bille gestern erzählt. Und auch Patrick, der schöne Hengst, war für viel Geld an ein Gestüt gegangen. Ob sie ihn jemals wiedersehen würde?

Natürlich konnte sie Herrn Tiedjen verstehen. Er konnte unmöglich alle Pferde behalten, und nur wenn er für seinen Nachwuchs gute Preise erzielte, konnte er das Geld für die Übrigen aufbringen. Vor allem jetzt, wo er sich entschlossen hatte, seine Turnierkarriere zu beenden. Bis seine Schüler so weit waren, die tiedjenschen Pferde zu großen Siegen zu führen, würde es noch eine Weile dauern.

Bille war so in ihre Gedanken versunken, dass sie erst im letzten Augenblick auf die Gruppe Männer aufmerksam wurde, die diskutierend im Hof stand. Zuerst dachte sie, es handelte sich um den Architekten und ein paar der Bauleute, aber dann entdeckte sie den noblen Wagen vor Herrn Lohmeiers Haus, der vorhin in Peershof vorgefahren war.

Die vier Männer standen um Tom und Herrn Lohmeier herum, und jeder redete auf jeden ein, ohne dass einer dem anderen zugehört hätte.

Bille ritt näher heran. Tom entdeckte sie und winkte ihr heftig zu.

„Kannst du mir einen Gefallen tun? Ich muss mich um die Herren hier kümmern. Sei so gut und mach für mich im Stutenstall weiter."

„Okay."

Bille ritt an der Gruppe vorbei und schaute aus den Augenwinkeln auf die fremden Besucher.

„Meine Adoptivschwester", hörte sie Tom sagen.

Was diese Typen hier wohl wollten? Einer sah aus wie der Räuber Hotzenplotz im Konfirmationsanzug. Der Anzug aus dunkelblauem Tuch war sichtlich teuer gewesen, spannte aber über dem fett gewordenen Rücken; das seidene Hemd mit Monogramm auf dem Bauch sperrte, und gekrönt wurde die Erscheinung durch einen roten Rauschebart und eine gelockte Mähne. Neben ihm stand ein unscheinbarer Mann mit dem Kopf eines greinenden Säuglings, der viel zu riesig auf den schmächtigen Schultern saß. Einen Hals schien er nicht zu besitzen, ebenso wenig wie Haare auf dem Schädel.

Der dritte war ansehnlicher, fand Bille. Wenn man mal davon absah, dass er überschlank war, was er noch durch helle Jeans betonte, die so eng über dem Hintern saßen, dass es aussah, als hätte der Ärmste sich verletzt und nun seinen Po bandagieren müssen. Aber er hatte ein hübsches Gesicht, dunkle Locken und auffallend blaue Augen.

Der vierte erinnerte an einen Hafenarbeiter. Er trug eine Latzhose und einen Ringelpulli darunter, um den Hals hatte er ein rot getupftes Tuch gebunden. Das Gesicht war braun gebrannt. Alles in allem vier denkwürdige Gestalten. Bille zerbrach sich den Kopf darüber, wer sie wohl sein mochten, während sie Zottel in den Stall führte und in Lohengrins leer stehender Box unterstellte.

Bille sah sich im Stall um. Wie ungemütlich es hier war, seit die Bewohner in ihr neues Quartier gebracht worden waren! Das schwere Hämmern und Dröhnen, das von oben herunterdrang, machte es nicht besser.

Die Stuten waren bereits umquartiert. Bille musste zur Reithalle hinüber, das gab ihr die Möglichkeit, noch einmal an der Gruppe vorbeizugehen. Fieberhaft überlegte sie, ob sie nicht Tom irgendetwas fragen könnte, um ein paar Brocken des Gesprächs zu erhaschen.

„Neugierig bist du ja überhaupt nicht, Sibylle Abromeit", sagte sie halblaut vor sich hin. „Neeeiiin! Kein bisschen!"

Tom redete wie ein Buch, dabei wies er mit großen Gesten mal nach hier, mal nach dort. Aha, vermutlich handelte es sich also um eine Studiengruppe. Landwirtschaftliche Hochschule oder so was. Bille schob sich näher heran.

„Wir müssten natürlich eine Menge verändern", sagte der Jüngling mit den zu engen Jeans. „Das alles muss absolut trostlos und verkommen aussehen. Wir werden einige kleine Korrekturen vornehmen."

„Selbstverständlich", antwortete Tom, ganz Mann von Welt. „Das ist alles eine Frage des Geldes. Wenn wir uns über die Finanzen einig werden …"

„Ich denke, da wird es keine Schwierigkeiten geben", raunzte der greinende Säugling.

„Hier wäre ein ausgezeichneter Platz für einen ausgebrannten Schuppen. Für die Erschießung der Geiseln."

Bille sperrte Mund und Augen auf. Hatte sie richtig gehört? Wen, zum Teufel, wollte man denn hier erschießen?

„Wie gesagt", Tom lächelte, „alles eine Frage der Finanzen."

„Da drüben – auf das Haus zu – werde ich fünfzig Meter Schienen legen lassen", sagte der Hafenarbeiter verträumt, „für eine ganz lange Fahrt."

Bille konnte sich beim besten Willen nicht vorstellen, wie man auf fünfzig Meter Schienen eine ganz lange Fahrt machen wollte.

„Wollen wir jetzt zum Haus hinübergehen?", lud Tom die Herren ein. „Mein Vater wartet in seinem Büro."

„Grau. Viel Grau und braune und schwarze Töne müssen vorherrschen", schwärmte der Hafenarbeiter. „Das Weiß muss alles verschwinden!"

War der verrückt? Die schönen weiß gestrichenen Ställe, auf die sie so stolz waren!

„Die Reithalle stört natürlich enorm. Da musst du dir etwas einfallen lassen, Bill!"

„Keine Sorge!" Der Jeans-Jüngling sprach affektiert. „Die lasse ich dir auf elegante Weise verschwinden."

Aber da stehen doch die Stuten!, wollte Bille empört ausrufen, hielt sich dann aber zurück. Tom musste schließlich wissen, was er tat.

„Und im Haus, sagen Sie, können wir machen, was wir wollen?", erkundigte sich der greinende Säugling.

„Nun, das müssen Sie im Einzelnen mit meinem Vater besprechen. Bitte, meine Herren!"

Die Gruppe setzte sich in Bewegung. Bille machte Tom verzweifelte Zeichen. Endlich sah er in ihre Richtung.

„Wenn Sie bitte vorausgehen wollen, meine Herren, ich komme in einer Minute nach."

Die Männer trotteten eifrig redend davon, der Räuber Hotzenplotz machte ein paar Aufnahmen vom Hof. Er hatte eine Polaroidkamera, und sowie ein neu entwickeltes Bild erschien, stürzten sich die drei anderen darauf wie Hühner auf frisch gestreute Körner. Von hinten sah man nur ihre Rücken und eifrig nickende Köpfe.

„Wer um Himmels willen ist das?", flüsterte Bille aufgeregt. „Was wollen die hier alles Fürchterliches anstellen? Mir ist ganz schlecht geworden, als ich es hörte!"

Tom lachte auf.

„Keine Sorge!", flüsterte er und nickte freundlich zu den

Männern hinüber. „Das sind Filmleute. Sie wollen hier einen Film drehen, der im Krieg im Osten spielt. Mit deutschen und russischen Soldaten und so."

„Ach!"

Bille schaute fassungslos zu den vier Gestalten hinüber. Die schienen bereits im Geist den ganzen Hof in Trümmer zu legen.

„Und das dürfen die so einfach?"

„Nun, sie müssen schwer dafür bezahlen, ist doch klar. Und sie müssen am Schluss alles wieder so herrichten, wie sie es vorgefunden haben. Bis auf das Gutshaus. Sie hatten davon gehört, dass es bald leer stehen wird und zu einem Internat umgebaut werden soll. Das hat sie auf die Idee gebracht, es als Kulisse für ihren Film zu benutzen."

„Sie waren vorhin auch drüben in Peershof."

„Ich weiß, sie haben sich mehrere Gutshäuser angesehen. Aber keins passt so gut in ihren Film wie Groß-Willmsdorf!"

„Und wer ist das alles?"

„Der da mit dem roten Rauschebart ist der Kameramann. Der Dünne dort ist Filmarchitekt."

„Der die Reithalle verschwinden lassen will", warf Bille grimmig ein.

„Genau. Der mit der Glatze ist der Produktionsleiter. Und der in der Latzhose – das ist der Regisseur."

„Waas? Einen Regisseur habe ich mir immer ganz anders vorgestellt – ich dachte, das wäre ein Arbeiter vom Bau oder so."

„Du, ich muss gehen. Ich komme nachher gleich zu dir und erzähle alles, okay?"

„Gut, hoffentlich bald! Ich platze vor Neugier!"

Sterne fallen nachts vom Himmel

„Willst du nicht doch mitkommen?"

„Bei dem Sauwetter? Sei mir nicht böse, Mutsch, aber ich habe mich so auf den Film im Fernsehen gefreut! Außerdem muss ich noch ein paar Vokabeln lernen. Was soll ich auch bei den Leuten? Es wäre für mich doch nur stinklangweilig."

„Es sind wichtige Geschäftspartner von uns", sagte Mutsch mit leisem Vorwurf in der Stimme. „Und sie haben dich ausdrücklich mit eingeladen!"

„Lass sie." Onkel Paul gab Bille einen Abschiedskuss auf die Stirn. „Sie hat recht. Amüsant würde es sicher nicht für sie werden. Die Leute interessieren sich überhaupt nicht für Pferde."

„Als ob es nicht auch noch andere Gesprächsthemen gäbe", wandte Mutsch ein. „Dafür reisen sie viel, gehen regelmäßig ins Theater und in Konzerte und sind auch sonst sehr gebildet. Würde dir gar nichts schaden, wenn du dich mal daran erinnertest, dass es außer Pferden auch noch andere Dinge auf der Welt gibt."

„Das nächste Mal komme ich bestimmt mit!", beteuerte Bille und schloss ihre Mutter in die Arme. „Nimm den Schirm, damit deine schöne Frisur nicht ruiniert wird. Du siehst super aus heute Abend."

„Auf Bestechungsversuche falle ich nicht rein", knurrte Mutsch, gab aber doch auf. „Geh nicht so spät ins Bett, Kleines. Gute Nacht."

„Nacht, Mutsch. Und viel Spaß! Ich räume auch die Küche auf!"

Bille spannte ihrer Mutter den Schirm auf und reichte ihn ihr. Onkel Paul war schon zum Auto gelaufen und ließ den Motor an. Bille sah ihnen nach, bis der Wagen um die Kurve verschwunden war.

„Puh, was für ein Wetter!", murmelte sie und schauderte. „Blöd müsste ich sein, bei dem Schneeregen noch einen Fuß vor die Tür zu setzen."

Bille schloss die Haustür und ging in die Küche hinüber. Viel war nicht zu tun. Mutsch und Onkel Paul waren zum Essen eingeladen, deshalb hatte Mutsch die Küche nur betreten, um die Einkaufstaschen abzustellen. Bille packte aus, was ihre Mutter aus dem Spar-Markt mitgebracht hatte, häufte sich Brotscheiben, Fleischsalat, zwei saure Gurken und ein großes Stück Käse auf einen Teller und ging ins Wohnzimmer hinüber.

Sie hatte es sich gerade vor dem Fernsehapparat gemütlich gemacht, als das Telefon klingelte. Einen Augenblick überlegte sie, ob sie es nicht einfach läuten lassen sollte. Aber wenn es nun Mutsch war, die etwas vergessen hatte?

Bille erhob sich seufzend. Über den Bildschirm flimmerten die ersten Bilder eines Films, in dem es um frei lebende Pferdeherden ging.

„Sibylle Abromeit", murmelte sie lustlos.

„Bille? Ich bin's, Bettina!"

„Warum sprichst du so leise?"

„Hör zu, die anderen sollen nicht merken, dass ich

telefoniere. Wenn ich plötzlich auflege, weißt du, dass jemand gekommen ist, okay?"

„Gut, aber warum tust du so geheimnisvoll?"

„Du, ich glaube, es geht los."

„Was geht los?"

„Sternchen. Ich glaube, sie hat die ersten Wehen!"

„Und warum sollen das die anderen nicht wissen?"

„Ich möchte so gern allein sein mit ihr, wenn es so weit ist. Das heißt, noch lieber möchte ich, dass du dabei bist. Aber sonst niemand, verstehst du?"

Bille war wie elektrisiert. Vergessen waren das schlechte Wetter und der Pferdefilm im Fernsehen und die Vokabeln natürlich auch. Sternchens Fohlen wurde geboren!

„Gut, ich komme sofort! Muss mich nur schnell wieder anziehen", sagte sie aufgeregt. „Ich komm direkt in den Stall."

„Nimm das Fahrrad, wenn du mit Zottel kommst, würden sie es vielleicht hören. Ich hab gesagt, ich wollte schon ins Bett gehen und noch ein bisschen lernen und lesen. Sie denken alle, ich wäre in meinem Zimmer. Du, Bille, meinst du, wir brauchen den Tierarzt?"

„Normalerweise nicht, aber wenn das Fohlen da ist, sollte es möglichst bald die nötige Injektion bekommen. Ich rufe Dr. Dörfler an und sage ihm Bescheid, dass er möglicherweise heute noch gebraucht wird, okay? Er verrät dein Geheimnis bestimmt nicht, wenn ich es ihm erkläre – nicht, bevor du es nicht willst."

„O ja, tu das. Sag ihm, wir rufen sofort an, wenn wir ihn brauchen!"

Bettinas Stimme war es anzuhören, wie aufgeregt sie war. Kein Wunder, Sternchens erstes Fohlen! Bille überlegte fieberhaft, wie sie der Freundin am besten helfen konnte. Sie hatte nun schon mehrmals die Geburt eines Fohlens miterlebt und kannte sich recht gut aus. Hoffentlich geht alles glatt!, dachte sie. Hoffentlich ist das Fohlen gesund, hoffentlich gibt es keine Komplikationen.

Nachdem sie Dr. Dörfler Bescheid gesagt hatte, holte sie ihr Fahrrad aus dem Schuppen und machte sich auf den Weg. Falls Mutsch noch einmal in ihr Zimmer schaute, würde sie einen Zettel auf dem Kopfkissen vorfinden. *Bin bei Bettina – Geburtshilfe leisten!* Mutsch würde sicher sofort wissen, worum es sich handelte.

Die Dorfstraße war leer. Wer sollte sich bei diesem Wetter auch freiwillig draußen herumtreiben? Bille stemmte sich gegen den Wind und trat, so kräftig sie konnte, in die Pedale. Warum musste sie auch ausgerechnet Gegenwind haben! War der Matsch auf den Wegen nicht schon schlimm genug? Mit vor Anstrengung rot glühendem Gesicht erreichte sie schließlich Peershof.

Bille stieg vom Rad und schob es bis zur Stalltür. Sie achtete darauf, im Schatten der Bäume zu gehen, obgleich es unwahrscheinlich war, dass jemand sie im trüben Licht der Lampe über dem Hauseingang sehen konnte, in diesem dichten Vorhang aus Regen und Schnee.

„Bettina?"

„Hier bin ich!"

Bettina hatte die Stalllampe mit einem Tuch verhängt, nur ein schwacher Lichtschein fiel auf die hübsche Haflingerstute, die angespannt in ihrer Box stand und aussah, als horche sie aufmerksam nach innen – darauf, was dort in ihrem Leib zu geschehen begann. Bettina hockte regungslos auf der Futterkrippe im Dunkeln, um ihre Stute so wenig wie möglich zu stören.

Bille sah sofort, dass Bettina alles vorschriftsmäßig hergerichtet hatte. Die Box war schön mit frischem Stroh gepolstert, zu den Seiten hin ein wenig ansteigend, sodass Sternchen ihr Fohlen wie in einem Nest zur Welt bringen konnte. Der Schweif der Stute war vorsorglich mit einer weißen Mullbinde eingebunden. Ein leichter Geruch nach Desinfektionsmitteln lag in der Luft. Auf einem Hocker stand eine Schüssel mit abgekochtem Wasser, von einem sauberen Handtuch abgedeckt.

„Das hast du alles super gemacht", lobte Bille Bettina leise. „Jetzt können wir nur noch warten. Dr. Dörfler weiß Bescheid. Ich halte mich im Hintergrund, damit du mit ihr allein bist, okay?"

Bettina nickte stumm und drückte Bille die Hand. Man spürte ihre Aufregung, ihre Augen schienen unnatürlich groß in dem blassen Gesicht.

„Mach dir keine Sorgen, es wird schon alles gut gehen", flüsterte Bille.

Sternchen stöhnte dumpf, legte sich hin, stand aber gleich wieder auf und drehte sich unruhig im Kreis.

„Es dauert nicht mehr lange."

Bille strich der Freundin noch einmal beruhigend über den Arm und zog sich zurück.

War es richtig, dass sie niemanden sonst zu Hilfe gerufen hatten? Wenn es Komplikationen gab, konnten Minuten über das Leben des Fohlens entscheiden! Bille wurde von leichtem Unbehagen befallen. Sollte sie nicht doch vielleicht wenigstens Simon …

„Bille!"

Bettina deutete mit dem Kopf in die Box. Sternchen hatte sich wieder hingelegt und begann zu pressen.

„Sie liegt zu nah an der Stallwand, das Fohlen hat keinen Platz, wenn es kommt."

„Geh du zu ihr rein und bewege sie noch einmal zum Aufstehen", flüsterte Bille. „Es ist besser, wenn du das machst. Wenn es nicht klappt, helfe ich dir", fügte sie hinzu, als sie Bettinas ängstlichen Blick sah.

Bettina sprach leise auf ihre Stute ein und glitt von ihrem Sitz herunter. Sternchen richtete sich halb auf und sah sie mit großen Augen an, als wollte sie sagen: Ich möchte ja gern zu dir kommen, aber du siehst – ich kann nicht. Als sie sich wieder zurücksinken ließ, rutschte sie ein wenig vor.

„Das ist gut so, es genügt schon!", sagte Bille leise.

Zwanzig Minuten lang beobachteten sie stumm, wie die Stute das Fohlen auf den Geburtsgang zupresste.

Plötzlich spürte Bille, die hinter Bettina im Gang stand, wie die Freundin ihre Hand suchte und sie so kräftig drückte, dass es schmerzte. Tatsächlich – unter der Schweifrübe erschien etwas Dunkles, Glänzendes. Eine Nase und zwei Füßchen zeichneten sich unter der schwarz glänzenden Schicht ab und schoben sich langsam ans Licht.

„Es liegt ganz normal", hauchte Bille erleichtert. „Du brauchst dir keine Sorgen zu machen!"

In rhythmischen Stößen wurde das Fohlen ausgetrieben. Ein letztes kräftiges Pressen, und es glitt ins Stroh. Die Mädchen hielten den Atem an. Einen Herzschlag lang lag es da wie tot, aber dann regten sich die Füßchen. Die kleinen Hufe zerrissen die Eihaut, der Kopf rutschte im Stroh unruhig hin und her.

Sternchen hatte noch einmal tief seufzend durchgeatmet, schon richtete sie sich wieder auf und war gleich darauf auf den Beinen. Neugierig beschnupperte sie ihr Kind und begann es mit kräftigen Strichen trocken zu lecken. Wie ein Massagehandschuh glitt die mütterliche Zunge über den wolligen, kleinen Körper.

„Es atmet so schnell!", flüsterte Bettina besorgt.

„Das ist ganz normal. Schau, es hebt den Kopf!" Bille sah, dass der Freundin vor Freude die Tränen über das Gesicht liefen. Sie konnte es Bettina nachfühlen. Genau so war ihr zumute gewesen, als sie das erste Mal die Geburt eines Pferdekindes hatte miterleben dürfen!

„Schau doch! Es richtet sich auf! Es versucht hochzukommen!"

„Einen Stern hat es auf der Stirn – genau wie die Mutter! Oh!" Fassungslos beobachtete Bettina, wie das Fohlen seine winzigen Vorderhufe ins Stroh stemmte, sein Hinterteil hob, ins Stroh zurücksank und es von Neuem versuchte.

„Da! Es hat es geschafft! Es steht!"

Bettina war nicht mehr zu halten. Vorsichtig stieg sie von der Krippe hinunter und näherte sich Sternchen. Unendlich zart streichelte sie die Stute und ihr Fohlen.

„Ein Stutfohlen, Bille! Ein Stutfohlen, und es sieht ganz ähnlich aus wie Sternchen! Oh, bist du süß, meine Kleine!" Bettina weinte hemmungslos vor Glück und kniete vor dem Fohlen nieder. „Kleines Mädchen! Ich bin so glücklich, dass du da bist!"

„Trotzdem musst du jetzt was tun", lenkte Bille ab, um die Freundin sanft aus ihrem siebten Himmel auf die Erde zurückzuholen. „Ruf Dr. Dörfler an, dass das Fohlen auf der Welt ist. Wenn du dich jetzt zu sehr einmischst, schaffst du nur Verwirrung. Mutter und Kind müssen sich erst in aller Ruhe zurechtfinden."

„Du hast recht."

„Wenn die Nachgeburt heraus ist, kannst du das Stroh auswechseln und Sternchen waschen."

„Weiß ich, ich hab doch alles genau vorher studiert!" Bettina lächelte. „O Bille, ich bin so unbeschreiblich glücklich! Und weißt du, wie die Kleine heißen wird? Stella! Das bedeutet doch auch ‚Stern!'"

Ein Windzug kam herein, in der halb offenen Stalltür erschien der Kopf des Tierarztes.

„Schnell, kommen Sie rein, es zieht!", rief Bettina besorgt.

„Na, ihr beiden? Ich dachte mir, ich schau mal nach, ob alles glattgeht. Aber an euren Gesichtern sehe ich, dass das gar nicht mehr nötig wäre, hab ich recht? Oh, das ist aber eine bildhübsche kleine Pferdedame! Erstaunlich groß und schlank für einen Haflinger!"

„Sie hat ja auch einen tollen Vater! Wussten Sie das nicht? Sie ist ein Kind von Patrick! Aber jetzt muss ich gehen. Gute Nacht, ihr zwei Süßen! Bis morgen, Bettina! Gute Nacht, Onkel Doktor! Vielleicht schaffe ich es noch heimzukommen, bevor Mutsch und Onkel Paul es merken."

Da allerdings hatte sie sich getäuscht. Als sie in ihr Zimmer trat, hielt Mutsch gerade den Zettel in der Hand.

„Musstest du dich unbedingt um diese Zeit noch draußen herumtreiben? Wenn dir nun etwas zugestoßen wäre", sagte Mutsch vorwurfsvoll.

Bille umarmte ihre Mutter.

„Was willst du", sagte sie glücklich. „Sterne fallen eben nur nachts vom Himmel. Übrigens – es ist ein Stutfohlen!"

Thorsten sucht Trost

Wochen waren vergangen. In Groß-Willmsdorf blühten die Kastanien. Der Mai hatte sich unfreundlich gezeigt, er war kalt und nass gewesen, aber jetzt, in den letzten Tagen, schien er alles wiedergutmachen zu wollen. Die Sonne schien strahlend von einem knallblauen Himmel, und das Thermometer zeigte sommerliche Temperaturen an.

Hinter dem Park, von hohen Buchen und Eichen verdeckt, erhob sich auf der ehemaligen Kälberkoppel die neue Reithalle. Und davor prangte ein frisch angelegter Longierplatz.

Der Bau der neuen Wohnung über dem Pferdestall machte gute Fortschritte. Der Dachstuhl war bereits fertiggestellt, ein wenig höher und steiler, als er vorher gewesen war, mit Giebeln für die Fenster und einem geräumigen Balkon auf der Südseite, von dem aus eine Holztreppe hinunter auf den Hof führte.

Die Wohnung versprach so schön zu werden, dass sich sogar Bille mit dem Gedanken ausgesöhnt hatte, Tom und seinen Vater nicht mehr in dem großen alten Gutshaus zu wissen, sondern in einer ganz normalen Wohnung über dem Pferdestall.

Auch bei den Groß-Willmsdorfer Stuten hatte es inzwischen Nachwuchs gegeben. Iris hatte ein bezauberndes Stutfohlen auf die Welt gebracht. Irma hatten sie die Kleine genannt, die ebenso schwarz war wie ihre Mutter. Zwei Tage später überraschte Jacaranda ihre Betreuer, als sie morgens den Stall betraten, mit einem in der Nacht geborenen Sohn. Kein Mensch hatte ihr am Abend angemerkt, dass sie in dieser Nacht fohlen würde. Tom hatte alle möglichen Bücher gewälzt, um einen passenden Namen zu finden, und war schließlich bei der griechischen Mythologie gelandet. Jason hieß das kleine Hengstfohlen nun.

Schließlich hatte auch Santa Monica, die älteste der Stuten, ihr Kind zur Welt gebracht. Weil es an dem ersten wirklich strahlend schönen Maimorgen geboren wurde, fand Bille, es müsse einen besonders sonnigen Namen bekommen. Und da sie nun einmal bei Griechenland waren, wählten sie den Namen einer griechischen Insel. Santorin wurde das braune Hengstfohlen mit der lustigen weißen Flocke auf der Stirn getauft.

Jetzt gab es wieder eine richtige Kinderstube im Groß-Willmsdorfer Pferdestall, und jeder von ihnen hatte seinen besonderen Liebling. Billes Herz gehörte Irma, und sie hoffte inständig, dass sie die Kleine nicht wieder nach einem Jahr aus den Augen verlieren würde.

Im Peershofer Stall waren einige Boxen mit neuen Rosetten geschmückt. Bei drei ländlichen Turnieren in der Umgebung hatte Simon erste Preise erringen können. Nun konnte er auf Turnieren der nächsthöheren Klasse starten. Auch Bille konnte zufrieden sein. Sie hatte auf Troja einen zweiten und einen dritten Platz geschafft.

Simon arbeitete täglich mit Feodora, wenn er auf den Turnieren auch vorläufig noch seine Stute Pünktchen ritt. Bille konzentrierte sich ganz auf Black Arrow und Troja, und Tom ritt wegen seiner Größe und seines Gewichts meistens den schwereren Lohengrin. Er sollte später einmal Nathan und Troilus übernehmen, die vorerst Herrn Tiedjen vorbehalten blieben.

Schule, Pferdepflege und das Reiten unter einen Hut zu bringen, ohne eines davon zu vernachlässigen, forderte von ihnen allen viel Selbstdisziplin. Freizeit blieb kaum übrig, aber da sie ihr Leben mit den Pferden nicht als Arbeit empfanden, waren sie trotz aller Anforderungen zufrieden, und keiner hätte sich sein Leben anders gewünscht.

Ein Glück war es für Bille, dass Mutsch und Onkel Paul das nötige Verständnis für ihre Leidenschaft aufbrachten und sich – wenn Billes Zeit gar zu knapp wurde – um den Stall in Wedenbruck und die beiden Ponys kümmerten. Da sie selbst den ganzen Tag in ihrem Spar-Markt in Leesten zubrachten, dem Mutsch als Geschäftsführerin vorstand, sahen sie sich ohnehin nur abends und an den Wochenenden.

Dafür waren diese Abende am Familientisch dann aber besonders behaglich. Mutsch kochte etwas Gutes, und sie erzählten sich, was sie am Tage erlebt hatten.

„Wollen wir heute nicht mal draußen essen?", fragte Bille. „Es ist so ein wunderschöner Abend."

„Daran habe ich auch schon gedacht." Mutsch angelte mit der Gabel nach ein paar Körnern Reis und prüfte, ob sie gar waren. „Hier, nimm den Lappen und wisch den Verandatisch ab. Die rote Tischdecke liegt noch im Wäscheschrank. Das Essen ist gleich fertig."

„Mach ich. Was gibt's eigentlich?"

„Hühnerfrikassee, Reis und Salat. Und hinterher Erdbeeren – wir hatten wieder so viele übrig in der Gemüseabteilung. Sie werden ja nur schlecht."

„Gelobt seien die Kunden, denen die Erdbeeren heute zu

teuer waren", meinte Bille lachend. „Machst du ein bisschen Schlagsahne dazu? Ich bin total ausgehungert."

„Wann bist du das eigentlich nicht?"

„Kurz nach dem Essen."

„Hast du eine Ahnung, wo Paul steckt?"

„Im Keller. Er hat sich den Glaskrug aus dem Wohnzimmerschrank geholt und die Eiswürfel aus dem Kühlschrank und ist in den Keller hinuntergestiegen."

„Na, da ahne ich schon, was kommt."

„Was denn?"

„Er macht seine Maibowle. Er wäre doch todunglücklich, wenn der Mai verginge, ohne dass er einmal Maibowle gemacht hat."

„Na, da werde ich ja wieder super schlafen heute Nacht."

„Du? Du bist noch viel zu jung für Alkohol. Es ist mir gar nicht recht, wenn Paul dich immer ein Glas mittrinken lässt!"

„Aber Mutsch, ich werde im Herbst fünfzehn!"

„Trotzdem. Nun mach mal den Tisch fertig, sonst klebt mein Reis und der Salat wird matschig."

„Okay."

Sie hatten gerade mit dem Essen begonnen, als das Telefon klingelte. Mutsch sah stumm zu Bille hinüber und Bille erhob sich seufzend.

„Sibylle Abromeit", sagte sie, nicht sonderlich begeistert.

„Bille? Hier ist Inge! Bitte, kannst du mir ganz schnell mal Mutsch geben?"

„Was ist los? Du klingst so komisch! Ist was passiert?"

„Nein, nein, ich muss nur schnell Mutsch sprechen …"

„Ich flitze schon."

Mutsch kam bereits angelaufen.

„Ja, Kleines? Was ist denn?"

Bille, die sich sofort wieder über ihren Teller hermachte, hörte nur halb zu. Inge erwartete ihr erstes Baby und hatte andauernd etwas mit Mutsch zu besprechen, was mit dem kommenden Familienzuwachs zusammenhing. Bille interessierte dieses Thema nicht sonderlich, wenn sie sich auch auf ihr künftiges Patenkind freute.

Diesmal dauerte das Gespräch nicht lange. Gleich darauf erschien Mutsch mit hochrotem Kopf in der Tür.

„Wir müssen sofort fahren, Paul!", sagte sie energisch.

„Was denn, jetzt? Mitten beim Essen?" Onkel Paul sah bedauernd auf seinen Teller.

„Das hilft nichts. Es geht los. Sie muss ins Krankenhaus. Und Thorsten ist noch nicht aus der Stadt zurück."

„Ich dachte, das hätte noch drei Wochen Zeit?"

„Es scheint es eben eiliger zu haben. Nun mach schon!"

„Ich komme mit!"

Bille stopfte sich schnell noch den letzten Bissen in den Mund und stand auf. Blitzschnell hatte sie Schüsseln und Teller in die Küche getragen. Das Essen stellte sie im Ofen warm. Das Baby kam! Ganz überstürzt! Vielleicht würde es sogar schon im Auto – na, jedenfalls musste sie dabei sein.

Fünf Minuten später hielten sie vor dem kleinen Strohdachhaus, in dem Billes große Schwester mit ihrem Mann Thorsten wohnte.

Mutsch sprang aus dem Wagen und ging Inge entgegen, die blass, aber tapfer lächelnd bereits in der Tür stand, neben sich einen kleinen Koffer.

„Ich habe Thorsten einen Zettel auf den Küchentisch gelegt." Inge atmete in kurzen Stößen und schloss die Augen. Dann entspannte sich ihr Gesicht wieder. „Dass es aber auch so schnell geht …"

Mutsch packte ihre Älteste vorsichtig auf den Beifahrersitz und klappte die Lehne so weit wie möglich nach hinten. Onkel Paul zog und zerrte mit zitternden Fingern am Sicherheitsgurt, bis er die nötige Weite für Inges derzeitigen Umfang aufwies.

„Immer mit der Ruhe, geht schon alles klar", murmelte er, und Bille war sich nicht sicher, ob er damit Inge oder sich selbst Mut zusprach.

„Soll ich lieber fahren?", fragte Mutsch.

„Unsinn!"

Die Fahrt verlief schweigend. Bille überlegte sich, was sie Inge Lustiges erzählen könnte, um sie abzulenken, aber ihr wollte beim besten Willen nichts einfallen. Und Inge schien so mit sich und dem Ziehen in ihrem Leib beschäftigt zu sein, dass sie den Versuch unterließ.

Hoffentlich schreit sie nicht plötzlich, so wie man das manchmal im Fernsehen sieht, dachte Bille. Dann fährt Onkel Paul sicher vor Schreck in den Graben! Aber Inge stöhnte nur hin und wieder leise.

Eine Ewigkeit schien es zu dauern, bis sie vor der Klinik in Neukirchen hielten. Bille ließ ihre Schwester nicht aus den Augen, ob das Baby nicht vielleicht doch schon – aber nein, so schnell ging so etwas wohl nicht.

Mutsch und Onkel Paul stützten Inge von beiden Seiten und führten sie das Portal hinauf, Bille folgte mit dem Köfferchen. In der Halle kam ihnen eine Schwester entgegen und nahm, ohne viele Worte zu machen, die werdende Mutter und ihr Handgepäck entgegen.

„Bitte warten Sie hier, ich komme gleich wieder zu Ihnen." Sie nickte Mutsch noch einmal kurz zu, dann waren sie hinter einer Glastür verschwunden.

„Mein Gott aber auch", seufzte Mutsch.

Inzwischen war Thorsten müde und hungrig von seinem Ausflug in die Stadt zurückgekehrt. Er hatte um einen größeren Auftrag verhandelt. Das Landesamt für Denkmalpflege brauchte für eines der Schlösser ein schmiedeeisernes Gitter nach einem Original aus dem 18. Jahrhundert. Das war eine Riesenarbeit, vor allem das Tor mit seinen zahlreichen Verzierungen.

Die Verhandlungen waren schwierig gewesen und hatten sich unerwartet in die Länge gezogen. Thorsten hatte es mit einem Gremium von Leuten zu tun, die alle verschiedene Ansichten vertraten. Und dann der zähe Kampf um die notwendigen finanziellen Mittel! Am Schluss hatten sie den Vertrag noch mit ein paar Schnäpsen begossen, und Thorsten hatte es vorgezogen, sein Auto in der Stadt stehen zu lassen und mit der Bahn nach Wedenbruck zurückzufahren.

Erschöpft, aber hochzufrieden, pfiff Thorsten schon von Weitem nach seiner Angetrauten. Aber alles blieb still. Thorsten kramte nach seinem Hausschlüssel und schloss auf. Schlief sie etwa schon? In letzter Zeit hatte sie die komischsten Angewohnheiten.

„Inge? Ingelein!"

Keine Antwort. Thorsten wurde unruhig. Immer zwei Stufen auf einmal nehmend, lief er in den ersten Stock hinauf und stürzte ins Schlafzimmer. Nichts. Auch in den anderen Zimmern war keine Spur von Inge.

„Sie wird zu Mutsch rübergegangen sein. Blöd, dass ich nicht gleich daran gedacht habe", murmelte Thorsten und ging in die Küche, um sich ein Bier zu holen und zu sehen, ob etwas zu essen für ihn im Kühlschrank stand.

Da – endlich – entdeckte er den Zettel. *Reg dich nicht auf, ich fahre in die Klinik. Es scheint loszugehen. Mutsch und Onkel Paul fahren mich. Denk an mich – Kuss! Inge.*

Thorsten traf es wie ein Schlag. Und er hatte den Wagen in der Stadt stehen gelassen. An die Möglichkeit, dass Inge schon heute – nein, daran hatte er nicht gedacht!

Wie im Traum ging er zum Kühlschrank und angelte sich eine Flasche Bier heraus. Er schenkte sich ein großes Glas ein und goss es hinunter. Thorsten schüttelte sich. Was nun? Richtig – das Telefon! Wo war die verdammte Nummer des Krankenhauses? Ach dort, zum Glück hatte er sie vor einigen Tagen herausgesucht und auf einen Zettel geschrieben. Mit zitternden Fingern begann er zu wählen. Verflucht! Natürlich war die Vorwahl besetzt. Wie immer. Billigtarif – da mussten alle Leute auf einmal telefonieren! Wieder und wieder versuchte er es. Vergeblich.

Vielleicht waren Mutsch und Onkel Paul schon zurück? Oder Bille wusste etwas? Thorsten machte sich auf den Weg.

Aber auch drüben war alles dunkel und still. Nur die Ponys im Stall rumorten. Thorsten ging ums Haus und betrat die Veranda. Sie mussten überstürzt aufgebrochen sein, der Abendbrottisch war nicht richtig abgedeckt, auf dem Tisch lagen noch Besteckteile und Servietten, in der Mitte stand ein voller Krug, daneben die Gläser. Thorsten schnupperte an dem grünen Kraut, das in der hellen Flüssigkeit schwamm. Aha, Waldmeister. Maibowle also. Nun, die kam ihm gerade recht. Bis die liebe Familie zu erscheinen geruhte, würde er sich mit der Bowle trösten.

Im Stall schlug Zottel ärgerlich wiehernd gegen den Holzverschlag. Sicher hatten die Ponys in der Aufregung nichts zu fressen bekommen. Thorsten erhob sich schwankend und ging zum Stall hinüber.

„Na, ihr? Auch so verlassen und einsam?", murmelte er.

Hmhmhm, antwortete Zottel, und Moischele schnaubte erwartungsvoll.

„Tatsächlich, kein Krümel Futter in den Krippen. Wo bewahrt sie denn den Hafer auf, eure Bille? In der Kiste hier, was? Mist, abgeschlossen. Und wo ist der Schlüssel?"

Zottel schlug ungeduldig mit dem Huf an die Tür.

„Hast ja recht, Junge, so kommen wir nicht weiter. Kommt mit, vielleicht finden wir draußen was."

Thorsten öffnete die Boxen und ließ die Ponys in den Garten. Dann verzog er sich wieder an seinen Platz auf der Veranda und wartete. Zottel und Moischele näherten sich neugierig dem Tisch, um zu sehen, ob es nicht irgendetwas zu fressen gab.

„Ach, Jungs!", seufzte Thorsten kellertief. „Ist das ein Leben! Da lassen sie uns allein im Dunkeln sitzen, und keiner hat Mitleid mit uns! Schließlich hat man ja auch nur Nerven. Wenn ihr nun was passiert – meiner Kleinen – und ich kann nicht mal zu ihr! Wo bleiben die denn bloß? Es ist zum Verrücktwerden!" Thorsten sprang auf und ging erregt hin und her. „Na, kommt, trinken wir noch einen, das beruhigt wenigstens", knurrte er und ließ sich wieder auf seinen Stuhl fallen. „Auch einen Schluck? Wo es schon nichts zu essen gibt!"

Thorsten hielt Zottel den Krug unter das Maul, und das Pony begann genüsslich zu trinken. Es schmeckte süß und erfrischend.

„Darfst du auch schon Bowle trinken, Kleiner?"

Thorsten hielt den Krug jetzt dem kleinen Shetlandpony unter die Nase. Moischele probierte einen Schluck und schnaubte.

197

„Ist noch nichts für dich, wie? Na, dann du noch mal!"

Wieder bekam Zottel einen Schluck. Nun wollte auch Moischele nicht zurückstehen, er schleckte Thorsten die süße Flüssigkeit aus der hohlen Hand.

Warum kamen die denn nicht? Sie hätten doch längst zurück sein können!

Herrgott noch mal! Thorsten sprang entsetzt auf. Vielleicht klingelte bei ihm drüben pausenlos das Telefon – und er saß hier ahnungslos herum! Möglicherweise hatte es Komplikationen gegeben und man versuchte dringend, ihn zu erreichen? Oder sie hatten einen Unfall gehabt unterwegs?

„Inge, mein armer Liebling!", stöhnte Thorsten weinerlich. „Wir müssen sofort rüber. Los, Jungens, kommt mit, ich kann in einer solchen Stunde nicht allein sein!"

Thorsten nahm die beiden Ponys beim Halfter, nachdem er schnell noch den Rest der Bowle aufgeteilt hatte, und schwankte in Richtung Heimathafen.

Die Dorfstraße lag wie im Schlaf. Nur im *Krug* lärmten ein paar Männer bei der abendlichen Skatrunde. Doch auf deren Gesellschaft verspürte Thorsten wenig Lust, sie würden ihn höchstens aufziehen. Von denen war kein Verständnis zu erwarten. Was er brauchte, waren echte Freunde, die seine Einsamkeit teilten.

Thorsten schloss die Haustür auf und machte Licht.

„Kommt, Jungs, gehen wir in mein Allerheiligstes. Da ist es am gemütlichsten." Mit einem liebevollen Klaps auf das runde Hinterteil ließ er Zottel in die Werkstatt eintreten, Moischele tappte hinterher. „Macht's euch gemütlich, Freunde. Ich sehe mal nach, ob ich etwas zu essen und zu trinken finde."

Zottel marschierte durch den Raum und beschnupperte die ungewohnte Umgebung. Auf Hockern und Gestellen standen Thorstens Kunstwerke, auf einem Tisch am Fenster lag ein Stapel Entwürfe. Nichts Essbares, nur ein einsamer Blumentopf am Fenster, der nichts Schmackhaftes versprach. In der gegenüberliegenden Ecke standen ein altes Kanapee und ein kleiner Tisch, daneben ein Monstrum von Großvatersessel. Hier pflegte Thorsten seine Kunden zu bewirten, wenn sie sich in Ruhe seine Entwürfe ansehen wollten.

„So, bin schon da, meine Lieben. Seht mal, was der liebe Papi euch da alles mitgebracht hat!"

Thorsten stellte ein Tablett auf den Tisch, auf dem sich Brot, Butter, Käse und Wurst neben Äpfeln und Tomaten häuften. Thorsten hatte aus dem Kühlschrank gezerrt, was er finden konnte. Außerdem hatte er ein paar Flaschen Bier und eine große Flasche Schnaps mitgebracht. Jetzt noch das Telefon. Thorsten holte es aus dem Flur und stellte es auf den Boden neben sich.

„Allzeit bereit!", murmelte er. „Kommt, Jungs, jetzt geht's rund. Wer will ein Bier? Alle."

Thorsten schenkte drei Gläser voll und nahm nebenher einen kräftigen Schluck aus der Schnapsflasche. Dann begann er Brote zu streichen. Zottel hatte inzwischen bereits in Windeseile drei Äpfel verzehrt, Moischele hatte Mühe, ebenfalls einen zu erwischen.

„Wer will Leberwurst? Einmal Leberwurst für alle!"

Thorsten verteilte die Brotscheiben auf drei Teller und stellte jedem Pony einen vor die Nase.

„Doch zuvor", lallte er, „lasst uns das Glas erheben, lasst uns – hick – das Glas erheben auf die Dame des Hauses, die uns so schmerzlich – die uns in Schmerzen verlassen hat. Gott gebe ihr gutes Gelingen. Amen – äh – Prost!"

Thorsten nahm einen großen Schluck. Zottel hielt sich an das Leberwurstbrot, und Moischele verzehrte lieber eine Brotscheibe ohne Belag.

„Es geht doch nichts über gute Freunde, die einem in der Stunde der Not beistehen", grunzte Thorsten und kaute gedankenverloren an seinem Leberwurstbrot. „Meine kleine Inge, meine Liebste – wer möchte Käse? Oh, bedient euch am besten selber, recht so. Nun trinkt doch, Jungs, es ist reichlich da!"

Moischele stand schwankend mit halb geschlossenen Augen da. Ihm war so merkwürdig schläfrig zumute. Ein Stück Zucker noch aus der Zuckerschale, die der Gastgeber höflicherweise mitgebracht hatte, aber dann …

Thorsten sah, wie das Pony mit den Vorderbeinen einknickte und Anstalten machte, sich auf dem Teppich schlafen zu legen.

„Mein Gott, schon so spät", brummte er. „Und der Kleine gehört längst ins Bett. Das geht aber nicht."

Schwankend erhob er sich, zog so vorsichtig wie möglich den Tisch beiseite und beugte sich über das Pony.

„Komm, mein Kleiner, Papi bringt dich ins Bettchen", murmelte er und umschlang Brust und Bauch des Ponys.

Es dauerte ziemlich lange, bis er sein Gleichgewicht so weit wiedergefunden hatte, dass er das winzige Shetlandpony hochheben konnte, aber schließlich gelang es ihm. Ächzend ließ er Moischele auf das Kanapee rollen und kniete sich vor ihn hin. Moischele, müde von der ungewohnten Maibowle, ließ alles mit sich geschehen. Thorsten strich ihm über Mähne und Rücken und stopfte ihm ein Kissen unter den Kopf. Dann holte er eine Decke und breitete sie über das schlafende Pony.

„Schlaf, Kindchen, schlaf", brummte er weinerlich. „Mein kleiner Sohn, was hast du für schöne Haare!"

Zottel hatte inzwischen in aller Ruhe zu Ende gespeist und nicht ein Krümchen auf dem Tablett zurückgelassen. Jetzt wurde auch er schläfrig. Eine Weile stand er mit hängendem Kopf und halb geschlossenen Augen da und döste, ebenso wie Thorsten, der sich wieder in seinen Sessel zurückgezogen hatte und aus der Schnapsflasche trank. Schließlich ließ Zottel sich auf dem Teppich nieder und machte es sich zur Nachtruhe bequem.

„Hast recht, Junge, schlafen wir 'ne Runde, das kann uns nicht schaden", lallte Thorsten. „Aber wehe, du schnarchst – dann schicke ich dich ins Schlafzimmer rauf. Ich muss nämlich nachdenken! Sehr – hick – sehr ernsthaft nachdenken!"

Und damit schlummerte auch Thorsten tief und fest. So fest, dass er nicht einmal hörte, wie das Telefon zu läuten begann – wieder und wieder.

„Stell doch mal einer den Wecker ab", brummte er nur, „heute ist Sonntag. Ich will ausschlafen."

„Das ist doch nicht möglich!", sagte Mutsch am anderen Ende der Leitung. „Er muss doch da sein!"

„Fahren wir doch einfach bei ihm vorbei", schlug Bille vor. „Bis wir zu Hause in Wedenbruck sind, ist wieder eine halbe Stunde vergangen, bis dahin ist er bestimmt zurückgekommen."

„Seht ihr – ich hatte recht!", rief Bille aus, als sie vor dem Strohdachhaus hielten. „In der Werkstatt brennt Licht. Darf ich ihm die große Neuigkeit verkünden?"

„Meinetwegen, geh du als Erste rein. Aber ich möchte doch sein Gesicht sehen", sagte Mutsch und stieg ebenfalls aus dem Auto. „Kommst du mit, Paul?"

„Und ob! Das muss doch noch begossen werden!"

„Ich glaub, ich spinne!", rief Bille in komischer Verzweiflung und prustete los. „Das darf doch nicht wahr sein!"

„Was gibt's denn da zu kichern?" Mutsch schaute über Billes Schulter durch das Fenster in die Werkstatt. „Du liebe Zeit! Mein armer Kleiner! Was hat er mit ihm angestellt?"

Jetzt sah auch Onkel Paul die Bescherung. Moischele schlief noch immer auf dem Kanapee, und Thorsten und Zottel schnarchten um die Wette.

Zum Glück war die Haustür unverschlossen. Mutsch ging auf geradem Weg zum Kanapee und beugte sich über ihren Liebling.

„Er hat ihm Alkohol gegeben!", empörte sie sich. „Der Wahnsinnige! Will er ihn umbringen?"

„Gönn dem Kleinen doch auch mal einen Rausch", bemerkte Bille lachend. „Bitte erinnere dich, dass Zottel schon öfter ziemlich betrunken war, und er ist nicht daran gestorben."

„Na, ich bitte dich!"

„Nun sieh sich einer diese Frau an!", lachte Onkel Paul. „Hat gerade ihren ersten Enkelsohn bekommen und sorgt sich nur um ihr Pony."

„*Sein* Pony", verbesserte Mutsch. „Egal, der Kleine muss sofort nach Hause. Er kann doch nicht die ganze Nacht auf dem Sofa hier schlafen. Hoffentlich kann er überhaupt laufen!"

Zottel hatte sich inzwischen aufgerappelt und stand verwirrt auf den Beinen, und auch Moischele kam wieder zu sich. Nur Thorsten schlief wie ein Murmeltier in diesem Tumult.

Mutsch und Bille brachten die beiden Ponys nach Hause in ihren Stall, und Onkel Paul kümmerte sich um Thorsten. Er verfrachtete ihn an Moischeles Stelle auf das Kanapee und deckte ihn mit der Wolldecke zu. Dann nahm er ein großes Stück Zeichenpapier von Thorstens Tisch und schrieb mit dickem Rotstift darauf: *Du hast einen gesunden Sohn!* Das Schild stellte er auf einen Stuhl, so, dass Thorsten es gleich beim Aufwachen sehen musste. Dann löschte er das Licht und ging leise hinaus.

Krieg in Groß-Willmsdorf

Im Juni kamen die Leute vom Film.

Zunächst erschien eine Vorhut. Sie bestand aus dem Architekten und einer Reihe Technikern, die begannen, das Gutshaus und Teile des Hofs in einen erbarmungswürdigen Zustand zu versetzen. Mit großen Mengen grauer, grüner und schmutzig brauner Farbe wurde der Eindruck von Verwahrlosung und Armut erzeugt. Das Gutshaus wurde mit einer ganzen Reihe von Einschussstellen versehen, kunstvoll angebrannte Balken und zersplitterte Fensterscheiben vollendeten das Bild.

Im Haus selbst wurde alles auf den Kopf gestellt. Der große Salon wurde zu einer militärischen Kommandozentrale umfunktioniert, andere Räume wurden im Stil der Kriegsjahre eingerichtet.

Dann gab es Garderoben für die Schauspieler, eine Maskenbildnerei, einen Fundus und schließlich die Büros für den Produktionsstab.

Die Leute vom Film waren laut und selbstbewusst. Sie schienen eine Art Geheimsprache zu sprechen, die sich aus Fachausdrücken, ständig wiederholten Redensarten und Witzen zusammensetzte. „Weißt du noch, bei der Sowieso-Produktion in Lissabon damals", oder: „Als wir voriges Jahr in Amsterdam gedreht haben", oder: „Da hatten wir doch in

Prag den, du weißt schon." Alle schienen überall dabei gewesen zu sein – Leute mit dem Duft der großen weiten Welt, wenn man ihnen glauben wollte.

Bille tat, als interessiere sie der ganze Betrieb nicht. Aber immerhin musste man mit den Leuten zusammenarbeiten, sie bezahlten eine Menge Geld dafür, dass sie hier sein durften, und man musste ihnen, so weit es ging, behilflich sein. Wenn sie nur nicht so aufdringlich gewesen wären! Sie kamen her und taten, als gehöre ihnen das alles.

Herr Tiedjen hatte sich ausbedungen, dass der Betrieb auf dem Hof auf keinen Fall beeinträchtigt werden dürfe. Der Umbau des Pferdestalles brachte schon genug Lärm und Unruhe. Und man hatte ihm zugesagt, dass er von dem Aufnahmebetrieb – bis auf einige wenige Außenaufnahmen mit Kriegsszenen – nichts merken würde. Aber wenn man sich den Aufwand jetzt ansah, mit dem die Filmerei vorbereitet wurde, konnte man das kaum glauben.

Militärfahrzeuge wurden transportiert, die Attrappe eines Panzers stand vor dem Haus, zwei Kellerräume wurden mit Requisiten vollgestopft. Hin und wieder gab Bille ihre gespielte Gleichgültigkeit auf und inspizierte an Toms Seite den Fortgang der Vorbereitungen.

„Was wird das eigentlich für eine Geschichte?"

„Der Film? Nun, das Buch habe ich auch noch nicht gelesen. Die Story handelt von einer Familie im Krieg, deren Haus erst von deutschen Soldaten, dann von den Russen besetzt wird – eine furchtbar dramatische Sache. Am Ende sind alle tot, bis auf die Tochter, die sich in einen russischen Soldaten verliebt hat, der ihr dann zur Flucht verhilft."

„Also so richtig was für die Tränendrüsen."

„Scheint so."

„Und wer spielt die Hauptrollen?"

„Na, irgendwelche Stars. Ich kenne sie nicht. Lass dich überraschen."

„Es interessiert mich sowieso nicht so besonders."

Im Gutshaus entstand gerade das Hauptquartier des Generals. Man hatte die alten Möbel zum Teil stehen lassen, nur die Mitte des Raumes nahm ein überdimensionaler Schreibtisch ein. Sogar die tiedjenschen Ahnenbilder durften mitspielen. Ein Bühnenarbeiter stand auf einer Leiter und rückte liebevoll an dem riesigen Ölgemälde, das Hans Tiedjens Urgroßvater in Uniform zeigte.

„Schieß den Opa da von der Wand, da kommt Adolf hin!", befahl eine Stimme aus dem Hintergrund.

Der Bühnenarbeiter zuckte bedauernd mit den Achseln. „Schade. Der Bismarck hat mir gerade so gut gefallen."

Bille kicherte. „Ich wusste gar nicht, dass du so berühmte Ahnen hast!"

„Ich auch nicht!" Tom nahm Bille beim Arm und zog sie hinaus. „Komm, ich muss dir unbedingt die Requisiten zeigen, du glaubst nicht, was sie da alles zusammengetragen haben! Allein die Waffen – und die alten Funkgeräte und Telefone. Und dann die ganzen Orden! Ich glaube, die wollen eine Armee ausstatten, so viel Zeug haben sie hergeschleppt!"

Am nächsten Tag reiste der Stab an.

Voran der Mann mit dem Säuglingskopf, dann folgten drei, vier junge Männer mit und ohne Brille, die sich alle irgendwie ähnlich sahen – sie trugen lässige Klamotten und Diplomatenkoffer und gaben sich mächtig gescheit.

Hinterher stolperten mehrere Damen mit Taschen und Koffern beladen. Alle waren furchtbar laut und begrüßten die Anwesenden wie verschollen geglaubte Angehörige.

Dann verschwanden sie hinter den Türen der Produktionsräume.

Das Postamt musste vier weitere Anschlüsse für Telefon und Telefax legen, und von nun an war der Kontakt zur großen weiten Welt wiederhergestellt. Wurde jemand gesucht, hallte es über Lautsprecher durch das ganze Haus.

„Das kann doch nicht gut gehen", stöhnte Bille. „Wie soll das erst werden, wenn die Schauspieler und das ganze Fußvolk kommen!"

„In den umliegenden Orten sind sämtliche Gasthofzimmer besetzt. Nur die Hauptdarsteller wohnen im Parkhotel in Neukirchen", berichtete Tom. „Auf der Koppel neben der neuen Reithalle wollen sie einen Parkplatz für ihre Autos einrichten. Damit die bei den Aufnahmen nicht mit im Bild sind."

„Wie soll man bei dem Rummel denn noch arbeiten!"

„Wirklich!" Tom lachte in sich hinein. „Ich bin nur gespannt, wann's den ersten Krach mit unseren Bauleuten gibt, weil sie sich gegenseitig ins Gehege kommen!"

Vor dem Haus hielt mit quietschenden Bremsen ein rotes Cabrio. Eine junge Dame mit Pagenschnitt und einer überdimensionalen Sonnenbrille stieg aus. Die Stöckelabsätze ihrer Stiefel bohrten sich tief in den Sand. Erschrocken ruderte sie mit den Armen, um ihr Gleichgewicht zurückzugewinnen. Über den Stiefeln trug sie rostrote Pluderhosen, dazu einen Pulli in Männergröße 54. Die Enden ihres dreimal um den Hals gewundenen Schals schleiften fast am Boden.

„Tag, Schätzchen", sagte sie zu Bille, als seien sie alte Bekannte. „Hast du eine Ahnung, wo Boy steckt?"

„Keinen blassen Schimmer", stotterte Bille und starrte fasziniert auf die fast schwarz gemalten Lippen der Dame.

„Ich glaube, er ist im Produktionsbüro, Schätzchen", sagte Tom grinsend. „Den Gang links hoch, letzte Tür."

„Danke." Die Dame stolzierte mit schwingenden Hüften davon.

„Weißt du, wer Boy ist?"

„Nein, du?"

„Na komm, gehen wir wieder an die Arbeit. Wir müssen die Stuten reinholen."

„Du hast recht. Aber denk daran, was ich dir gesagt habe: Die werden uns noch eine Menge Ärger machen."

Der Ärger begann schon am nächsten Tag. Es regnete in Strömen, deshalb mussten die Stuten mit ihren Fohlen in der zum Stall umfunktionierten Reithalle bleiben. Bille machte auf dem Weg nach Peershof einen Umweg über Groß-Willmsdorf, um auf eine Minute zu den Stuten hineinzusehen.

Schon als sie Zottel unter dem Vorsprung des Reithallendaches anband, hörte sie aus der Halle lautes Gelächter und Geschrei. Wie der Blitz war sie in der Halle. Da standen sie – zu fünft, drei Weiber und zwei Jünglinge, lachten und schwatzten, als wären sie hier auf dem Jahrmarkt, und fütterten die Fohlen mit Keksen. Und das Schlimmste: Zwei von ihnen rauchten und bliesen den Pferden ihren Qualm in die Nüstern!

„Sind Sie total verrückt geworden?", brüllte Bille, heftiger, als sie es eigentlich beabsichtigt hatte. Die fünf fuhren herum.

„Na, na!", murmelte einer erstaunt.

„Sie wissen doch genau, dass das Betreten der Ställe und Reitanlagen verboten ist! Und das Rauchen! Oder können Sie nicht lesen?"

„Nun spiel dich mal nicht so auf, Kleine! Wir tun ja überhaupt nichts. Wollten uns die Viecher ja nur mal ansehen", sagte eine Dickbusige mit giftgrüner Bluse und karottenroter Lockenmähne im Afro-Look. Hinter dicken Brillengläsern starrte sie mit kalten Fischaugen auf Bille.

Du kommst mir gerade recht, dachte Bille.

„Nur mal ansehen, wie?", höhnte sie. „Und ein neugeborenes Fohlen mit Keksen ins Jenseits befördern! Oder hat man Ihnen bereits drei Tage nach Ihrer Geburt Kekse in den Mund gestopft?"

„Na, so schlimm wird's ja wohl auch nicht sein", maulte eine Hagere, deren dunkle glatte Haare wie durch Kakao gezogene Spaghetti aussahen.

„Abgesehen davon ist der Lärm, den Sie hier machen, für die Tiere eine Zumutung!" Verdammt! Warum war der alte Petersen jetzt nicht hier, um ihr beizustehen – oder Herr Tiedjen!

„Du nimmst dir ganz schön was heraus, Fräulein", giftete die Erste wieder. „Was heißt hier überhaupt ‚Eintritt verboten'? Schließlich sind wir Gäste von Herrn Tiedjen!"

„Für die Gäste von Herrn Tiedjen gilt das Gleiche wie für alle anderen. Unbefugte haben bei den Pferden nichts zu suchen, es sei denn, Herr Tiedjen führt sie selber herum. Und das hat seine Gründe. Jeder Fremde bringt einen Haufen Keime mit herein, und dies sind wertvolle Zuchttiere. Wenn Sie die Pferde besichtigen wollen, wenden Sie sich bitte an Herrn Tiedjen. Und nun darf ich Sie höflichst bitten zu gehen!"

„Rausschmeißen auch noch!", brummte einer der Jünglinge. „Wer ist das überhaupt?"

„Pssst!", machte der andere in seinem Rücken. „Das ist die Tochter vom Alten!"

„Nein, ich bin nicht die ‚Tochter vom Alten'", sagte Bille kühl. „Ich bin seine Schülerin und außerdem hier

Pferdepflegerin und deshalb für die Tiere verantwortlich."

„Schon gut, reg dich nicht auf. Wir gehen schon", meldete sich die dritte der Damen zu Wort, die sich bis jetzt zurückgehalten hatte. „Ich kann's ja verstehen. Soll nicht wieder vorkommen."

„Danke, dass Sie mir meine Aufgabe erleichtern", sagte Bille aufatmend. Wenigstens eine Vernünftige. Sah auch nett aus, die Kleine, blond und mit einem Spatzengesicht. Mit der konnte man sicher reden.

Die Blonde lächelte Bille noch einmal entschuldigend zu und verließ den Stall, die anderen folgten zögernd, ohne Bille eines Blickes zu würdigen.

Uff! Billes Herz schlug immer noch bis zum Hals hinauf. Wenn das nur gut ging! Hoffentlich rannten die nun nicht gleich zu Herrn Tiedjen, um sich über sie zu beschweren! Na, wenn schon! Schließlich hatte sie es nur gut gemeint.

Bille ging auf die Suche nach Tom und berichtete ihm, was vorgefallen war. Tom lachte nur.

„Du hast das ganz richtig gemacht! Zeig ihnen nur die Zähne, sonst nehmen sie die Verbote doch nicht ernst. Sicher werden die es jetzt allen anderen brühwarm weitererzählen, dass bei den Stuten ein weiblicher Pferdepfleger arbeitet, der rabiater als ein bissiger Hund ist – und die anderen werden es sich dreimal überlegen, ehe sie die Halle betreten. Mach dir keine Sorgen."

„Hoffentlich hast du recht. Ganz wohl ist mir bei der Sache nicht."

Bis zum nächsten Tag hatte Bille den Vorfall bereits vergessen, aber am übernächsten wurde sie schlagartig wieder daran erinnert.

„Du möchtest mal ins Produktionsbüro kommen", empfing sie der alte Petersen. „Zu Herrn Schlotter, das ist einer von den Filmheinis."

„Ich? Wieso denn das?"

„Keine Ahnung, er hat nur gesagt, er möchte dich dringend sprechen."

Prost Mahlzeit, jetzt kommt die Abreibung!, dachte Bille.

„Okay", seufzte sie. „Ich bring's hinter mich. Ich gehe gleich mal rüber."

Hoch aufgerichtet, um sich nicht anmerken zu lassen, wie butterweich ihre Knie waren, marschierte Bille zum Gutshaus hinüber. Ihre Kehle war auf einmal so trocken, dass sie richtig brannte. Bille biss sich auf die Zunge. Quatsch!, sagte sie sich. Bloß nicht im Staub kriechen vor denen da. Schließlich war ich im Recht!

Im Haus war ein Höllenlärm. Überall wurde gehämmert und gesägt, Lautsprecher wurden ausprobiert, Musik plärrte aus dem Keller.

Das Büro von Herrn Schlotter lag am Ende des Ganges. „Anmeldung im Sekretariat" stand an der Tür. Die machten es aber feierlich.

Bille ging zum Nebenzimmer und klopfte. Drinnen redeten mindestens fünf Leute durcheinander, die würden ihr Klopfen nie hören! Also betrat sie das Zimmer.

Fünf Männer standen über einen Plan gebeugt und palaverten. Sie rauchten um die Wette und waren von einer dichten blauen Wolke umhüllt. Hinter dieser Wolke ahnte Bille jemanden an einem Schreibtisch. Richtig. Die kleine Blonde von gestern erhob sich und kam durch die Wolke zu Bille.

„Da bist du ja! Fein. Komm, ich bringe dich zum Boss."

Bille folgte der Kleinen mit staksigen Schritten. Wenn sie

doch bloß nicht so nervös gewesen wäre! Sie musste jetzt Haltung bewahren!

Der greinende Säugling saß hinter seinem Schreibtisch, im Mundwinkel eine dicke Zigarre, die wie ein Fremdkörper in dem fleischigen Babygesicht wirkte, in jeder Hand einen Telefonhörer, in die er abwechselnd zustimmend grunzte.

Als er Bille hereinkommen sah, verabschiedete er sich kurz von seinen Gesprächspartnern und sprang auf.

„Da bist du ja, Mädchen, komm her zu Papa und mach's dir gemütlich. Willst du was trinken? Kaffee? Tee? Saft?"

„Eh … Oh … Danke …", stotterte Bille.

„Also, was nun?"

„Saft", hauchte Bille, von dieser Begrüßung völlig verwirrt.

„Also einen großen Orangensaft, Peggy, und für mich noch einen Kaffee."

„Noch einen, Herr Schlotter?", sagte Peggy sanft mahnend. „Sie sollen doch …"

„Ja, ja, schon gut, ist doch egal, woran wir zu Grunde gehen. Nun mach schon, mach schon, und lass uns arbeiten."

Herr Schlotter nahm wieder hinter seinem Schreibtisch Platz und wühlte in Papieren.

„Ich hab gehört, du hast so eine Art großes Pony", knautschte er hinter seiner Zigarre hervor.

„Es *ist* ein großes Pony, genauer gesagt, ein Kleinpferd!"

„Na, bestens. Genau das, was wir suchen. Er soll ja sogar mal beim Zirkus gewesen sein?"

„Ja, das stimmt."

„Also Scheinwerfer und Krach gewöhnt, gut. Wir wollen ihn engagieren."

„Zottel? Engagieren?" Bille glaubte nicht recht zu hören.

„Ja, Mädchen!" Herr Schlotter strahlte sie an. „Er soll sozusagen unser dritter Star werden. Wir haben schon weiß der Teufel wo gesucht nach einem solchen Pferd – und jetzt fällt es uns hier direkt in den Schoß!"

Bille lächelte. „Wenn ich einverstanden bin."

„Logisch. Aber kannst du dir was Schöneres vorstellen, als dass dein Pony in so einem tollen Film mitspielt?"

„Hm, kann ich", sagte Bille vergnügt. Ihre Nervosität war schlagartig verflogen. „Im Prinzip habe ich natürlich nichts dagegen, vorausgesetzt, dass wir uns über das Finanzielle einigen." Wie gut sie bei Tom neulich gelernt hatte! „Aber ich habe natürlich einige Bedingungen."

„So, hast du das?"

Herr Schlotter starrte sie mit aufgerissenem Mund an, als wäre sie ein seltenes Reptil. So viel Selbstbewusstsein hatte er bei ihr wohl nicht vermutet.

„Ja. Vor allem, dass ich bei den Aufnahmen immer dabei bin und Zottel selbst betreue. Das heißt, die Aufnahmen dürfen nicht während der Schulzeit stattfinden."

„Geschenkt. Das ist sowieso klar."

Bille schaute Herrn Schlotter fragend an.

„Weil ich dich auch zu den Aufnahmen brauche. Als Double für unseren Schauspieler. Der hat noch nie kutschiert, geschweige denn auf einem Pferd gesessen. Noch was?"

„Ja. Wenn ich merke, dass etwas zu anstrengend für Zottel wird, möchte ich ein Einspruchsrecht haben. Ich will nicht, dass er möglicherweise gequält wird, ich meine, ich weiß ja nicht, was er alles spielen soll. Aber da es sich um einen Kriegsfilm handelt …"

„Da werden wir uns schon einig. Wären hundert Mark am Tag okay?"

Bille schluckte.

„Hundert für Zottel, hundert für mich", sagte sie fest.

„Also zweihundert pro Drehtag mit Pferd", notierte der Boss seufzend. „Noch was. Kannst du mir für ein paar Aufnahmen ein paar deiner reitenden Freunde verschaffen? Mit ihren Pferden, versteht sich."

„Das dürfte nicht schwierig sein. Wie viele?"

„Wen du auftreiben kannst, je mehr, desto besser. Eine Rechnung über Telefonspesen und so weiter kannst du Peggy geben. Sie schreibt dir auch gleich den Vertrag aus. Wann kommst du mittags aus der Schule?"

„Gegen halb zwei."

Herr Schlotter stapfte schwerfällig zu einem großen Plan, der an der Wand hing, und studierte ihn eine Weile tief in Gedanken versunken.

„Scheiße im Kanonenrohr", brummte er. „Na ja, damit müssen wir uns abfinden. Kannst du nicht mal schwänzen?"

„Mein letztes Zeugnis war ganz gut. Vielleicht bekomme ich mal frei."

„Na ja, sehen wir, was sich machen lässt. Darüber reden wir noch."

Damit war Bille entlassen. Der Boss wandte sich wieder seinen Telefonen zu und reichte ihr geistesabwesend die Hand.

In der Tür stieß sie mit Peggy zusammen, die die Getränke brachte.

„Ich musste den Kaffee erst frisch brühen", entschuldigte sie sich.

Herr Schlotter winkte ab. Bille nahm das Saftglas vom Tablett und trank Peggy fröhlich zu.

„Den trinke ich bei Ihnen drüben aus. Sie sollen mir einen Vertrag aufsetzen."

Der General
im Apfelbaum

Drei Tage später begannen die Dreharbeiten.

Selten war Bille morgens so ungern zur Schule gegangen wie heute. Zu gern wäre sie bei den ersten Aufnahmen dabei gewesen. Und während des Unterrichts wanderten ihre Gedanken immer wieder zum Groß-Willmsdorfer Gutshaus hinüber, wo im großen Salon die erste Szene – ein Dialog zwischen dem General und seinem Adjutanten – aufgenommen wurde.

Am Nachmittag konnte sie der Versuchung nicht widerstehen, auf dem Weg nach Peershof einen kleinen Abstecher nach Groß-Willmsdorf zu machen. Die nette Peggy würde ihr sicher erlauben, ein paar Minuten zuzuschauen, schließlich gehörte sie ja jetzt zum Team.

Bille band Zottel vor der Reithalle an und schlenderte zum Gutshaus hinüber. Man sollte ihr nicht gerade an der Nasenspitze ansehen, wie neugierig sie war.

In der Diele wimmelte es von Leuten wie in einer Hotelhalle. Kabel lagen auf dem Fußboden herum, überall standen Scheinwerfer. Offenbar hatte man auch hier schon eine Szene aufgenommen.

„Zehn Minuten Pause!", rief jemand in den Tumult. „Wir machen draußen weiter!"

Schade. Bille sah sich um. Lauter neue Gesichter – wie

sollte man die je auseinanderhalten! Das da drüben mussten Schauspieler sein, sie trugen Uniform und hatten eine unnatürlich frische Gesichtsfarbe. Ein Mann im weißen Kittel wieselte heran und legte den drei Uniformierten Papierlätzchen um den Kragen, vermutlich um die kostbaren Uniformen nicht mit Schminke zu beschmutzen.

Das Mädchen mit den schmuddligen Spaghettihaaren hockte auf einem Klappstühlchen und trug Zahlen in ein Formular ein. Der Regisseur – Bille hatte inzwischen erfahren, dass sein Name Schreiner war – sah wieder aus wie ein Hafenarbeiter und futterte Zitronenbonbons aus einer Tüte. Dabei war sein Blick träumerisch in die Ferne gerichtet, während vier Leute zugleich auf ihn einredeten und ihm alles Mögliche zu zeigen versuchten.

„Weg da, weg da!"

Bille wurde unsanft zur Seite geschoben. Ein Beleuchter schleppte einen Scheinwerfer in den Nebenraum, ein hohlwangiger Jüngling mit schulterlangen Haaren trug blitzende Metallkoffer nach draußen.

Am anderen Ende des Raumes entdeckte Bille Tom, der sich königlich über dieses Durcheinander zu amüsieren schien. Er sah ihr eifriges Winken und kam zu ihr herüber.

„Das ist ein Zirkus, was?"

„Kann man wohl sagen."

„Komm, wir gehen rauf, hier ist jetzt doch nichts los. Bis die den Umbau für die nächste Szene gemacht haben, vergeht mindestens eine halbe Stunde. Bist du mit Zottel hier?"

„Ja."

„Schade. Du hättest sonst mit uns im Auto fahren können, wenn wir nach Peershof rübermüssen. Na ja, von der Filmerei wirst du noch mehr als genug zu sehen kriegen."

Sie stiegen die Treppe in den ersten Stock hinauf, und Tom schloss die Tür zum linken Flur auf. In diesen Bereich des Hauses hatten sein Vater und er sich für die Dauer der Filmarbeiten zurückgezogen.

„Ich denke, es reicht noch für einen Drink. Magst du eine Cola?"

„Immer."

„Komm, ich zeig dir meine neuen Schallplatten."

„Hat Daddy sich nicht hingelegt?"

„Doch, das tut er mittags immer, seit er sich bei dem Unfall das kaputte Kreuz geholt hat. Wir dürfen eben nicht so laut aufdrehen."

Tom holte eine Flasche Cola und zwei Gläser aus der Küche, dann hockten sie sich auf den Fußboden und hatten bald den Film und alles andere um sich herum vergessen.

„Du musst dich jetzt wohl auf den Weg machen", sagte Tom schließlich, „wenn du noch vor uns in Peershof sein willst."

Bille sah erschrocken auf ihre Armbanduhr.

„Oje, schon so spät! Und ich muss noch zwei Pferde putzen. Du, ich flitze gleich los. Danke für die Cola!"

Immer zwei Stufen auf einmal nehmend, sprang sie die Treppe hinunter und drängte sich durch die an der Tür Wartenden.

„Pssst!", machte jemand ärgerlich, aber Bille hörte es nicht.

Jemand fasste nach ihrem Arm, erwischte ihn aber nicht, Bille stürmte weiter, riss die Tür auf und war schon draußen.

„Welcher Idiot latscht mir denn da durchs Bild?", kreischte der Kameramann.

„Aus!", brüllte der Regisseur. „Schlaft ihr da drinnen, oder was ist los?"

Bille schaute sich verwirrt um. Vor ihr standen zwei

Soldaten, die die Tür eines Kübelwagens offen hielten und bei Billes Auftritt glucksend in sich hineinzulachen begannen.

Hinter Bille erschien der Hohlwangige und stammelte eine Entschuldigung.

„Sie war so schnell, ich hab sie nicht mehr erwischt!"

„Ich glaube, ich träume!", wetterte der Regisseur. „Da drinnen stehen mindestens ein halbes Dutzend Leute, die nichts anderes zu tun haben, als aufzupassen, dass niemand in die Szene rennt. Also, noch mal das Ganze."

„Entschuldigen Sie bitte!", stotterte Bille. „Es tut mir sehr leid. Ich habe nicht gewusst, dass gerade hier …"

„Schon gut, war ja nicht deine Schuld." Der Regisseur machte eine Bewegung, als wolle er sie aus dem Bild wischen, und Bille verdrückte sich schleunigst.

„Alles fertig?"

„Wir können!", kam es von drinnen.

„Dann Ton ab!"

Mehr hörte Bille nicht mehr. So gern sie noch ein paar Minuten geopfert hätte – jetzt war es höchste Zeit aufzubrechen. In gestrecktem Galopp ritt sie auf Peershof zu.

„Na? Wie war's?", stürzte sich Bettina auf sie, als Bille aus dem Sattel rutschte und dem schweißnassen Zottel liebevoll den Hals klopfte.

„Super! Ich hab bereits die erste Szene geschmissen!"

„Du hast was?"

„Eine Szene versaut. Der General sollte aus dem Haus kommen und in den wartenden Wagen steigen. Stattdessen kam ich und flog den Soldaten so quasi in die Arme."

„Und warum hast du das gemacht?", fragte Bettina kopfschüttelnd. „Wolltest du mit aller Gewalt für den Film entdeckt werden?"

„Ach Quatsch, ich hatte nur keine Ahnung, dass die da gerade diese Szene filmten. Und in meiner Eile habe ich sozusagen die aufgestellten Wachen überrumpelt, das war alles. Wer denkt auch an so was."

Bettina lachte.

„Du wirst dich wohl daran gewöhnen müssen, in Zukunft an so was zu denken. Nach dem Motto: Vorsicht, Kamera! Weißt du übrigens schon, dass Asterix auch engagiert ist?"

„Asterix?"

„Ja, sie suchten einen ruhigen Schimmel für den General. Der Schauspieler kann wohl nicht besonders gut reiten."

„Hoffentlich kann er's überhaupt!"

„Jedenfalls wird übermorgen eine Szene mit ihm gedreht."

„Übermorgen? Super, da haben wir schulfreien Samstag!"

Bettina nickte vergnügt.

„Ist doch klar, dass wir alle mitgehen. Asterix vor der Kamera, das muss man gesehen haben!"

Bille hatte Zottel abgesattelt und übergab Bettina die Zügel.

„Tust du mir einen Gefallen und reibst ihn mir trocken? Ich bin so spät dran. Dann kann ich inzwischen Black Arrow putzen."

„Mach ich. Übrigens: Troja habe ich schon fertig gemacht."

„Danke. Du bist ein Engel. Womit habe ich das verdient?"

„Na ja, als Mutter eines künftigen Filmstars!"

Bille ging in den Stall und holte Black Arrow aus seiner Box. Während sie ihn putzte, musste sie den anderen Dutzende von Fragen beantworten – dabei hatte sie selbst bisher kaum etwas gesehen.

„Lasst euch doch überraschen", sagte sie schließlich erschöpft. „Übermorgen seid ihr ja selbst dabei."

Die Szene mit dem General und Asterix sollte hinter Frau Lohmeiers Garten aufgenommen werden, auf einer Wiese, auf der ein paar Apfel-, Birn- und Kirschbäume standen. Es handelte sich um eine sehr gefühlvolle und romantische Passage des Films, in der die Gutsherrin – deren Mann im Krieg gefallen war – dem General erlaubte, das Pferd ihres Mannes zu reiten. Natürlich waren die beiden ineinander verliebt, aber sie konnten es sich nicht sagen, weil sie viel zu gut erzogen waren. Als einziges Zeichen ihrer Zuneigung überließ die Dame dem Angebeteten das Pferd, und er musste schweren, aber glücklichen Herzens über eine blühende Wiese, umspielt von zarten Zweigen, dem Horizont zureiten. So jedenfalls hatte es sich der Regisseur vorgestellt.

Pünktlich am Morgen waren sämtliche Peershofer und Bille zur Stelle. Asterix stand schneeweiß – die Maskenbildnerin hatte mit Puder noch etwas nachgeholfen – zur Aufnahme bereit. Daniel hielt ihn am Zügel.

Der Stab war am Drehort versammelt, die Kamera aufgestellt. In gebührendem Abstand lauerten etliche Zuschauer, darunter die Bauarbeiter, die heute ihren freien Tag hatten.

Jetzt kam auch Herr Schreiner, der Regisseur, in der Hand die unvermeidliche Tüte mit Zitronenbonbons, umringt von seinen Begleitern, dem hohlwangigen Regieassistenten, dem Skriptgirl mit den Spaghettihaaren und dem Aufnahmeleiter, einem fröhlichen Krauskopf mit Augen wie Schokoladenplätzchen.

„So, die Darsteller sind noch nicht ganz fertig, wir stellen die Szene schon mal", ordnete der Regisseur an und ließ sich aufseufzend in den bereitgestellten Klappsessel fallen. „Eh – Sie! Eh – junger Mann! Herr – eh …"

„Henrich!", flüsterte der Assistent.

„Herr Henrich! Würden Sie so nett sein und mit dem Pferd mal herkommen?"

Daniel führte Asterix zu ihm hinüber.

Herr Schreiner sah zu Daniel auf und verzog das Gesicht, als hätte ihm jemand auf den Fuß getreten.

„Nein, nein, das ist unmöglich – der ist ja einen Kopf größer als Lothar. Ist denn Lothar immer noch nicht fertig?"

„Es dauert noch eine Viertelstunde, Herr Schreiner", sagte der Aufnahmeleiter sanft.

„Also ja, nein, dann kommen Sie doch mal her, junge Dame, Sie sind doch auch Reiterin, nicht wahr?"

„Ich?" Bille sah sich um, aber hinter ihr stand niemand.

„Ja, Sie. Kommen Sie doch mal her. Wie war doch gleich der Name?"

„Bille. Sibylle Abromeit. Sie können mich ruhig duzen."

„Okay, Mädchen, markier uns doch mal schnell den General. Also, hier vorne hat er seinen Dialog mit der Dame des Hauses, klar?"

„Klar", sagte Bille, bemerkte aber, dass sie gar nicht gemeint war.

Herr Schreiner hatte sich an den Kameramann gewandt. „Die beiden – groß. Blauer Himmel, ein paar Zweige im Hintergrund. Achtung – er küsst ihr die Hand – klar? – und steigt aufs Pferd. Langer, bedeutungsvoller Blick – Blick – immer noch Blick – und jetzt trabt er ab. Nächste Einstellung – sie sieht ihm nach und geht. Klar?"

„Okay", brummte der Kameramann und begann an seiner Kamera zu fummeln.

Sein Assistent schob Bille je nach Wunsch zentimeterweise nach links, rechts, vorne oder hinten, bis der Räuber Hotzenplotz hinter seiner Kamera zufrieden grunzte.

„Das ist Zucker, da bleiben wir. Und jetzt die Madame. Boy, stell dich mal neben sie – nein, bisschen mehr zu mir, zu viel, wieder zurück. Viertelschritt nach hinten, nein, das ist nicht gut, komm wieder vor. Noch mehr. Noch 'n bisschen."

Der Kamera-Assistent stieß mit seiner spitzen Nase fast an Billes Stirn. Bille wagte kaum zu atmen.

„Der Gaul ist zu groß, können wir den nicht kleiner machen?"

„Stell ihn doch weiter nach hinten."

„Nee, der Rücken ist genau richtig, bloß der Kopf müsste kleiner sein."

Bille zog Asterix' Kopf mit dem Zügel ein Stückchen nach unten.

„Jetzt sehe ich nur noch die Ohren, das ist noch schlechter."

So ging es noch eine Ewigkeit hin und her. Endlich war die genaue Stellung der drei Darsteller festgelegt und durch mit Sand gefüllte Lederwürste am Boden markiert. Bille war jetzt bereits erschöpft.

„So, jetzt das Aufsteigen und Abreiten."

Erleichtert stieg Bille in den Sattel und wendete.

„Haaalt! Wo bist du denn? So schnell komme ich nicht mit!", schimpfte Hotzenplotz.

„Noch mal, bitte", sagte der Regisseur, und Bille sprang wieder aus dem Sattel. Das konnte ja heiter werden!

„So, jetzt! Gaaaanz langsam, ja, so, aha, ja, Drehung – nee, das ist gar nicht schön – halt dich links – links! Ganz dicht an den Bäumen, ich will Zweige sehen! Zweige! Komm noch mal zurück!"

Als Bille zu Daniel hinüberschaute, schnitt der eine mitleidige Grimasse. Er war offensichtlich heilfroh, dass er wegen seiner Größe als Double nicht infrage kam.

Der Assistent zeigte Bille die Linie, auf der sie reiten sollte.

„Und immer dran denken: ganz dicht an den Bäumen entlang, so dicht wie du kannst."

„Okay."

Ein weiterer Assistent erschien auf der Bildfläche, er hatte eine Liste in der Hand und ging von einem zum anderen. Schließlich erschien er auch bei Bille.

„Rouladen oder Kotelett?", fragte er.

„Wie bitte?"

„Möchtest du Rouladen oder Kotelett zum Mittagessen? Ich muss die Bestellung jetzt aufgeben."

„Aha. Dann Kotelett."

„Muss denn das jetzt sein, Junge", maulte der Regisseur.

„Ja", gab der Jüngling seelenruhig zur Antwort. „Gleich habe ich alle. Nur noch die Darsteller."

Ein paarmal musste Bille das Aufsitzen und Davonreiten noch probieren, dann endlich war der Räuber Hotzenplotz zufrieden.

„Uff", stöhnte sie und rutschte aus dem Sattel. „Das ist ja die reinste Morgengymnastik – rauf – runter – rauf – runter. Armer Asterix! Hier, da hast du was zur Stärkung."

Bille belohnte Asterix mit ein paar Pellets, und der Schimmel malmte genießerisch, wobei er fröhlich mit dem Kopf schlug und sich die Brust mit Speichel bekleckerte. Entsetzt sprang der Regieassistent hinzu und tupfte ihn mit einem Papiertaschentuch ab.

„Das müssen wir nachschminken", sagte er mit vorwurfsvollem Blick zu Bille.

Endlich erschienen die Darsteller. Lothar Preuss war ein Mann knapp jenseits der besten Jahre; er sah genauso aus, wie man sich einen General vorstellte. Oder machte das nur die Uniform? Im Publikum wurde anerkennend gemurmelt. Ihm folgte Gisela Burgy, eine zerbrechliche blonde Schönheit fortgeschrittenen Alters. Sie wirkte so durchsichtig in ihrem weißen Flatterkleid, dass man das Gefühl hatte, man könne sie auf die Hand nehmen und davonpusten. Die Bauarbeiter applaudierten.

Frau Burgy hatte Angst vor Asterix, das sah Bille sofort. Herr Preuss gab sich männlich überlegen. Bille drückte ihm die Zügel in die Hand und ging zur Seite.

„He, wer hat gesagt, dass du dich verdrücken kannst! Sei so gut – mach Herrn Preuss vor, was wir eben festgelegt haben, damit er weiß, was er tun muss", befahl Herr Schreiner.

Bille gehorchte.

„Hast du gesehen, Lothar? So dicht wie möglich an den Zweigen entlang, damit wir die mit ins Bild bekommen. Da hinten am Zaun kannst du anhalten, da bist du aus dem Bild."

„Alles klar", antwortete der Darsteller des Generals fröhlich und klopfte sich mit der Reitgerte auf die Stiefel.

Jetzt wurde erst endlos der Dialog geprobt.

Schließlich war der Regisseur zufrieden, und auch der Räuber Hotzenplotz hinter der Kamera hatte nichts mehr zu kritisieren. Nun kam die nächste Phase der Aufnahme – das Aufsitzen und Abreiten.

„Ui je", stöhnte der General. „Verflucht, ist das Biest hoch! Meine Hosen sind zu eng!"

Nach dem vierten Versuch saß er endlich im Sattel. Der Regisseur sah aus, als hätte ihm jemand Regenwürmer in den Mund gesteckt.

„Das üben wir jetzt mal", sagte er unheimlich sanft.

„Armer Asterix. Hoffentlich steht er das durch", flüsterte Bille. „Er fängt schon an nervös zu werden."

Beim zweiten Mal klappte es schon besser, und beim dritten Versuch schaffte Lothar Preuss das Aufsitzen gleich mit dem ersten Schwung. Er nahm die Zügel auf, und Asterix lief gehorsam den Weg, den er nun schon so oft gegangen war.

„Sehr schön, das drehen wir gleich mal mit", rief der Regisseur erleichtert. „Vielleicht haben wir Glück. Fertig machen!"

Die Darsteller wurden noch einmal abgepudert.

„Die Sporen habt ihr vergessen!"

Der General bekam seine Sporen.

„Beim Schimmel ist noch was grau!"

Asterix wurde noch einmal frisch geweißt.

„Können wir?"

„Wir können!"

„Ton ab!"

„Ton läuft", kam es dumpf aus dem Hintergrund.

„Kamera ab!"

„Kamera läuft."

Vor Asterix' Nase stand der Mann mit der Filmklappe. „Die Verurteilten – sechsundachtzig – die Erste!", brüllte er und schlug die Klappe zusammen, dass Asterix erschrocken einen Luftsprung machte. Lothar Preuss traten Schweißtropfen auf die Stirn.

„Ruhig, ruhig", beschwor der Regisseur. „Weitermachen, nicht abbrechen, so – jetzt. Action!"

Der Dialog begann. Lieber Gott, lass es klappen!, betete Bille. Jetzt musste der General aufsitzen. Ein Hüpfer, noch einer – Asterix drehte sich im Kreis. Hurra, er war oben! Asterix galoppierte los. Der General machte keine gute Figur, blieb aber oben, wenn er auch mit dem rechten Fuß immer noch nach dem Steigbügel angelte. Am Zaun hielt Asterix gehorsam an und ließ sich im Schritt zurückreiten.

„Im Prinzip okay", sagte der Regisseur gequält, „nur habt ihr einen Satz ausgelassen. Und du warst viel zu schnell aus dem Bild, Lothar! Nicht galoppieren – traben! Und halte dich weiter links – viel weiter links, sodass du nahe an die Bäume herankommst. Macht nichts, wenn du mal einen Ast streifst – also noch mal."

Die drei Darsteller wurden von Neuem abgepudert und schön gemacht. Bille redete während der Prozedur beruhigend und lobend auf Asterix ein. Die Schauspieler gingen in Position.

„Bitte Ruhe, Ton ab!"

Die zweite Klappe fiel. Asterix nieste, der Kreidestaub war ihm in die Nase gedrungen, aber er schien sich an die komische, schwarze Tafel gewöhnt zu haben.

Diesmal klappte überhaupt nichts. Lothar Preuss vergaß seinen Text und musste noch mal von vorn anfangen. Als er dann auch noch Schwierigkeiten mit dem Aufsteigen hatte, wurde abgebrochen.

Beim dritten Versuch hatte Asterix offensichtlich keine Lust mehr, er trottete im Zockelschritt von dannen und wollte sich nicht zu einem Trab überreden lassen.

„Du musst ihn richtig antreiben, Lothar", jammerte der Regisseur, „wozu hast du denn deine Sporen! Ein bisschen mehr Mut, wenn ich bitten darf!"

„Die Verurteilten – sechsundachtzig – die Vierte!"

Bille hielt den Atem an. Sie konnte den Text des Dialogs inzwischen auswendig und ertappte sich dabei, dass ihre Lippen beschwörend die Worte formten. Ein Glück, kein Fehler, kein Hänger! Der General küsste der Dame überschwänglich die Hand und wandte sich Asterix zu. Diesmal wollte er es offenbar wissen, er nahm so viel Schwung und plumpste so hart in den Sattel, dass Asterix vor Schreck aus dem Gleichgewicht kam und kurzzeitig nur auf den Hinterbeinen stand. Aber das schadete nichts, es sah ungeheuer dramatisch aus, wie der Schimmel aus einer unfreiwilligen Levade wendete und davontrabte. So weit ging alles gut. Aber dann besann sich Lothar Preuss auf die Mahnung, seine Sporen zu gebrauchen. Asterix wich nach rechts aus.

„Links!!!", brüllte der Regisseur.

Der General riss sein Pferd nach links und gab ihm die Sporen. Asterix machte einen Satz und preschte unter dem nächsten Apfelbaum durch nach links davon. Zurück blieb – hoch in den Zweigen hängend – der General.

Das Publikum brüllte vor Lachen.

„Aus!", brüllte der Regisseur.

„Hilfe! Verdammt, ich bin eingeklemmt!", jammerte der General.

„Holt eine Leiter!", schrie der Assistent. „Wir brauchen den Lothar doch noch, schnell!"

Zwei Bühnenarbeiter rannten davon.

„Wir schneiden das nach dem Dialog und nach dem Aufsitzen. Den Rest macht das Mädchen. Bille!", brüllte der Regisseur.

„Ja, bitte?"

„Lass dir die Uniform verpassen und dich auspolstern. Wir nehmen dich von hinten auf – die zweite Hälfte der Szene, du weißt schon."

„Okay."

Der General hing immer noch im Apfelbaum, die Leiter ließ auf sich warten. Mitleidig trat der zweite Assistent an ihn heran und schaute treuherzig zu ihm auf.

„Möchten Sie Rouladen oder Kotelett, Herr Preuss?"

Zottel wird Filmstar

Nachdem Bille die Szene mit Asterix zu einem guten Ende gebracht hatte, kannte sie jeder im Team. Sie gehörte dazu, man grüßte sie freundlich, wann immer sie erschien, und sogar die Dame mit den Spaghettihaaren, Lia hieß sie, lächelte ihr zu, wenn sie kam.

Die Szenen mit dem deutschen Militär waren fast abgedreht, und man bereitete den Hof auf den Einzug der Russen vor. Damit war auch Zottel an der Reihe.

„Dein Pony kriegt eine Doppelrolle", sagte Herr Schlotter eines Tages zu Bille. „Komm nachher in mein Büro. Dich werde ich übrigens auch brauchen."

„Zottel als zwei verschiedene Pferde? Oder als sein eigener Zwilling?"

„Als zwei verschiedene Pferde natürlich. Wir machen doch kein Lustspiel!"

„Das geht nicht – so auffallend, wie er gezeichnet ist! Den erkennt doch jeder sofort wieder."

„So schlau bin ich auch. Er muss eben umgeschminkt werden. Einmal als Flüchtlingspferd, da kommt er schwarz. Und dann als Russenpferd, da kommt er, wie er ist."

„Wenn Sie ihn schwarz färben wollen, warum nehmen Sie denn nicht gleich Bongo?"

„Der spielt ja auch mit."

„Ja dann …"

Zottel war zwar ein schauspielerisches Genie, aber mit Schminken hatte er wenig im Sinn. Das schwarzbraune Zeug, das man ihm da ins Fell schmierte, fand er einfach widerlich, und Bille hatte alle Mühe, ihn für die Prozedur zum Stillhalten zu bringen.

„Seid ihr drehfertig? Herr Schreiner und das ganze Team warten nur noch auf euch!", mahnte Toby, der Aufnahmeleiter mit den Schokoladenplätzchen-Augen.

„Zottel macht solche Zicken!", jammerte Bille. „Er will sich den Bauch nicht schwarz schminken lassen!"

„Komm, dann lass mich das mal machen. Geh du schon raus zum Drehort, dann ist wenigstens einer da."

„Wenn du glaubst, dass du besser mit ihm fertigwirst …"

Bille löste sich zögernd von ihrem Pony und ging hinaus. Ihr Gesicht war grau und hohlwangig geschminkt, der Kopf war von einem riesigen schwarzen Kopftuch umhüllt, und sie steckte in altmodischen Kleidern.

In der Allee wartete das Aufnahmeteam. Die Kamera hatte einen Planwagen im Bild, auf dem dicht gedrängt mehrere Wedenbrucker Bürger saßen, die man als Komparsen engagiert hatte, unter ihnen auch Florian und Bettina. Dahinter standen weitere Grüppchen von Flüchtlingen, mit Handwagen oder nur mit Rucksäcken bepackt. Da das Ganze im Winter spielte, hatte man dieses Stück der Allee mit künstlichem Schnee und viel Wasser in eine trostlose Morastlandschaft verwandelt. Den Hintergrund bildeten Koppeln und ein Tannenwäldchen, dem man die sommerliche Jahreszeit nicht ansehen konnte.

„Da bist du ja!" Herr Schreiner stopfte hastig sein letztes Zitronenbonbon in den Mund und führte Bille zum Planwagen. Bongo war bereits angespannt, neben ihm wartete das Geschirr für Zottel. „Setz dich da auf den Kutschbock. Du führst das Gespann. Neben dir sitzt Frau Ludwig, unsere Schauspielerin. Du fährst ein paar Meter, bis du da vorne – bei dem Zeichen, siehst du? – angekommen bist. In dem Moment muss der Russe auf dem Motorrad dir den Weg versperren, sodass du anhalten musst. Dann hat Frau Ludwig ihren Dialog mit Becker – er spielt den Russen, dabei müsst ihr alle sehr ängstlich aussehen. Klar?"

„Klar", sagte Bille. „Kein Problem. Ich fahre bis zu dem Zeichen und werde von ihm gestoppt. Weiter nichts?"

„Erschöpft und ängstlich aussehen", mahnte der Hohlwangige, der stets wie ein Schatten hinter dem Regisseur stand.

„So, nachdem wir den Dialog ein Dutzend Mal probiert haben, könnten wir ja endlich anfangen", knurrte Herr Schreiner. „Ist denn das verdammte Pony immer noch nicht fertig?"

„Das haben wir gern! Der erste Drehtag – und schon Starallüren!", witzelte Michael Becker, der den jungen Russen spielte.

„Da kommt er!", rief der Hohlwangige erleichtert, erstarrte aber gleich darauf zur Salzsäule.

Zottel kam zwar angetrabt – aber allein! Hinter ihm her rannte fluchend Toby, der Aufnahmeleiter. Bille wollte vom Wagen springen, um ihren Liebling einzufangen, verhedderte sich aber in den ungewohnten Kleidern und plumpste in den künstlich angelegten Matsch. Bis sie sich aufgerafft hatte, war das Unglück schon geschehen.

Zottel war der unangenehmen Schminkprozedur endlich entkommen. Vermutlich wollte er über die ihm vertraute Allee nach Hause laufen. Noch größer als sein Wunsch zu fliehen aber war die Abscheu vor dem klebrigen Zeug, mit dem man sein Fell eingeschmiert hatte.

Die Flüchtlingsschar wich zurück. Zottel fühlte Schlamm unter den Hufen, herrlich nassen Schlamm. Der Hohlwangige und der Regisseur versuchten, ihn aufzuhalten, aber zu spät! Vor ihren Füßen ließ Zottel sich begeistert nieder und wälzte sich im Dreck, dass die Umstehenden mit einem gleichmäßigen Tupfenmuster aus Schlammspritzern versehen wurden.

Als er sich endlich wieder aufrichtete, sah er zum Erbarmen aus. Die schwarze Farbe troff in Bächen von Rücken und Bauch, darunter kamen schmutzig graue Streifen zum Vorschein.

„Er sieht aus wie ein Zebra!", kicherte Florian im Inneren des Wagens.

Das fand Zottel offensichtlich auch. Jedenfalls entschloss er sich, sein Aussehen abermals zu verändern, indem er ein paar Meter weiterspazierte und sich dort nochmals am Boden rollte – diesmal im trockenen Staub.

Bille glaubte, ihr müsse das Herz stehen bleiben.

Endlich schien Zottel genug zu haben. Er schnaufte ein paarmal und kam zu Bille herübergetrabt. Entschuldige, aber jetzt geht's mir besser!, schien er sagen zu wollen, als er ihr leise ins Ohr schnaubte.

Eisiges Schweigen rundum. Der Regisseur stand immer noch fassungslos staunend da, nicht wissend, ob er lachen oder einen Tobsuchtsanfall bekommen sollte. Ein derart aufmüpfiger Schauspieler war ihm vermutlich noch nie untergekommen. Endlich trat der Hohlwangige an seinen Herrn und Meister heran und wagte einen Vorschlag.

„Also, wenn ich mal was sagen darf, ich finde das gar nicht so schlecht. Sieht er jetzt nicht so ähnlich wie ein Maultier aus? Warum nehmen wir ihn nicht als Muli?"

Herr Schreiner seufzte abgrundtief.

„Also schön. Wir können nicht so viel Zeit verplempern. Spannt das Maultier auf die andere Seite, damit man es nicht so genau sieht."

„Wie kriege ich den bloß wieder sauber?", stöhnte Bille, als sie Stunden später nach Peershof hinüberritten. Florian hatte Bettina Bongo überlassen und war mit Herrn Tiedjen und Tom im Auto vorausgefahren.

„Machen wir doch einen Umweg über den Waldsee, da kannst du ihm gleich im Wasser das meiste davon aus dem Fell rubbeln. Den Rest schaffen wir zu Hause", schlug Bettina vor.

„Das ist eine tolle Idee, darauf hätte ich auch selber kommen können! Angeblich soll die Farbe ganz leicht abwaschbar sein."

„Das hast du ja bei seinem Schlammbad gemerkt – er sah einfach zum Kranklachen aus!"

„Ich bin fast gestorben vor Scham, dass er sich so danebenbenommen hat."

„Na, lass du dich doch mal von Kopf bis Fuß mit schwarzer Farbe anmalen, die dir auf der Haut juckt! Da möchte ich dich mal sehen!"

Das Bad tat Zottel sichtbar wohl. Bettina und Bille rubbelten von beiden Seiten, bis die schwarze Brühe fast ganz aus seinem Fell verschwunden war. Nur der Kopf machte noch Schwierigkeiten.

Bille kicherte.

„So müssten wir ihn eigentlich fotografieren! Ein rotweiß gesprenkeltes Pony mit einem schwarzen Kopf! Eine Weltsensation!"

„Das machen wir! Als ewige Erinnerung an Zottel als

Filmstar. Komm, den Rest kriegen wir doch erst zu Hause mit dem Schwamm runter."

Als Bille und Bettina in den Hof einritten, ernteten sie schallendes Gelächter, und es bedurfte gar nicht erst der Aufforderung, den Fotoapparat zu holen – Simon und Daniel rannten um die Wette, um dieses einmalige Bild einzufangen.

Mit einem Schwamm und einer milden Spezialllauge gelang es Bille, auch Zottels Kopf von der schwarzen Farbe zu befreien. Lediglich um die Augen blieben schmale Ränder stehen, die seinem Blick etwas Dämonisches gaben.

„Oh, seit wann ist Zottel Brillenträger", meinte Tom, als er vorüberkam. „Steht ihm nicht schlecht."

Über der Wascherei war der Rest des Nachmittags vergangen, und Bille stellte bedauernd fest, dass sie heute gar nicht zum Reittraining gekommen war. Tom, Daniel und Simon hatten die Pferde bewegt und versorgt, so blieb ihr nichts mehr zu tun übrig. Aber ein wenig unterhalten wollte sie sich wenigstens noch mit ihren Lieblingen, ehe sie den Heimweg antrat.

Tom und Herr Tiedjen waren bereits wieder nach Groß-Willmsdorf hinübergefahren. Daniel, Simon und Florian gingen ins Haus, um sich etwas zu essen zu organisieren. Da das Ehepaar Henrich heute in die Stadt gefahren war, hatten die Kinder das, was sie ihren „freien Tag" nannten. Sie konnten essen, wann und worauf sie Lust hatten, und mussten sich nicht auf die Minute pünktlich unter den gestrengen Augen ihrer Mutter am Familientisch versammeln.

Bille kam aus Feodoras Box und wollte zu Troja hinübergehen.

Ein eigenartiges Geräusch lenkte ihre Aufmerksamkeit zu Black Arrows Box hinüber. Nein – das war ja wohl nicht zu fassen! Hatte sich Zottel doch tatsächlich wieder losgerissen und war zu seinem Herzensfreund marschiert! Da stand er nun, die Nase an Black Arrows linkem Ohr und wieherte so eigenartig dunkel und leise, dass es sich anhörte, als flüstere er dem Freund den neuesten Filmklatsch des Tages zu und lache leise dabei. Und Black Arrow antwortete auf die gleiche Weise!

„Ihr alten Tratschtanten!" Bille lachte laut heraus, sodass Bettina neugierig aus Sternchens Box kam, um zu sehen, was es da gäbe. „Schau dir die zwei an! Ist das nicht eine unmögliche Bande?" Bille trat zu Zottel und nahm ihn am Zügel. „Komm, du Entfesselungskünstler, jetzt geht's aber nach Hause. Schließlich bist du ab heute Filmschauspieler und hast die Verpflichtung, dich fit und in Form zu halten!"

In den nächsten Wochen brauchte Zottel tatsächlich all seine Kräfte. Die Filmaufnahmen verlangten ihm viel Geduld und Ausdauer ab. Aber er erfüllte seine Aufgabe zur Zufriedenheit aller, und es dauerte nicht lange, da war er der Liebling des ganzen Teams. Bille hatte allen Grund, um seine gute Figur zu fürchten, so viele Leckerbissen wurden ihm zugesteckt.

Besonders gut verstand Zottel sich mit seinem Partner Florian Geiger, der den jungen Russen spielte, dem Zottel als Reit- und Packtier anvertraut war. Zwischen den beiden schien es eine geheime Zwiesprache zu geben, wenn sie schwierige Szenen miteinander probten. So zum Beispiel, wenn sie im Kanonendonner und Granatenbeschuss in Deckung gehen mussten und Zottel sich gehorsam neben dem Schauspieler niederließ. Oder wenn sie zwischen brennenden Balken über den Hof laufen mussten.

Bille wurde fast eifersüchtig darauf, wie gehorsam Zottel seinem Partner in allem folgte. Zottels frühere Zirkuserfahrung schien wieder zum Vorschein zu kommen, und Bille war dankbar für jede Szene, die sie selbst – als Double für den Schauspieler – mit ihrem Pony spielen durfte, um auch ein wenig von seinem Ruhm profitieren zu können. Es waren größtenteils Reitszenen, bei denen sie einsprang, denn Florian Geiger war nicht besonders sattelfest.

Die heikelste Aufgabe wurde ihnen gestellt, als es darum ging, aus einer brennenden Scheune zu galoppieren, die hinter ihnen zusammenbrach.

Die Scheune war auf einem brach liegenden Stück Feld aufgebaut worden. Um Zottel an die Flammen rechts und links zu gewöhnen, entfachte man das künstliche Feuer bereits bei den Proben, ebenso wurden die Geräusche der explodierenden Geschosse über Tonband eingespielt. Nach anfänglicher Unsicherheit hatte sich Zottel schnell daran gewöhnt. Er schien zu verstehen, dass dies hier eine Art Spiel war, in dem er seinen Part erfüllen musste.

Das Zusammenbrechen der Scheune allerdings konnte nur ein einziges Mal aufgenommen werden. Zur Sicherheit hatte der Regisseur Elmar Schreiner zwei Kameras aufbauen lassen, für den Fall, dass eine von beiden ausfallen oder eine unbrauchbare Aufnahme produzieren würde. So etwas kam immer mal wieder vor.

Bille hatte Lampenfieber. Wenn eine Aufnahme mehrmals wiederholt werden konnte, regte sie sich niemals auf. Aber jetzt, wo alles auf einer Karte stand …

„Reiß dich zusammen, Dicker! Wir müssen perfekt sein, hörst du? Wir wollen ihnen zeigen, was wir können!"

Zottel schnaufte und schüttelte die Mähne, als wolle er

sagen: Verlass dich auf mich, das kriegen wir schon hin!
In der Scheune war es dunkel, sie waren allein. Vor ihnen
in dem hellen Viereck des offenen Scheunentors waren un-
deutlich die aufgestellten Kameras und die dahinter versam-
melte Mannschaft zu erkennen. Eine Menge Zuschauer hatte sich eingefunden, so eine Sensation wollten sie sich nicht
entgehen lassen!

Bille schwitzte in der dicken Uniform. Lieber Gott, lass es
klappen!, betete sie. Da kamen schon die Kommandos.

„Fertig, Bille?"

„Fertig!"

„Feuer ab!"

Um Bille und Zottel herum züngelten die Flammen hoch.

„Ton ab!"

„Ton läuft."

Zottel tänzelte ungeduldig.

„Noch nicht, Dicker, warte!"

„Kamera ab!"

„Kamera läuft."

Wie lange dauerte denn das noch!

„Zweihundertvierundsiebzig – die Erste!"

Klapp!

„Action!", brüllte Herr Schreiner.

„Jetzt, Dicker!"

Zottel preschte los. Genau auf der angegebenen Linie.
Dicht hinter ihnen krachten brennende Balken zur Erde.
Zottel stieg wiehernd in die Höhe. Darauf hatte Bille gehofft,
eisern blieb sie im Sattel. Dann trieb sie ihn kräftig an und
raste in wildem Galopp davon.

Jetzt musste sie aus dem Bild sein. „Gestorben!", rief jemand.

„Okay, Dicker, du kannst dich entspannen. Warst gut, Junge!" Bille klopfte ihrem Pony dankbar den Hals. Dann ritt sie im Schritt zurück und hob lässig grüßend zwei Finger an die Mütze. Der gesamte Aufnahmestab applaudierte. Herr Schreiner kam zu ihr herüber und reichte ihr die Hand. Er öffnete den Mund, als wolle er etwas sagen, schloss ihn wieder – und sprach dann doch.

„Du kannst Elmar zu mir sagen", murmelte er.

Hinter ihm stand der Hohlwangige, hob den Daumen in die Luft und strahlte wie eine Hundert-Watt-Birne.

„Einsame Spitze", flüsterte er Bille zu, als sein Herr und Meister gegangen war.

Auch Tom, Bettina, Simon, Daniel und Florian kamen herüber, um Bille zu gratulieren.

„Mann, das sah vielleicht gefährlich aus! Hast du Nerven!", stöhnte Bettina. „Ich wäre, glaube ich, gestorben vor Angst!"

„Hoffentlich schleppen sie dich nach der Szene nicht nach Hollywood", meinte Tom lachend. „Leute wie du werden da ständig gesucht!"

„Warum hat der Regisseur eigentlich gebrüllt ,Gestorben!', als du raus warst?", fragte Florian. „Du lebst doch noch!"

„Gott sei Dank", meinte Simon und fasste Billes Hand. „Ich habe mich zu Tode geängstigt, als der Balken hinter dir runterkrachte! Noch mal erlaube ich dir so eine gefährliche Rolle auf keinen Fall!"

„Wie soll ich das verstehen?" Bille rutschte aus dem Sattel und stand unvermutet so nahe bei ihm, dass sich ihre Schultern berührten.

„Du weißt schon, wie", flüsterte Simon und gab ihr einen flüchtigen Kuss, der irgendwo zwischen Ohrläppchen und Haaransatz landete.

Florian boxte seinen Bruder in den Rücken.

„He! Soldaten küsst man nicht! Jedenfalls nicht als Mann."

Den Höhepunkt seines Ruhmes erreichte Zottel bei der Liebesszene zwischen dem Soldaten und der Tochter des Hauses. Ausgerechnet in dieser Szene spielte er gar nicht mit, aber das schien ihn nicht zu stören.

Die beiden Darsteller saßen auf den Überresten einer von Bomben zerstörten Mauer – halb mit dem Rücken zueinander – und versuchten, schüchtern ins Gespräch zu kommen. Die Worte fielen tropfenweise, zögernd – eine sehr leise, zarte Szene, für die der Regisseur mit den Schauspielern lange geprobt hatte. Endlich war es so weit. Die Darsteller wurden abgepudert, Kostüme und Frisuren zurechtgerückt, ein frischer Apfel gebracht, denn der spielte dabei die Hauptrolle: An einem bestimmten Punkt des Textes musste Florian Geiger seiner Partnerin den Apfel reichen.

„Bitte Ruhe, wir können!"

Bille stand neben dem Hohlwangigen im Hintergrund und schaute zu. Das Gemurmel um sie herum verstummte, konzentrierte Stille trat ein. Leise, wie in einem Krankenzimmer, kamen die Befehle: „Ton ab" – „Kamera ab" – „Bitte Action!" Das Gespräch der beiden begann.

Lange Pausen füllten die Szene, der russische Soldat konnte kaum Deutsch, das Mädchen kein Russisch. Sie mussten es durch Blicke und Gesten ersetzen und machten das wirklich toll, Bille war gerührt wie im Kino.

Jetzt musste gleich der Höhepunkt der Szene kommen – mit dem Apfel. Nach einer langen Pause – beiden fällt nichts mehr ein, was sie sagen könnten – reicht er ihr den Apfel, und ihre Hände berühren sich zum ersten Mal. Eine Stelle zum Gänsehaut kriegen! Bille stellte sich auf die Zehenspitzen, um besser sehen zu können.

Da – Florian Geiger zog den Apfel aus der Hosentasche. Polierte ihn umständlich an seiner Uniformbluse blank und betrachtete ihn noch einmal prüfend, als wolle er sehen, ob er schön genug sei für die Angebetete. Gut machte er das. Jetzt schaute er zu ihr hinüber, ein bisschen fragend, zögernd, und da – nein, das durfte nicht wahr sein!

Wie aus dem Nichts tauchte Zottels Kopf zwischen den beiden auf. Mit leisem, zufriedenem Hmhmhm drängte er sich zwischen sie, schnappte sich den Apfel und fraß ihn auf. Die beiden Schauspieler schauten ihn verblüfft an und begannen zu lachen.

Jetzt ist alles aus!, dachte Bille. Gleich brüllt er los, und ich muss ihn wieder mit Herr Schreiner anreden! Aber sie hatte sich getäuscht.

Elmar Schreiner saß weit vorgebeugt, fast lag er schon auf den Knien und verfolgte mit offenem Mund die Szene.

„Nicht abbrechen! Weiterspielen! Das ist hinreißend!", flüsterte er beschwörend.

Florian Geiger reagierte sofort. Er streichelte Zottels Nase zärtlich und sah seine Partnerin lächelnd an. Auch sie hatte verstanden und legte ihre Hand nun ebenfalls auf Zottels Nase. Ihre Hände trafen sich statt über dem Apfel beim Streicheln des Pferdekopfes.

„Aus, gestorben! Die nehmen wir!", rief der Regisseur glücklich. „Wenn ich so was hätte inszenieren wollen, hätte es nie geklappt! Dieses Pony ist ein Glücksfall, Kinder!"

Bille atmete auf.

Die Szene wurde dann noch einmal in der ersten Version gedreht, später im Film aber war die Szene mit Zottel zu sehen. Sie war unvergleichlich viel besser als die ursprüngliche Szene im Drehbuch, darüber waren sich alle einig geworden.

Zottels letzter Auftritt fand bei den Nachtaufnahmen statt. Es handelte sich um die dramatische Abschiedsszene, in der der Soldat dem Mädchen sein Pferd überlässt, damit sie fliehen kann – eine Tat, für die er später erschossen wird.

Die Szene war einfach und kurz, Zottel wurde vor einen kleinen Gummiräderwagen gespannt, in dem die junge Schauspielerin saß.

Der herzzerreißende Abschied wurde in Großaufnahme aufgenommen, Bille wurde erst später benötigt, wenn der Wagen in die Nacht hinein fahren musste und man nur den Rücken der Darstellerin sah.

Bei der Fahrt in die Nacht hielt man sich nicht lange auf. Eine Viertelstunde, dann hieß es „gestorben!". Denn eine weit schwierigere Szene stand noch auf dem Programm: ein großes Bankett der deutschen Offiziere, das ganz an den Anfang des Films gehörte. Es wurde auf der Veranda des Gutshauses aufgenommen.

Doch zunächst kam eine Fluchtszene im Wald dran. Hierfür hatte man eine Stelle im hinteren Teil des Parks ausgewählt. Bille brachte Zottel zum Groß-Willmsdorfer Stall und band ihn dort an, um noch eine Weile bei den Aufnahmen zuzuschauen, schließlich war es ihr letzter Drehtag.

Als sie um die dunkle Hausecke bog und an der Veranda vorbei in den Park laufen wollte, stieß sie unsanft an eine Holzkante. Bille fluchte und rieb sich die schmerzende Stelle am Oberschenkel. Dann untersuchte sie, mit was sie da so heftig in Berührung gekommen war. Ein Tisch! Ein großer Holztisch, der mit einem Tuch abgedeckt war.

„Welcher Vollidiot muss den auch gerade hier abstellen!", murmelte sie ärgerlich. Der Tisch gehörte wohl zur Dekoration der nächsten Szene.

Bille schnupperte. Unter dem Tuch roch es sehr appetitlich. Vorsichtig lüftete sie den leichten Stoff ein wenig und versuchte zu erkennen, was sich darunter verbarg. Tatsächlich! Das kalte Buffet, das man für die Szene auf der Veranda extra bei einem Feinkosthändler in der Stadt hatte herstellen lassen. Hm, wie das duftete!

„Schade, dass ich in der Szene nicht mitspiele!", seufzte Bille. Aber Elmar Schreiner hatte seinen Schützlingen ja versprochen, sie dürften sich nach der Aufnahme darüber hermachen und die Reste vertilgen.

Bille rannte weiter und hatte die fertig aufgedeckte Tafel bald vergessen.

Die Szene im Wald war sehr dramatisch: Flüchtlinge kriechen durchs Dickicht und stoßen unvermutet auf einen russischen Posten. Sie werden überwältigt und gefangen genommen.

Florian hatte sich für die Szene als Komparse gemeldet und versuchte, durch seine schauspielerischen Talente aufzufallen. Er hatte sich so in den Kopf gesetzt, besser als jeder andere Hunger, Kälte, Verzweiflung und Angst mit den stummen Mitteln, die ihm zur Verfügung standen, auszudrücken, dass er mit seiner heftigen Mimik mehrmals die Szene schmiss. Wenn der Schauspieler, der den wütenden russischen Posten darstellte, zufällig in Florians Gesicht sah, fing er hemmungslos an zu lachen.

„Was ist los?", rief der Regisseur wütend.

„Entschuldigen Sie", murmelte der Schauspieler, „aber er hat mich völlig rausgebracht."

„Wer, er?"

„Na, der Junge hier – er!"

„Schon gut. Noch mal!"

Die Szene begann von Neuem. Wieder zuckte es bedenklich im Gesicht des Schauspielers, krampfhaft sah er an Florian vorbei ins Leere.

„Du machst ein Gesicht, als hättest du Zahnschmerzen", rügte der Regisseur, „du musst wütender sein! Brüll die Leute an! Noch mal!"

Wieder begann die Szene. Diesmal schien es zu klappen, der Schauspieler saugte sich mit den Augen am Gesicht einer älteren Frau fest, aber plötzlich konnte er dem Drang, Florian anzusehen, nicht widerstehen. Aus war's. Er prustete los.

Beim nächsten Mal versuchte Elmar Schreiner dahinterzukommen, was der Grund für die ungewollten Heiterkeitsausbrüche seines Darstellers war, und stellte sich so, dass er dessen Blickrichtung folgen konnte.

Diese Szene lief. Die Flüchtlinge lagen am Boden. Plötzlich wurden sie vom Lichtkegel einer Taschenlampe getroffen und rappelten sich auf die Füße. Russische Flüche erschollen.

„Aus!", brüllte der Regisseur und trat auf den armen Florian zu. „Sag mal, was treibst du da eigentlich?"

„Ich? Wieso?"

„Wenn man dir ins Gesicht sieht, glaubt man, du spielst Ophelia als Wasserleiche! Ich weiß nicht, was du dir dabei gedacht hast, aber bitte denk dir bei der nächsten Aufnahme gar nichts und bleib völlig stumpf und ausdruckslos im Gesicht, okay?"

Florian nickte, tief gekränkt. Aber diesmal klappte die

Aufnahme und man konnte endlich zur Szene auf der Veranda schreiten.

Es dauerte eine weitere Stunde, bis alles aufgebaut, die Lampen installiert und die Darsteller arrangiert waren. In Grüppchen standen die Offiziere herum und sprachen leise miteinander, bis der General auftrat, der die Dame des Hauses begrüßen musste, und sie mit großer Geste in den Park hinunterbat, wo zwei Diener die gedeckte Tafel herbeischleppten. Daraufhin bot der General der Dame den Arm und schritt mit ihr die Stufen hinunter, gefolgt von seinen Offizieren. Das Ende der Szene bildete ein anerkennendes „Oh!" und „Ah!" beim Anblick der Tafel.

Geprobt wurde mit einem leeren Tisch, um die Diener nicht mit dem Gewicht der mit schweren Schüsseln und Platten bedeckten Tafel zu ermüden und um die teuren Speisen nicht unnötig dem warmen Scheinwerferlicht auszusetzen.

Endlich stand die Szene.

„Sollen wir's einmal mit dem Original-Tisch probieren?", erkundigte sich der Hohlwangige.

„Ach was, drehen wir's doch gleich mal mit", sagte der Regisseur. „Vielleicht haben wir Glück. Umso eher sind wir fertig."

Dieses Glück allerdings hatte Zottel ihm gründlich versalzen. Magisch angezogen von dem Lärm im Park hatte sich der geübte Entfesselungskünstler losgerissen – wobei ihm zugutekam, dass Bille beim Anbinden in der Eile etwas nachlässig gewesen war – und hatte sich auf den Weg in den Park gemacht. Und wie Bille war er auf den appetitlich gedeckten Tisch gestoßen, was allerdings – soweit es ihn betraf – nicht so wörtlich zu nehmen war.

Zottel hatte diese Quelle der Freuden lange gewittert,

bevor er mit ihr in körperlichen Kontakt geriet. Für den sorgte er dann freilich ohne große Umstände. Er schob das Tuch mit der Nase beiseite und senkte sie begeistert in die dargebotenen Schüsseln und Platten. Was seinem Geschmack nicht entsprach, wurde ärgerlich aus dem Weg geschoben, dazu gehörten die reichlich angebotenen Fleisch- und Fischspezialitäten. Aber Salate, Früchte, Desserts, Kuchen und natürlich Brot waren genau das, was einem hart arbeitenden Filmschauspieler zu neuen Kräften verhelfen konnte.

„So, können wir?"

Die beiden Diener verschwanden im Dunkel und postierten sich rechts und links von der Festtafel, die es ins Licht der Szene zu tragen galt.

„Fertig. Wir können!"

„Dann bitte Ton ab!"

„… läuft."

„Action!"

„Super!", flüsterte Bille Florian zu. „Das funktioniert wie ein Ballett!"

„Kein Wunder, die wollen alle so schnell wie möglich nach Hause! Da reißen sie sich zusammen", wisperte er zurück. „Wer schlägt sich schon gern die ganze Nacht um die Ohren!"

Jetzt klatschte die Dame des Hauses in die Hände.

„Darf ich Sie bitten, meine Herren!"

Der feierliche Zug setzte sich die Treppe hinunter in Bewegung, die Kamera folgte ihnen. Aus dem Hintergrund schleppten die Diener ahnungslos die kläglichen Überreste der Tafel. Als sie ins Licht traten, malte sich ungläubiges Staunen auf ihren Gesichtern. Die Offiziere vergaßen ihr „Ah!" und „Oh!".

Dem General klappte der Unterkiefer herunter. Noch hatte der Regisseur nichts von der Katastrophe bemerkt. Seine Mannschaft erstarrte zu einer Ansammlung von Salzsäulen.

Aber auch Gisela Burgy, ganz strahlender Star in ihrem schwarzen seidenen Abendkleid, schien so mit ihrer Rolle beschäftigt – oder war sie so kurzsichtig? –, dass sie ahnungslos weiterspielte.

„Glauben Sie, dass die Russen kommen, General?", zwitscherte sie.

Um die Mundwinkel des Generals – alias Lothar Preuss – zuckte es. Umständlich hob er sein Monokel ans Auge und beugte sich über die Tafel.

„Gnädige Frau", sagte er mit Grabesstimme. „Sie waren schon hier!"

Simon siegt auf Feodora

Die Filmleute waren abgereist. Ställe und Gutshaus prangten wieder in dem gewohnten strahlenden Weiß; vom Krieg in Groß-Willmsdorf war keine Spur zurückgeblieben. Es hatte ein großes Abschiedsfest gegeben, Reporter waren erschienen und hatten unter anderem auch Fotos von Bille und Zottel gemacht. In den Zeitungen wurde über die Dreharbeiten berichtet, Zottels Foto war groß in einigen Blättern erschienen.

Aber schon geriet das alles wieder in Vergessenheit. Andere Dinge traten in den Vordergrund. Die großen Ferien standen vor der Tür. Die Turniere dieses Sommers bildeten den Hauptgesprächsstoff, und was man in den Ferien alles unternehmen wollte. Pläne wurden geschmiedet und wieder verworfen, immer neue Ideen tauchten auf.

Für Simon begann ein neuer Abschnitt seines Reiterlebens. Er durfte zum ersten Mal auf einem Turnier der Kategorie A starten. Mit all seiner Energie bereitete er sich auf diesen Tag vor. Wenn er mit einem so bekannten Pferd wie Feodora in den Parcours einreiten durfte, dann wollte er sich auch von der ersten bis zur letzten Sekunde seinem Pferd als würdig erweisen.

Simon war kaum noch ansprechbar – für ihn schien es nur noch zwei Wesen auf dieser Erde zu geben, die ihm etwas bedeuteten: seinen Lehrer Hans Tiedjen und die Stute Feodora. Es war gut, dass Tom ihm in der Schule nach Kräften beistand, sonst hätte es vermutlich am Ende des Schuljahrs ein böses Erwachen gegeben.

Bettina hatte es übernommen, Pünktchen zu reiten, während ihr Sternchen sich mit der kleinen Stella auf den Koppeln tummelte.

Endlich war es so weit. Feodora wurde in den Pferdetransporter geführt, und Simon nahm neben Herrn Tiedjen Platz. Dann rollten sie vom Hof. Bille war froh, dass die fast unerträgliche Spannung, die Simon die letzten Tage um sich verbreitet hatte, nun vorüber war. Morgen würden sie alle in die Stadt fahren, um an Simons großem Tag dabei zu sein.

„Wetten, dass er heute Nacht neben Feodora in der Box schläft?", grunzte Florian, und die anderen lachten erleichtert auf.

Die beklommene Stimmung löste sich. Keiner wollte es eingestehen, aber sie alle hatten bei Simons Abfahrt den gleichen Gedanken gehabt: Was würde sein, wenn er einen totalen Misserfolg erlitt? Wenn er stürzte oder verletzt wurde? War es richtig, ihn schon mit Feodora starten zu lassen?

„Simon ist ein super Reiter", sagte Tom mit Nachdruck. „Er wird es schaffen, machen wir uns nicht verrückt."

„Du hast recht." Bille atmete tief. „Gehen wir an die Arbeit."

In zwei Wagen ging es am nächsten Tag in die Stadt. Voran fuhren Onkel Paul und Mutsch mit Bille und Tom, hinter ihnen folgte das Ehepaar Henrich mit Daniel, Bettina und Florian.

Bille war blass bis an die Nasenspitze vor Aufregung, immer wieder wischte sie sich die verschwitzten Hände an ihrer weißen Jeans ab, bis Tom ihr schließlich stumm ein Taschentuch reichte.

„Deine Jeans werden ganz grau! Das wäre schade, du siehst so gut aus heute. Ganz in Weiß mit goldblonden Locken – wie ein frisches Gänseblümchen!"

Bille brachte es nicht einmal zu einem höflichen Lächeln.

„Na ja, war wohl nicht so gut", murmelte Tom und legte ihr den Arm beruhigend um die Schulter. „Take it easy."

Sie mussten um die halbe Stadt fahren. Je näher sie dem Turnierplatz kamen, desto dichter wurde die Blechlawine, die auf den riesigen Parkplatz zurollte. Lange Menschenschlangen standen vor den Eintrittskassen.

Onkel Paul kaufte die Karten, die besten Plätze, die es gab, auf der Tribüne.

„Möchtet ihr etwas trinken?"

Bille schüttelte stumm den Kopf und reckte den Hals, um den Abreiteplatz zu entdecken. Da drüben musste er sein! Um sie herum schoben sich die Leute, blätterten in Programmen, begrüßten sich lautstark, tauschten den neuesten Klatsch aus.

Tom reichte Bille eine Cola. „Komm, trink! Ein paar Schlucke wenigstens, das wird dich wieder auf die Beine bringen."

Onkel Paul drückte Tom zwei Karten in die Hand. „Da, Tom, wir nehmen schon mal unsere Plätze ein. Ihr wollt ja sicher noch ein bisschen rumschauen, bis es so weit ist."

Tom nahm Bille am Arm und schob sie durch die Besucherscharen, die sich dicht gedrängt hin und her schoben. Endlich hatten sie sich bis zum Abreiteplatz durchgearbeitet. Drei Reiter waren in der Bahn, von Simon war nichts zu sehen.

„Wir müssen warten", sagte Tom, „er ist noch lange nicht dran."

„Vielleicht ist er erst beim Aufsatteln? Wo ist hier der Sattelplatz?"

„Da drüben, glaube ich."

Tom und Bille drängten sich weiter. Ja – da hinten stand Simon und untersuchte noch einmal Feodoras Hufe. Neben ihm stand Herr Tiedjen und sprach leise mit ihm.

„Halt, Fräulein! Hier dürfen Sie leider nicht durch", sagte eine Stimme an Billes Ohr. Ein Ordner sah freundlich, aber energisch auf sie hinunter.

„Aber ich wollte doch nur meinem …"

„Tut mir leid. Zutritt verboten. Ich kann keine Ausnahmen zulassen."

„Simon!", rief Bille. „Simon! Wir sind hier!"

Simon sah auf und nickte ihr abwesend zu, dann wandte er sich wieder an Herrn Tiedjen.

„Ich glaube, er hat mich gar nicht gesehen."

„Er muss sich jetzt konzentrieren", beruhigte Tom sie. „Komm, wir sehen uns die anderen Reiter einmal an. Ich habe eben ein herrliches Pferd entdeckt!"

Bille folgte ihm stumm. Immer wieder reckte sie den Hals, um nach Simon Ausschau zu halten. Die linke Hand in der Hosentasche krampfte sich um ein kleines Geschenk, einen Glücksbringer, den sie Simon hatte geben wollen.

Eine Weile sahen sie den Reitern auf dem Abreiteplatz zu.

„Komm, es wird Zeit, gehen wir zu unseren Plätzen", mahnte Tom. „In einer Minute geht es los."

Bille sah sich noch ein letztes Mal um. Da hinten saß Simon. Abseits von den anderen hockte er auf einem umgestülpten Tränkeimer und malte etwas vor sich in den Sand. Prägte er sich noch einmal den Parcours ein?

„Da seid ihr ja endlich! Wir wollten schon eine Vermisstenanzeige aufgeben!", polterte Onkel Paul. „Komm, Bille, setz dich hier hin, da hast du die beste Sicht."

Der erste Reiter wurde angekündigt. Unbeteiligt dröhnte die Stimme aus dem Lautsprecher über die Köpfe. Bille versuchte, sich auf die Hindernisse zu konzentrieren. Wie musste man sie am besten anreiten, wo musste man sich vorsehen, wo lagen die größten Schwierigkeiten?

Der erste Reiter hatte sechzehn Fehlerpunkte. Schon ritt der zweite vor den Richtertisch und grüßte. Ein rotbackiger junger Mann mit semmelblonden Haaren, kräftig gebaut und energisch. Er ritt einen schweren braunen Holsteiner, der ein wenig an Lohengrin erinnerte. Vierundzwanzig Fehlerpunkte, der junge Mann senkte enttäuscht den Kopf, als er den Parcours verließ.

Als Nächster kam ein junger Offizier auf einer zierlichen Dunkelfuchsstute, deren Fell eigentümlich ins Olivgrün schimmerte, eine seltene Farbe, stellte Bille fest. Sie hatten einen guten Start, aber am Wassergraben verweigerte die Stute einmal, anscheinend hatte sie Angst davor. Und dann waren die beiden so aus dem Takt, dass sie gleich das nächste Hindernis rissen.

Nun kam eine junge Dame auf einem Braunschimmel. Das schwarze Haar war zu einem festen Knoten aufgesteckt, der unter der Reitkappe hervorsah, das schmale Gesicht wirkte kühl und selbstbewusst. Sie ritt sehr schnell, als sei sie sich ihrer Sache sicher, doch an der dreifachen Kombination scheiterte sie. Acht Fehlerpunkte, aber eine hervorragende Zeit.

Reiter um Reiter ritt in den Parcours, die Reihe wollte

kein Ende nehmen. Und noch hatte es keinen einzigen Ritt mit weniger als acht Fehlern gegeben!

Bille drückte ihre Hand auf den Magen, der sich immer wieder krampfartig zusammenzog.

Da – endlich! Jetzt musste Simon kommen! Ja, da war ein Stückchen von Feodoras blauschwarz schimmernder Mähne zu entdecken. Bille richtete sich auf, so weit es ging, ohne den hinter ihr Sitzenden die Sicht zu nehmen.

Ein hörbares Flüstern ging durch die Reihen, als die schöne Apfelschimmelstute zur Richtertribüne trabte, die Ohren gespitzt, wach im Ausdruck, als könne sie es gar nicht erwarten.

Simon grüßte ruhig, ein leichtes Lächeln lag auf seinem blassen Gesicht. Wie zerbrechlich und jung er wirkte! Bille hatte das Gefühl, als zöge sich ihr Herz zusammen und würde ganz klein.

Im Schritt ritt er zum Start, galoppierte auf dem Zirkel, bis die Glocke erklang – alles ging so schnell! Schon hatte er die ersten beiden Hindernisse hinter sich. Feodora sprang, als sei dies ein Spiel, ein Spiel, das ganz allein für sie und Simon arrangiert worden war.

Bille sah, wie Simon seine Stute führen ließ, sich ihrer Erfahrung anvertraute, mit ihren Bewegungen eins wurde. Und sie begann zu begreifen, was er sich in den letzten Wochen zusammen mit Feodora erarbeitet hatte. Simons Ritt lief ab wie ein perfekt einstudiertes Ballett. Mit unglaublicher Leichtigkeit überflogen sie ein Hindernis nach dem anderen.

„Das wird einmal ein ganz großer Reiter", sagte eine tiefe Männerstimme hinter ihr ruhig. „Was heißt wird – er ist es schon."

„Jaaaa!", brauste es tausendfach um sie herum auf.

Tom sprang auf.

„Null Fehler!", brüllte er. „Hast du kapiert? Null Fehler!" Er riss Bille hoch und umarmte sie.

Sie hatte es nicht kapiert. Sie hatte sich so in ihn hineingefühlt, war in Gedanken mit ihm geritten, dass sie gar nicht bemerkt hatte, dass Feodora nicht ein einziges Hindernis gerissen hatte.

„Wie schön für den Jungen", seufzte Mutsch.

„Na, Bille, zufrieden?" Onkel Paul klopfte ihr die Hand.

„Er ist der Größte!" Tom strahlte. „Ist er nicht einfach super?"

Bille brachte immer noch kein Wort heraus. Längst war der nächste Reiter im Parcours. Sechzehn Fehler. Bille hörte es wie durch einen Nebel. Wieder ein Reiter. Zwölf Fehlerpunkte. Und noch einer. Vier Fehler.

„Er hat's geschafft! Menschenskind, er hat's geschafft!" Tom war völlig aus dem Häuschen. „Now, little brother, you've got it!", murmelte er.

Zwei Reihen unter ihnen waren Bettina, Daniel und Florian von den Sitzen gesprungen und winkten wie verrückt zu ihnen hinauf.

„Entschuldigt mich einen Moment", murmelte Bille. „Ich hab mich so aufgeregt, mir ist ein bisschen schlecht."

„Soll ich mitkommen?", fragte Tom besorgt.

„Unsinn, ich bin gleich wieder da."

Bille drängte sich durch die Reihe nach draußen. Hinter der Tribüne war es ruhig und angenehm kühl. Sie musste jetzt einfach allein sein! Bille atmete ein paarmal tief ein und aus. Da drinnen riefen sie jetzt zur Siegerehrung. Alles strömte zum Parcours, um den jungen Helden zu bewundern, Reporter mit ihren Kameras flitzten über den Rasen, sogar die Ordner vergaßen für einen Augenblick ihre Aufgabe.

Applaus brauste auf. Jetzt stellten sie sich wohl vor der Richtertribüne auf. Aus den Lautsprechern drangen knackende Geräusche, dann begann jemand eine Rede zu halten.

Bille schlenderte zum Sattelplatz hinüber. Er war leer, sämtliche Reiter waren ebenfalls zum Turnierplatz gerannt, um den frisch gebackenen Reiterstar näher unter die Lupe zu nehmen, der so zierlich und zart wirkte, dass sie ihn gar nicht recht ernst genommen hatten.

„Klein, aber oho!"

„Ein Bündel Energie!"

„Genau wie Hans Tiedjen vor zwanzig Jahren!", hörte Bille die Vorübereilenden einander zurufen. Simon war der Star des Tages, man überhäufte ihn mit Glückwünschen und Komplimenten.

Bille schluckte. Für Simon begann mit dem heutigen Tag ein neuer Abschnitt seines Lebens. Ob sie darin noch einen Platz haben würde? Er hatte sie in den letzten Wochen überhaupt nicht beachtet. Nichts in der Welt schien für ihn noch von Interesse zu sein als seine Karriere als Reiter.

Wie verloren hatte er ausgesehen, als er da vorhin auf dem Tränkeimer hockte, abseits und unbeachtet von allen. Und jetzt? Jetzt war er der Mittelpunkt! Musik und Applaus umbrausten ihn, die ersten Autogrammjägerinnen drängten sich an den Ausgang, um ihn ja nicht zu verpassen.

Bille fühlte sich auf einmal schrecklich allein. Sie schämte sich dieses Gefühls. Hätte sie nicht eigentlich bei den anderen sein müssen, applaudieren, Simon zujubeln – wie sie?

Wie konnte sie nur so egoistisch sein und in diesem Augenblick an nichts weiter denken als daran, dass er nun keine Zeit, kein Interesse mehr für sie haben würde.

Langsam wanderte sie zu dem Tränkeimer hinüber, auf dem Simon vorhin gehockt hatte. Da waren noch die Linien, die er in den Sand gemalt hatte, vor seinem Start. Bille trat nahe heran, um zu sehen, was ihn so beschäftigt hatte.

War das möglich? Bille ging in die Knie, um besser sehen zu können. Das Geschenk für Simon in ihrer Hosentasche pikste ins Fleisch – ein Talisman, ein kleiner heiliger Georg mit seiner Lanze, der war jetzt sicher verbogen.

Aber was machte das schon. Viel wichtiger war, was hier in den Sand geschrieben stand, nicht einmal, nein, vier-, fünfmal, wie eine Beschwörung! Es waren Herzen, und in jedem standen vier Buchstaben: B. A. + S. H. – B. A. + S. H. Und dann noch eins, ein wenig weiter rechts. In dem stand es ganz deutlich: Bille und Simon.

Im Sattel durch den Sommer

Sommerferien sind doch das Größte

„Weiber!", knurrte Florian verächtlich. Er hatte Mühe, diskret an den beiden verliebten Pärchen vorbeizuschauen, die vor ihm radelten und die ganze Breite der Landstraße einnahmen.

Es war sein Bruder Simon, der neben Bille fuhr und sie ansah wie ein verliebter Kater. Sogar auf dem Fahrrad mussten sie Händchen halten! Sah aus, als wären ihre Arme zusammengewachsen. Und daneben Tom, der Bettina mit Blicken verschlang, als wäre sie eine Schokoladentorte.

„Muss Liebe schön sein", muffelte Florian und trat kräftiger in die Pedale. „Ich fahre schon mal vor und sage zu Hause Bescheid, dass ihr später kommt!", rief er und fuhr an der Gruppe vorbei. „Hier bin ich ja wohl überflüssig!"

„Okay, tu das. Wir fahren noch mal zu den Mutterstuten hinüber!", rief ihm Bille nach. „Bis zum Mittagessen ist doch noch jede Menge Zeit!"

„Eben. Ich weiß gar nicht, warum der so drängelt", meinte Simon.

„Aber nicht doch! Wie kannst du die löblichen Absichten deines kleinen Bruders so verkennen!", sagte Tom grinsend. „Er will uns nicht stören! Ein höflicher Junge!"

„Komm!" Simon ließ Bille vor sich in den schmalen Feldweg einbiegen und folgte ihr.

Tom und Bettina blieben zurück.

„Musst du denn wirklich schon übermorgen fahren?" Bettina seufzte abgrundtief.

„Was soll ich machen? Der Flug ist gebucht, meine Mutter erwartet mich in New York. Sie wäre total enttäuscht, wenn ich nicht käme." Tom lächelte hilflos. „In vier Wochen bin ich zurück, dann bleiben uns immerhin noch über zwei Wochen."

„Ein schwacher Trost!"

„Du wirst sehen, die Zeit vergeht so schnell!"

„Das sagst du! Für dich sicher, du hast ja auch eine aufregende Reise vor dir. Florida, Strand, Sonne, ein tolles Hotel und ein Haufen super Mädchen!" Bettinas Stimme klang weinerlich.

„He! Tina! Du bist ja eifersüchtig!"

Tom sprang vom Fahrrad und hielt die Freundin fest. Bettina war rot geworden. Sie stieg vom Rad und begann, an ihrer Schultasche zu zerren.

„Der Gepäckträger muss dringend repariert werden, er ist so locker, dauernd rutscht das blöde Ding aus dem Ständer", murmelte sie und beugte den Kopf so weit hinunter, dass ihr Gesicht unter der langen dunklen Mähne fast verschwand.

„Jetzt komm mal her, ich muss dir etwas Ernstes sagen." Tom fasste die Locken der Freundin mit einer Hand wie einen Pferdeschwanz und zog Bettina zu sich heran. „Also, erstens gibt es auf der ganzen Welt nur ein einziges Mädchen, das mich interessiert! Nun rate mal, wer das ist!"

„Keine Ahnung!"

„Es ist die normalerweise ziemlich kluge und außerordentlich liebe Bettina Henrich aus Peershof. Alle anderen können mir gestohlen bleiben!"

„Bettina Henrich? Kenne ich nicht."

„Grins nicht so unverschämt, ich weiß genau, worauf du aus bist. Du willst noch ein paar nette Sachen über dich hören, aber ich …"

„Sag doch mal! Was findest du an dieser Bettina?"

„Später."

„Erst beantworte meine Frage!"

„Also gut. Sie ist ein Luder, denn sie tut so, als wüsste sie nicht, dass sie das hübscheste Mädchen im Umkreis von hundert Kilometern ist, sie ist …"

„Nur hundert?"

„Unterbrich mich nicht immer, sonst sage ich kein Wort mehr! Sie sieht aus wie ein zartes Reh, aber ihr Kopf ist aus Beton; sie kann zärtlich wie ein Kätzchen sein, aber ihre Krallen sind die eines ausgewachsenen Löwen; sie …"

„Hör auf, hör auf, es reicht!" Bettina legte Tom lachend die Arme um den Hals. „Verdammt, warum bin ich bloß erst fünfzehn! Wenn ich achtzehn wäre, würde ich einfach mit dir fliegen!"

„Wenn wir beide schon über achtzehn wären, würde ich dir gar nicht erlauben, irgendwo ohne mich zu sein. Ich würde dich noch bis zum Nordpol mitschleppen!"

„Was willst du denn am Nordpol?"

„Nichts, wenn ich es mir genau überlege. Aber man kann ja nie wissen!"

Tom reckte sich bis zur vollen Höhe seiner einsfünfundneunzig, breitete die Arme aus und blinzelte in die Sonne.

„O Mann, was für ein Tag! Sieben Wochen keine Schule, alle Schufterei liegt hinter uns, die Zeugnisse sind okay, die Sonne scheint – meinst du nicht, das sollten wir feiern?"

Bettina schaute liebevoll zu dem hübschen Jungen auf, in

den sie sich nun schon vor Monaten so unsterblich verliebt hatte. Tom mit den blauen Augen im immer wettergebräunten Gesicht, Tom mit den Grübchen, mit der widerspenstigen dunklen Mähne, Tom mit den behutsamen Händen und der empfindsamen Seele, die er unter einer lauten Fröhlichkeit zu verstecken pflegte. Tom, den sie vier Wochen lang nicht sehen würde.

Bettina schluckte.

„Du hast recht", sagte sie und versuchte es mit einem fröhlichen Auflachen, „wenigstens heute wollen wir feiern."

„Ich schreibe dir jeden Tag, okay?" Tom legte tröstend seinen Arm um Bettinas Schultern. „Mir ist ja genauso zumute wie dir. Vier Wochen ohne dich, vier Wochen ohne die Pferde, die Freunde – es wird grässlich werden. Meine Mutter wird mich auf Partys schleppen, mich Leuten vorzeigen, die ich nicht ausstehen kann, und von morgens bis abends ein lückenloses Programm aufstellen, angefüllt mit Dingen, die mich anöden!"

„Armer Tom! Leiden wir also beide gemeinsam. Getrennt, aber gemeinsam. Komm, gehen wir zu den anderen zwei Trauerklößen."

Bille und Simon lehnten am Koppelgatter und beobachteten die Mutterstuten mit ihren Fohlen. Iris, die zierliche Rappstute mit ihrer kleinen Tochter Irma, kam zu Bille und blies ihr übermütig ins Gesicht. Bille streichelte das samtweiche Pferdemaul, während neben ihr Simon den Kopf des Fohlens kraulte.

„Sie wird ein Ebenbild ihrer Mutter, findest du nicht?"

„Ich weiß nicht – sie scheint mir kräftiger gebaut, sicher wird sie einmal größer als Iris. Aber auf jeden Fall genauso hübsch!"

„Schau dir Santorin an! Ist er nicht super? Jede Wette, dass er für die Zucht genommen wird!" Simon zeigte zu dem wild über die Koppel galoppierenden Hengstfohlen hinüber.

„Santa Monica hat immer tolle Fohlen gebracht …" Bille seufzte tief.

„Was ist los? Was machst du für ein komisches Gesicht?"

„Ach, nichts."

„Unsinn! Du hast doch was! Das sehe ich dir an der Nasenspitze an!"

„Ich habe nur gerade über etwas nachgedacht."

„Über was?"

„Über das Abschiednehmen. Im Allgemeinen und im Besonderen. Dass es ziemlich beschissen ist. Jedes Jahr gibt's das gleiche Drama, Fohlen werden geboren, du verliebst dich in sie, beschäftigst dich mit ihnen – und nach einigen Monaten musst du dich wieder von ihnen trennen. Und die meisten von ihnen siehst du nie wieder, du weißt nicht, ob sie's gut haben oder schlecht, ob sie vielleicht von irgendeinem reichen Knacker gekauft werden, der sich nachher nicht um sie kümmert, oder von jemandem, der nichts von Pferden versteht, der sie falsch behandelt, oder ob sie etwa in einer Reitschule landen, wo sie völlig überfordert werden." Bille wandte sich ab, riss wütend einen Grashalm aus und drehte ihn sich um den Finger. „Ach, es ist einfach zum Heulen."

Simon legte ihr den Arm um die Schultern und zog sie sanft zu sich heran.

„Warum bist du plötzlich so schrecklich deprimiert?", fragte er ein wenig hilflos. „Du solltest eigentlich strahlen! Der erste Ferientag, die Sonne scheint – und wir haben den ganzen Tag für uns!"

„Einen Tag, ja!", fuhr Bille heftig auf. „Was nützt mir der eine Tag, wenn du die ganzen Ferien über unterwegs bist! Es werden die traurigsten, einsamsten, ödesten Ferien werden, die ich je hatte!"

Simon schaute sie so betroffen an, dass ihr der Ausbruch sofort leidtat.

„Entschuldige", sagte Bille leise und legte ihren Kopf an seine Schulter. „Ich hab's nicht so gemeint. Ich – ich meine, ich freue mich natürlich für dich, dass du zum ersten Mal richtig auf Turnierreise gehen kannst. Es ist nur leider so, dass du mir sehr fehlen wirst."

„He! Ihr da! Auseinander! Was ist denn das für ein öffentliches Ärgernis!", rief Tom von Weitem. „Ich muss dich ernsthaft verwarnen, lieber Simon! Du weißt, ich habe Bille als Schwester adoptiert und erlaube nicht, dass jemand an ihr rumfummelt!"

„Ach nee! Dann nimm du gefälligst sofort deine Pfoten von *meiner* kleinen Schwester, ja?", gab Simon lachend zurück. „Sieh mal an, jetzt lächeln unsere trauernden Strohwitwen wieder! Na kommt, es wird Zeit, sonst kriegen wir nichts mehr zu essen."

Sie kehrten zur Landstraße zurück und erreichten bald darauf die Kreuzung, an der sich ihre Wege trennten. Bille musste links nach Wedenbruck hinüber, Tom nahm den Feldweg, der geradeaus direkt auf Groß-Willmsdorf, den Gutshof seines Vaters, zuführte. Bettina und Simon bogen rechts in die Straße nach Peershof ein, eine von hohen Birken gesäumte, schmale Allee.

„Was machen wir denn nun heute, wir wollten doch feiern?", fragte Tom und sprang vom Fahrrad.

„Wie wär's mit einem Picknick am Strand?", schlug Bille

vor. „Wir nehmen unser Badezeug und was Leckeres zu essen und zu trinken mit und reiten zur Ostsee hinüber."

„Super! Wo treffen wir uns? Am besten bei euch in Groß-Willmsdorf, gleich nach dem Mittagessen!", rief Bettina. „Los, komm, Simon! Beeil dich! Umso eher haben wir die Pferde fertig."

„Okay, bis später."

Bettina und Simon starteten zu einem privaten Radrennen, während Tom zwischen den dichten Hecken verschwand, die den Feldweg einrahmten wie hohe Mauern. Bille sah ihm nach, wie er hin und her kurvte, um den Schlaglöchern und Furchen auszuweichen, die Traktoren und Landwirtschaftsmaschinen in dem lehmigen Boden hinterlassen hatten. Wenn man nicht aufpasste und in eine der eingetrockneten Rinnen geriet, konnte man ganz schön auf die Nase fallen.

„Ich bin ein Idiot!", sagte Bille laut vor sich hin. Wie hatte sie nur in so eine trübe, miese Stimmung verfallen können! Wer konnte es besser haben als sie? Freunde, Pferde, einen Jungen, der sie liebte und der dabei war, ein großer Turnierreiter zu werden, ein gutes Zeugnis, super Eltern, mit denen sie sich gut verstand – was zum Teufel wollte sie denn noch?

Und dazu wochenlange Ferien, in denen sie den ganzen Tag im Stall und in der Reitbahn arbeiten konnte! Du lieber Himmel, ich habe so viel zu tun, dass mir gar keine Zeit bleiben wird, um Simon zu trauern, dachte sie. Und wenn es mich wirklich packt, werde ich ihm lange Briefe schreiben. Und ich werde mich auf seine Briefe freuen und jeden Turnierbericht lesen, jede Reportage im Fernsehen verfolgen! Wirklich, sie hatte keinen Grund, Trübsal zu blasen!

Im Straßengraben neben ihr blitzte etwas auf, ein Stück Metall, eine abgerissene Fahrradklingel vielleicht … Bille musste lächeln. Mit einem Fahrradsturz in den Graben hatte alles angefangen, damals, vor drei Jahren. Damals hatte sie nichts von alldem besessen, was heute so selbstverständlich war, nichts – außer ihren Träumen und hin und wieder einem heimlichen Besuch im Pferdestall von Groß-Willmsdorf.

Diese Träume vom Reiten hatten schließlich zu dem glücklichen Unglücksfall geführt, der sie – überrascht von einem plötzlich auftauchenden Wagen – in hohem Bogen in den Straßengraben befördert hatte, und kurze Zeit später in diesen Wagen, an die Seite ihres angebeteten Idols, des Turnierreiters Hans Tiedjen.

Das war der Anfang ihrer Freundschaft mit Toms Vater gewesen, den sie heute Daddy nennen durfte und der sie wie eine Tochter behandelte. Damals hätte sie nicht zu hoffen gewagt, dass sie einmal all seine Pferde reiten und dass Groß-Willmsdorf ihr zweites Zuhause werden würde.

Damals hatte sie mit Mutsch noch allein in dem kleinen Strohdachhaus gelebt. Onkel Paul war noch jeden Morgen in Mutschs kleines Lebensmittelgeschäft gekommen und hatte nicht den Mut gefunden, zwischen Brötcheneinkauf und dem neuesten Dorfklatsch Mutsch zu sagen, wie gern er sie hatte und dass er sie heiraten wolle. Nein, gestritten hatten sich die zwei, dass die Fetzen flogen!

„Da musste erst ich kommen und nachhelfen!", murmelte Bille und kicherte.

Vor drei Jahren, da hatte sie auch die drei Peershofer Jungen noch nicht gekannt, und auch Bettina nicht, deren Adoptivschwester, die später Billes beste Freundin wurde.

Und von Toms Existenz hatte sie keine Ahnung gehabt, Hans Tiedjens Sohn, der in Amerika bei seiner Mutter gelebt hatte.

Was war in diesen drei Jahren alles geschehen! Mutsch und Onkel Paul hatten geheiratet. Onkel Paul hatte ein Haus für sie alle gebaut, und in das alte Strohdachhaus waren Billes Schwester Inge und ihr Mann gezogen. Zottel war in ihr Leben getreten, damals ein trauriges, heruntergekommenes Überbleibsel aus einem pleitegegangenen Zirkus. Heute konnte sich Bille nicht mehr vorstellen, dass es je ein Leben ohne ihren rot-weiß gesprenkelten, frechen vierbeinigen Freund gegeben hatte!

Sie hatte reiten gelernt und ihr erstes Turnier gewonnen. Tom war aufgetaucht und hatte sie ganz einfach als kleine Schwester akzeptiert. Und dann war das mit Simon passiert. Keiner von ihnen konnte sagen, wann und wie sie sich eigentlich ineinander verliebt hatten. Es war so selbstverständlich, als wäre es von Anfang an nicht anders bestimmt gewesen.

Ich bin stolz auf ihn, dachte Bille. Und ich freue mich, dass er jetzt viele große Turniere mitmachen wird. Wahrhaftig, ich wäre ein Trottel, wenn ich auch nur ein bisschen traurig wäre! Der liebe Gott hat's verdammt gut mit mir gemeint.

Die gedrückte Stimmung war wie weggeblasen. Bille atmete tief ein. Die Luft roch nach Meer und Sonne und Heu, der Wind streichelte ihr Gesicht und ließ die widerspenstigen Strähnen auf ihrer Stirn tanzen. Gleich würde sie Zottel von der Koppel holen und satteln, würde Mutsch aus der Speisekammer ein paar Leckerbissen stibitzen, ein Glas Kompott, eine Dose Kekse, Wurst, Schinken, Käse und Brot, Äpfel und Tomaten, dazu etwas Gutes zu trinken – so viel in die Satteltaschen hineinging. Und dann ab nach Groß-Willmsdorf! Mutsch und Onkel Paul kamen sowieso erst abends nach Hause, wenn das Geschäft geschlossen war. Es würde ein herrlicher Nachmittag werden!

„Sommerferien sind doch das Größte!", murmelte Bille zufrieden.

Immer Ärger mit dem Personal

„Na, schwer gearbeitet?" Der alte Petersen trat in die Stallgasse hinaus und nahm Bille Sinfonies Zügel aus der Hand.

„Das kann man wohl sagen! Aber ich habe das Gefühl, es war ein sehr erfolgreiches Training. Wir werden Freunde, Sinfonie und ich – heute war sie ganz durchlässig und weich, es hat richtig Spaß gemacht. Puh! Ich schwitze vielleicht!" Bille zerrte ihr T-Shirt aus der Reithose und trocknete sich mit einem Zipfel das nasse Gesicht ab.

„Wir haben auch Handtücher im Stall, Mädchen!"

„Dauert zu lange."

Bille begann Sinfonie abzusatteln, während die Stute versuchte, die Pellets in ihrer Hosentasche zu erreichen.

„Bist du fertig für heute?"

Hinter ihr tauchte Hubert auf, der Pferdepfleger und Gehilfe von Petersen.

„Von wegen, ich will noch drei Pferde reiten!"

„Dann lass mich das man machen. Ich bringe sie nachher auf die Koppel, da kann sie sich erholen. Mannometer, die dampft ja ganz schön!"

„Ich auch."

„Werd sie auf dem Hof noch ein bisschen rumführen. In der Sonne ist sie in ein paar Minuten trocken. Wen nimmst du als Nächsten?"

„Nathan."

„Ist Simon heute nicht da?"

„Nein, er kommt den ganzen Tag nicht. Ist mit seinen Eltern in die Stadt gefahren, um seine Ausstattung zu kaufen. Für die Reise – und für die Turniere."

„Der Junge macht bestimmt eine Blitzkarriere!"

„Er ist ja auch ein ungewöhnlich guter Reiter", murmelte der alte Petersen aus den Tiefen der Futterkiste hervor. „Hab wenig Menschen gekannt, die so einen sechsten Sinn für Pferde haben. Den Simon reiten zu sehen ist wie Musik."

Billes Herz machte ein paar heftige Schläge. Manchmal hatte sie das Gefühl, als würde es ihr vor lauter Zärtlichkeit für Simon zu eng in der Kehle und sie müsste ersticken.

„Blitzkarriere ist eigentlich nicht das richtige Wort", sagte sie gleichmütig, um der plötzlichen Gefühlsaufwallung Herr zu werden. „Schließlich reitet er seit seinem dritten Lebensjahr."

„Das tut sein älterer Bruder, der Daniel, doch auch. Und ist nicht halb so gut!", widersprach Hubert. „Nee, nee, der Simon hat einfach das gewisse Etwas, der ist zum Reiter geboren. Und seit der Chef ihn in die Mangel genommen hat, zieht er ab wie eine Rakete! Der wird mal Olympiasieger, das sage ich euch!"

„Schon möglich."

„Ist Daniel schon weg?", erkundigte sich der alte Petersen.

„Noch nicht", berichtete Bille. „Er fährt in ein paar Tagen. Er will durch Frankreich und Italien trampen, bevor das Studium losgeht. Der hat's gut … Er hat die Schule hinter sich!"

„So, so, da gehn die Großen also alle in den Ferien weg, und ihr Kleinen müsst zurückbleiben und die Arbeit für die anderen mitmachen."

„Das Wort ,Kleine' möchte ich überhört haben!" Bille schaute Hubert streng von oben bis unten an. „Jugendliche von fünfzehn und sechzehn kann man wohl kaum noch als Kleinkinder betrachten!"

„Oh, Verzeihung, gnädiges Fräulein! Und wer übernimmt Asterix, wenn Daniel weg ist?"

„Meistens wird ihn Florian reiten. Und Edmund der Weise." Billes Sätze gingen im ohrenbetäubenden Lärm einer Motorsäge unter, der zugleich mit heftigem Klopfen und Hämmern über ihren Köpfen eingesetzt hatte.

„Die Frühstückspause ist vorbei …"

„Was sagst du?"

„Die Frühstückspause ist vorbei!", brüllte Hubert.

„Das höre ich! Wann sind die denn endlich fertig mit der Bauerei?"

„In einer Woche, habe ich gehört. Das da sind jetzt die Heizungsinstallateure …"

„Die was?"

„Die Heizungsleute!"

Bille machte eine hilflose Geste und beeilte sich, Nathan, den Hubert mittlerweile gesattelt hatte, ins Freie zu ziehen. Ein Segen, dass sie die Pferde für die Zeit des Umbaus ausquartiert hatten. Sie bewohnten zurzeit den Stall von Peershof und kamen nur zur täglichen Arbeit nach Groß-Willmsdorf herüber.

Bille schaute zum Dach des Pferdestalls hinauf, das bereits neu gedeckt war und unter dem sich nun die zukünftige Wohnung Herrn Tiedjens befand. Noch in den Sommerferien wollten sie umziehen. Schon jetzt hatten die Ausbauten drüben im Gutshaus begonnen, das zu einem Internat für pferdebegeisterte Jungen und Mädchen umgestaltet werden sollte, weil das riesige alte Haus für Tom und seinen Vater zu ungemütlich und teuer geworden war.

Bille stieg auf und ließ Nathan im Schritt zum Reitplatz hinübergehen.

„Wir zwei legen heute mal den Schongang ein", sagte sie zu dem schönen braunen Wallach, der zu Herrn Tiedjens erfolgreichsten Turnierpferden gehörte. „Schließlich hast du in den nächsten Wochen einiges vor."

Herr Tiedjen arbeitete heute noch einmal mit Tom, der Lohengrin ritt. Tom mit seiner Kraft brachte es tatsächlich fertig, den Faulpelz Lohengrin auf Touren zu bringen. Gerade nahm er eine Dreierkombination so makellos, dass Bille spontan applaudierte.

„Bravo, so gut habe ich den alten Gauner schon lange nicht mehr gesehen!", rief sie Tom zu.

„Daddy ist ja auch unbarmherzig mit uns beiden", stöhnte Tom. „Gut, dass du kommst und ihn mal ein bisschen ablenkst."

Bille wollte gerade in den Parcours einreiten, als mit heftigem Winken und Rufen eine lange, dünne Gestalt aus dem Park gelaufen kam. Edmund der Weise, der Assistent des Gutsverwalters, näherte sich mit rudernden Armen; seine nackten Beine in den zu weiten Shorts glichen denen einer Heuschrecke, wie er sich da in großen Sprüngen näherte.

„Bille, Telefon, schnell! Deine Mutter!", keuchte er schon von Weitem.

„Ausgerechnet jetzt. Muss das sein? Was ist denn los? Konnte sie das nicht dir sagen?"

„Es ist irgendwas passiert, ich glaube, du sollst sofort hinkommen."

Bille sprang aus dem Sattel. Sie war blass geworden.

„Was passiert? Doch nichts mit Onkel Paul?"

„Keine Ahnung."

„Lauf nur zu, ich übernehme Nathan." Herr Tiedjen nahm ihr die Zügel aus der Hand. „Nun lauf schon, lass sie nicht so lange warten!"

„Okay, danke, Daddy!" Bille hetzte mit großen Sprüngen zum Büro hinüber. Keuchend nahm sie den Hörer auf.

„Hallo, Mutsch? Was ist los?"

„Verzeih, Liebes, aber ich brauche unbedingt deine Hilfe! Hier ist der Teufel los …"

„Der Teufel los? Was ist denn passiert?"

„Ausgerechnet heute, wo Onkel Paul nicht da ist!", jammerte Mutsch. „Zwei Leute sind krankgemeldet, ein Mädchen ist auf Urlaub, ich stehe mit einer Kassiererin allein im Laden! Und dann baut der Fahrer mit dem Wagen voller Frischware auch noch einen Unfall! Ich weiß überhaupt nicht, was ich tun soll! Habe schon bei Thorsten und Inge angerufen, aber Inge ist mit dem Kleinen beim Kinderarzt. Na, Thorsten kommt wenigstens – aber, Bille, ich brauche unbedingt sofort jemanden, der mir die Waren aus dem kaputten Wagen holt! Ich hab mir gedacht, das könntet ihr mit den Ponys machen …"

„Eigentlich muss ich noch … Aber – gut, Mutsch, ich beeile mich! Florian und Bettina sind noch nicht hier, sie werden gerade die Pferde rüberbringen, aber irgendwie kriegen wir das schon hin, mach dir keine Sorgen."

„Was ist denn nun eigentlich los?", erkundigte sich Edmund.

„Mutsch braucht meine Hilfe, der Fahrer hat eine Wagenladung voller Frischwaren in den Graben gesetzt, und Zottel und ich sollen das Zeug rausholen und in den Supermarkt fahren. Edmund, sei ein Schatz und sag Herrn Tiedjen Bescheid, und auch Florian und Bettina. Es wäre schön, wenn noch einer zum Helfen mit rüberkommen könnte. Ich fahre sofort nach Hause und spanne die Ponys vor den Kastenwagen. Wir treffen uns in Leesten im Spar-Markt, okay?"

„In Ordnung, ich geb's weiter."

Bille rannte zum Stall, schnappte sich ihr Fahrrad und raste nach Wedenbruck hinüber. Hoffentlich machte Zottel keine Zicken, wenn sie ihn jetzt von der Koppel holte. Sie musste ihn mit einem Apfel oder sonst etwas Leckerem überreden.

Auf dem Küchentisch stand eine Schale mit Obst. Bille nahm zwei saftige Birnen und lief durch den Garten zur Koppel hinaus. Zottel stand einträchtig mit Moischele, dem winzigen Shetlandpony, beieinander. Fast sah es aus, als erzählten sich die beiden Witze, während sie im Schatten der großen Kastanie standen.

Als Zottel seine Freundin kommen sah, hob er den Kopf und blickte ihr erwartungsvoll entgegen. Sofort erspähte er die Früchte in ihren Händen und kam eilig zu ihr herüber.

„Schau mal, was ich da Feines habe! Komm her, mein Schatz, na, ist das nicht lecker?"

Hmhmhmhmhm, machte Zottel und reckte den Hals.

„Noch ein bisschen näher!"

Zottel schielte abwechselnd zu der gelb leuchtenden Birne und zu dem Halfter in Billes Hand. Er hatte überhaupt keine Lust zu arbeiten, aber die Birne wollte er sich doch nicht entgehen lassen. Sein Hals wurde immer länger, mit gespitzten Lippen versuchte er, den Leckerbissen zu erreichen.

„Denkste, du musst schon herkommen!"

Jetzt tauchte Moischele neben ihm auf, ging nahe an Bille heran und schnappte nach der Birne.

Das war zu viel. Zottel drängte den Kleinen heftig zur Seite und schnappte sich die saftige Frucht. Wie der Blitz hatte Bille ihm das Halfter übergestreift.

„Na komm schon, mein Dicker, nicht sauer sein, ein bisschen Bewegung schadet dir gar nichts, du bist viel zu fett." Bille gab Moischele die zweite Birne und führte Zottel zum Stall hinüber. Moischele folgte gehorsam.

In wenigen Minuten hatte Bille die beiden Ponys geputzt, angeschirrt und vor den Kastenwagen gespannt. Zottel scharrte ärgerlich mit den Hufen. Er liebte es gar nicht, vor dem Wagen zu gehen.

„Nimm's nicht so tragisch, mein Junge." Bille klopfte ihm beruhigend den Hals. „Ich möchte auch lieber im Sattel sitzen, aber was hilft's! Wir können doch Mutsch jetzt nicht im Stich lassen! Und wie ich sie kenne, hat sie heute Abend eine Extrabelohnung für euch."

Bille kam gar nicht bis zum Spar-Markt. Einen Kilometer vor der Leestener Ortseinfahrt sah sie bereits die Bescherung: Schaulustige umringten den in den Graben gekippten Laster, Dorfpolizist Bode versuchte abwechselnd, den sich stauenden Verkehr zu dirigieren und ein Protokoll aufzunehmen. Herr Döbrich, der Fahrer des Lastwagens, ein gutmütiger, dicker kleiner Mann, schien völlig mit den Nerven am Ende zu sein. Ununterbrochen wischte er sich mit einem riesigen karierten Taschentuch über Stirn und Nacken und scheuchte wie eine aufgeregte Henne die Scharen neugieriger Kinder von der über den Boden verstreuten Ladung weg.

„Herr Döbrich!", rief Bille schon von Weitem, und sofort wandte sich die Aufmerksamkeit der Kinder von der

Unglücksstelle ab und den beiden ungleichen Ponys zu. „Machen Sie sich keine Sorgen, Herr Döbrich, ich komme Ihnen zu Hilfe!"

Bille sprang vom Wagen und nahm Zottel am Zaumzeug. An einer einigermaßen flachen Stelle führte sie die Ponys mit dem Wagen auf das Feld, nahe an den Lastwagen heran.

„So, jetzt noch ein Stückchen rückwärts, gut so, noch einen Schritt, na komm, Junge! So ist es brav, noch ein Stückchen … Haaalt!"

„Ein Glück, dass du da bist!", ächzte Herr Döbrich. „Die Bande hier hat mich total verrückt gemacht! Kaum drehe ich ihnen den Rücken zu, da sind sie schon an den Kartons mit der Schokolade! Hier, nimm diese Sachen zuerst, sie müssen in die Tiefkühltruhe. Warte, ich helfe dir."

„Wie konnte denn das passieren?", erkundigte sich Bille vorsichtig.

„Ach, da ist mir doch so eine Schlafmütze, so ein Vollidiot, in der Kurve auf der falschen Seite entgegengekommen! Der Blitz soll ihm beim Kä… hm … na ja", brach er ab und warf Bille einen entschuldigenden Blick zu. „Ich musste ausweichen, wenn ich nicht frontal mit ihm zusammenstoßen wollte. Hat sich denn ja auch gelohnt."

„Ärgern Sie sich nicht, Herr Döbrich. Die Hauptsache ist doch, dass Ihnen nichts passiert ist! Das andere kommt schon wieder in Ordnung. Ich bringe jetzt die erste Ladung nach Leesten und komme gleich wieder zurück. Mit zwei Fuhren schaffen wir's, denke ich."

Bille führte die Ponys auf die Straße zurück, dann sprang sie auf den Wagen und ließ die Peitsche durch die Luft pfeifen, dass die Kinder kreischend zurücksprangen und Zottel und Moischele sofort in Trab fielen.

Der Spar-Markt war um diese Zeit stets gut besucht. Am Fleisch- und Wurststand hatte sich eine lange Schlange gebildet. Mutsch, die sonst gewöhnlich im Büro saß und sich um den Einkauf und die Buchhaltung kümmerte, hatte alle Hände voll zu tun. Billes Schwager Thorsten war vor wenigen Minuten aus seiner Werkstatt herübergekommen und hatte sich – offensichtlich in großer Eile – einen weißen Kittel übergeworfen. Der Kittel hatte oben ein Knopfloch und unten einen Knopf zu viel. Thorsten stapelte Obst und Gemüse auf die Verkaufstische.

Bille winkte ihrer Mutter über den Ladentisch zu.

„Ich lade schnell ab und fahre gleich noch mal raus, um den Rest zu holen!"

„Ist gut. Ein Pfund gemischtes Hackfleisch – darf es noch etwas sein?" Mutsch war mit ihren Gedanken bereits wieder bei der Kundschaft. Ihr Gesicht war gerötet; unter dem hellblauen Tuch, das sie sich um die Haare geschlungen hatte, kringelten einzelne Locken heraus und umrahmten die Stirn. Sie sieht unheimlich hübsch und jung aus, wenn sie so auf Hochtouren ist, dachte Bille. Am liebsten würde ich es ihr sagen, aber das geht wohl nicht, wegen der Kundschaft.

Draußen waren Zottel und Moischele bereits dabei, den Wagen über den Bürgersteig bis zu den Obst- und Gemüseauslagen zu zerren, um sich ein zweites Frühstück zu genehmigen. Bille kam gerade noch rechtzeitig, um das Schlimmste zu verhüten. Sie nahm die beiden Helden am Zügel und führte sie um das Gebäude herum zum Hinterhof, wo sich eine Laderampe befand, von der seitlich eine Schräge zum Hof hinunterführte.

„So, hier bleibt ihr stehen, und wehe, ihr rührt euch vom Fleck! Wir haben keine Zeit zu verlieren!"

So schnell es ging, hob sie Kartons und Holzkisten vom Wagen und stapelte sie an der Laderampe auf. Dann rannte sie noch einmal in den Verkaufsraum hinüber und wandte sich an Thorsten.

„Da ist Tiefkühlware dabei! Ich habe alles auf der Rampe abgestellt. Kümmere dich bitte darum, dass das Zeug in die Truhe kommt. Aber vergiss es nicht!"

„Nein, nein!" Thorsten jonglierte mit ein paar Äpfeln, die immer wieder von dem kunstvoll aufgeschichteten Apfelberg kullerten.

„Ich hole die anderen Sachen aus dem Graben, dann komme ich dir zu Hilfe!", tröstete Bille ihn. „Bis gleich."

Die zweite Hälfte der Ladung bestand hauptsächlich aus Waschmittelkartons und Behältern, in denen sich Fertigsuppen und Soßen, Haferflocken und Mehl, Cornflakes und Babynahrung befanden. Einiges war aufgeplatzt und über die Straße verstreut, doch das meiste hatte den Unfall heil überstanden. Herr Döbrich und Wachtmeister Bode halfen Bille, den Rest der Waren auf dem Wagen zu verstauen, dann ging es im Trab zurück zum Spar-Markt.

Thorsten hatte gerade begonnen, die Behälter mit Tiefkühlware in den Lagerraum zu schaffen und ihren Inhalt in die großen Truhen zu verteilen. Bille schirrte die Ponys ab und band sie auf dem Hof an; so konnte sie sicher sein, dass sie sich nicht plötzlich mit dem Wagen selbstständig machten, während sie Kartons und Kisten nach drinnen trug.

Im Laden war es jetzt ruhiger, nur wenige Kunden kauften um die Mittagszeit ein, die Kassiererin konnte ihren Platz zwischendurch verlassen, um am Gemüsestand zu bedienen. Mutsch schaute kurz in den Lagerraum.

„Fein, Kinder! Ich bin euch so dankbar, dass ihr mir helft!

Findet ihr euch zurecht? Die Wasch- und Putzmittel kommen ganz oben in die Regale, dort drüben steht die Leiter. Die Konserven dahinten hin. Wenn du hier fertig bist, Bille, könntest du mir aus dem Getränkekeller ein paar Sachen holen und die Regale im Laden auffüllen? Es fehlen Colaflaschen und Fruchtsäfte. Auch die Kühlbox für Milch und Joghurt muss nachgefüllt werden."

„Mach ich, Mutsch."

„Lad alles auf die große Karre hier, du musst beide Flügel der Tür zum Laden öffnen und an den Seiten einhaken, sonst kriegst du den Wagen nicht durch."

„Okay, weiß schon Bescheid."

„Sollen die Salat- und Obstkisten gleich in den Laden rüber?", erkundigte sich Thorsten.

„Die kommen in den Kühlraum. Stell sie da an der Seite auf, ich muss sie mir nachher erst ansehen, ob alles in Ordnung ist. Wenn was ist – ich bin vorn im Laden."

„Schon gut, mach dir keine Sorgen!"

Thorsten schulterte einen Stapel Kartons und begann die Leiter hinaufzusteigen.

„Du bist ganz schön mutig", meinte Bille. „Ist das nicht ein bisschen gefährlich?"

„Unsinn! Wofür hältst du mich? Schließlich hast du es mit einem Sportsmann zu tun!"

„Sportsmann? Ich wusste gar nicht, dass du in der Richtung auch aktiv bist. Welches sind denn deine Sportarten?"

„Ach, Fußball, Handball, Tennis, Boxen, Skilaufen …"

„Wahnsinn! Und wann machst du das? Ich hab dich noch nie …"

„Samstags und sonntags."

„Hm? Wo denn?"

„Vor dem Fernsehapparat!"

„Du siehst mich tief beeindruckt", sagte Bille kichernd. „Soll ich dir die Kartons anreichen?"

„Nee, lass man, ich mach das schon. Geh du in den Laden und hilf Mutsch."

„Gut, dann hole ich jetzt Cola und Fruchtsäfte aus dem Keller."

Bille schnappte sich zwei große Drahtkörbe und stieg die Treppe zum Untergeschoss hinunter. Hier rechts, das musste der Getränkekeller sein. Aber wo war der Schlüssel? Ah, sicher dort im Schlüsselkasten. Bille öffnete ihn und suchte unter einem guten Dutzend verschiedener Schlüssel den mit der Aufschrift „Getränkekeller".

Während Thorsten und Bille in die Arbeit vertieft waren, hatte sich draußen um die Ponys eine Schar Kinder versammelt.

„Ob die beißen?"

„Glaub ich nicht, die schauen doch so lieb!"

„Der schnappt ja!"

„Der will Zucker, ist doch klar!"

„Hier, ich hab noch Kekse!"

„Das schmeckt ihm. Da – für den anderen!"

„Ach, ist der Kleine süß!"

„Er knabbert an meiner Tasche, er denkt, ich hab noch was für ihn! Armes Pony, ich hab doch nichts mehr! Hat der ein weiches Fell!"

„Ich finde das rot-weiß getupfte noch schöner!"

„Wie brav die sind. Ja, ihr seid lieb!"

„Ob wir sie mal ein bisschen losmachen können und zum Grasen führen? Da drüben ist ganz saftiges Gras!"

„Au ja, komm!"

„Und wenn sie weglaufen?"

„Wir müssen sie eben gut festhalten."

Ein größerer Junge löste Zottels Anbindestrick und zog das Pony mit sanfter Gewalt hinter sich her. Ein Mädchen folgte mit Moischele. Die anderen standen halb ängstlich, halb bewundernd um sie herum.

„Da, sieh mal, leckeres Gras! Mann, was der für einen Hunger hat!"

Zottel rupfte höflich ein paar Gräser aus und kaute gelangweilt darauf herum. Seine Nase verriet ihm, dass da ganz andere Genüsse in der Nähe warteten. Er musste seine Bewacher nur überrumpeln …

Eine Weile noch ließ Zottel das heftige Streicheln und Kraulen von allen Seiten über sich ergehen, dann – ganz unvermutet – warf er den Kopf hoch, dass dem Jungen der Strick aus der Hand rutschte, und machte ein paar Bocksprünge zum Haus hin.

Die Kinder kreischten auf.

„Er hat sich losgerissen!"

„Nun halt ihn doch fest!"

„Ich trau mich nicht! Wenn er nun ausschlägt!"

„Er ist ganz wild geworden!"

„Sicher hast du ihm wehgetan!"

„Quatsch, ich hab ihn doch nur gestreichelt!"

„Irgendetwas müssen wir doch jetzt tun!"

„Hauen wir lieber ab!"

„Und die Ponys?"

„Die laufen schon nicht weg – wo sie hier so schönes Gras haben!"

In Sekundenschnelle war der Hof leer. Moischele stand friedlich auf dem kleinen Rasenplatz und ließ sich das Gras schmecken. Zottel sah sich um und schnupperte. Er kannte die Lagerhalle, er hatte ihr schon einmal einen Besuch abgestattet. Drinnen wartete das Paradies: Kisten mit Salat, Mohrrüben, Äpfeln und Birnen! Zottel spitzte die Ohren. Von innen hörte er Billes Stimme, die mit zwei Körben voller Flaschen aus dem Keller kam und in den Verkaufsraum hinüberging. Dann war wieder alles still, nur ein leises Scharren von Kartons drang aus einer Ecke.

Vorsichtig setzte Zottel den rechten Huf auf die Schräge. Der Beton war zwar mit kleinen Rillen versehen, aber für eisenbeschlagene Ponyhufe doch ziemlich glatt. Zottel nahm Schwung und war mit einem Satz oben auf der Rampe. Einen Augenblick lauschte er und versuchte, sich zu orientieren. Da drüben – das mussten die Salatkisten sein! Leise betrat er den Lagerraum.

Thorsten stand selbstvergessen auf der Leiter und schichtete Waschmittelkartons auf – links die Feinwaschmittel, rechts das Waschpulver für die große Wäsche, immer schön Kante auf Kante. Seine Künstlerseele spielte in Gedanken mit neuen Farben und Mustern für Packungen aller Art. Man könnte doch mal …

Ein eigenartig knackendes und knurpsendes Geräusch riss ihn aus seinen Träumen. Schräg unter ihm stand Billes Pony, die Nase tief in eine Kiste mit Äpfeln vergraben!

Thorsten schrie vor Empörung auf.

„Zottel, du verdammtes Miststück! Wie hast du bloß wieder …"

Weiter kam er nicht. Zottel war bei dem plötzlichen Aufschrei entsetzt zurückgefahren. Dabei landete sein pralles Hinterteil in einem Stapel leerer Kisten, der prasselnd hinter ihm zusammenfiel. Zottel geriet in Panik. In wilder Flucht wollte er dem Ausgang zustürzen, doch leider war ihm die Leiter im Weg. Egal – er musste da durch! Krach! Splitternd stürzte die Leiter vor ihn hin und versperrte den Ausgang. Oben am Regal hing der Sportsmann Thorsten und zappelte mit den Beinen.

„Hilfe! Schnell! Ich kann mich nicht halten!"

Unten trippelte Zottel verzweifelt hin und her.

„Hilfe! Bille, komm doch bitte! Schnell! Ich … oh!"

Thorstens Finger lösten sich von der schmalen Kante des Regals, an die er sich geklammert hatte. Er schloss entsetzt die Augen und landete auf Zottels Rücken – allerdings in anderer Richtung als der, in der man normalerweise ein Pferd zu besteigen pflegt.

Während Zottel angsterfüllt nach einem Ausgang suchte, angelte Thorsten mit Händen und Füßen zugleich nach einem Halt. So sausten sie an Bille – die, durch den Lärm alarmiert, aus dem Laden herbeigerannt kam – vorbei in den Verkaufsraum. Hinter ihnen prasselten Konserven zu Boden, klirrten Flaschen, fielen Mehltüten platzend auf die Fliesen, klatschten Behälter mit Joghurt und Sahne in die Tiefe.

Die Kunden kreischten, und Zottel schnaubte aufgeregt. Die Angst hatte ihn völlig kopflos gemacht. Mutsch war einer Ohnmacht nahe, in ihrem Kopf überschlugen sich Zahlen, eine fünfstellige Schadenssumme, der ganze Laden demoliert, Klagen auf Schmerzensgeld … Zu allem Unglück taperte jetzt auch noch die uralte Frau Schulmeister in den Laden, eine gebildete, höfliche Dame aus besten Kreisen, aber geistig und körperlich schon ein wenig schwach. Wenn die nun der Schlag treffen würde vor Schreck? Oder wenn sie zu Boden getrampelt würde?

Mutsch schwanden die Sinne.

Die alte Dame hatte nichts von dem Chaos bemerkt. Jetzt schoss Zottel den Gang entlang auf sie zu. Erschrocken wich sie zur Seite und schaute mit großen Augen Thorsten nach, der ihr mit einer Hand entschuldigend zuwinkte.

„Was ist denn das?", fragte die alte Dame. „Ein römisches Wagenrennen?"

„Das ist unsere neueste Werbung für die kräftigende Wirkung von Frühstücksflocken", rief Bille ihr zu und hechtete hinter Zottel her, der endlich den Ausgang entdeckt hatte. Er versuchte, sich an der Kasse vorbeizudrängen, wobei ihm seine beträchtliche Leibesfülle Schwierigkeiten machte. Dadurch bekam Bille Gelegenheit, ihm den Weg abzuschneiden und ihn am Halfter zu fassen. Zitternd stand das Pony still und ließ sich hinausführen. Thorsten hing über dem Kassentisch und schnappte nach Luft.

Die alte Dame sah kopfschüttelnd auf den Scherbenhaufen am Boden.

„Nicht zu glauben! Räumt denn hier keiner auf? Da sieht man es wieder bestätigt: Das Personal ist einfach nicht mehr das, was es früher war."

„Wem sagen Sie das", ächzte Mutsch. „Thorsten! Häng ein Schild an die Tür – der Laden bleibt heute geschlossen!"

Simon geht auf große Fahrt

„Geht das schon wieder los!"

„Was murmelst du da?" Daniel ließ den Lappen noch einmal über den makellos blanken Rücken seines Schimmels gleiten und warf einen flüchtigen Blick zu Florian hinüber.

„Bille und Simon. Die spinnen doch!"

„Lass sie. Das verstehst du nicht. Putz lieber dein Pferd fertig, wir haben noch viel zu tun."

Daniel ging zum Schrank hinüber, um den Mähnenkamm zu holen. Wenn er sich schon wochenlang nicht um Asterix kümmern konnte, wollte er ihn wenigstens einmal noch richtig schön machen.

„Verdammt noch mal, wer hat wieder in meinem Kasten rumgewühlt? Der Hufkratzer fehlt, und alles liegt durcheinander! Wie oft habe ich dir schon gesagt, du sollst die Finger von meinen Sachen lassen!"

„Wieso ich?", wehrte sich Florian beleidigt. „Wann immer irgendetwas nicht in Ordnung ist, gibst du mir die Schuld! Das ist richtig gemein! Nur weil ich der Jüngste bin!"

„Wer soll es denn sonst gewesen sein?"

„Bille oder Bettina können sich genauso gut mal was von dir ausgeliehen haben!"

„Aber die hinterlassen nicht einen solchen Verhau!",

fauchte Daniel. „Außerdem fragen sie mich vorher um Erlaubnis."

„Mann, bist du pingelig."

„Also warst du's doch?"

„Na ja, ich hab ja nicht gesagt, dass ich's nicht war. Ich hab
nur gemeint, es ist ungerecht, immer mich zu beschuldigen,
wenn du noch gar nichts Genaues weißt. Hier!" Mürrisch
reichte er dem Großen den Hufkratzer.

„Du könntest wenigstens ‚danke' sagen. Wo ist denn dein
eigener?"

„Weiß ich nicht. Irgendwie weg."

„Irgendwie. Aha."

„Jetzt küssen sie sich! Das ist doch das Letzte!", lenkte Florian ab und wies auf den Hof hinaus, wo Bille und Simon neben dem Pferdetransporter standen.

„Na und? Wenn du erst in das Alter kommst, dann …"

„Ich bin längst in dem Alter!", unterbrach Florian ihn heftig und richtete sich zu seiner vollen Höhe auf. „Ich meine,
wenn ich nur wollte … Ihr müsst nicht denken, bloß weil ich
der Kleinste von euch bin … Aber ich will eben nicht! Ich
bin doch nicht blöd! Mich mit Weibern abgeben … Ist doch
bloß Zeit- und Taschengeldverschwendung!"

„Dir ist eben noch nicht die Richtige über den Weg gelaufen!"

„Hast du eine Ahnung! In meiner Klasse stehen sie Schlange nach mir! Die hübschesten Mädchen! Aber das lässt mich
alles kalt."

Daniel lachte so laut heraus, dass Asterix neben ihm er-
schreckt zusammenzuckte.

„Entschuldige, alter Junge." Daniel tätschelte dem Schimmel beruhigend den Hals. „Aber das ist wirklich zu komisch.

Sie stehen Schlange nach ihm! Was wetten wir, Flori, dass du binnen eines Jahres über beide Ohren verliebt bist? Fünf Mark?"

„Meinetwegen fünfzig. Bevor ich nicht dreißig bin, schaffe ich mir keine Frau an."

„Du bist dir deiner Sache aber sehr sicher."

„Meinst du, ich will mich so lächerlich machen wie die da draußen?"

„Sie nehmen Abschied. Was ist daran lächerlich?"

„Da brauchen sie aber ziemlich lange. Schließlich fährt Simon erst morgen früh."

Vom Hof drang das Geräusch klappernder Hufe herein. Bettina kam von ihrem Ausritt zurück. Sternchen, ihre zierliche Haflingerstute, wurde von ihrem Fohlen begleitet. Die kleine Stella sprang munter um die Mutter und ihre Reiterin herum und stellte sich ihr in den Weg, als wolle sie sie zum Umkehren bewegen und noch einmal im Galopp über die Wiese toben.

„Na, wie war der Familienausflug?"

Bille trat lächelnd zu ihrer Freundin.

„Herrlich!" Bettina sprang aus dem Sattel. „Die Kleine ist so süß! Es ist ein Jammer, dass Tom das nicht miterleben kann."

„Weißt du was? Ich werde Onkel Paul bitten, euch bei einem eurer nächsten Ausritte zu fotografieren. Dann kannst du Tom das Bild schicken."

„Super Idee! Hältst du mal?"

Bettina hatte den Sattelgurt gelöst und den Sattel abgenommen. Sie drückte Bille den Sattel in die Arme und zog sich eine Hand voll Stroh aus den vor dem Stall aufgeschichteten Ballen, um Sternchens Sattellage zu trocknen.

„Ich bringe die beiden gleich auf die Koppel. Was steht denn alles auf dem Programm?"

„Mit dem Putzen sind wir fast fertig. Simon und ich haben gerade den Transporter für die Reise vorbereitet. Jetzt kommen die Ställe dran, und Heu müssen wir noch runterholen."

„Und wer von unseren Schätzen wartet noch auf seine Verschönerung?"

„Troilus und Black Arrow. Aber den wollte ich vorher noch reiten und ihn erst hinterher für die Reise auf Hochglanz bringen."

„Arme Bille, musst nicht nur von deinem Liebsten, sondern auch noch von deinem Lieblingspferd Abschied nehmen!"

„Was hilft's, es ist einfach wichtig für ihn, jetzt laufend auf Turniere zu kommen. Sonst lernt er's ja nie!"

„Wer weiß, ob er ohne Bille überhaupt einen Fuß auf einen fremden Parcours setzt", mischte sich Simon lachend in das Gespräch der Mädchen.

„Ohne Zottel, meinst du", berichtigte Bille ihn. „Aber das ist es ja gerade, wenn wir ihm jetzt nicht den Tick abgewöhnen, schaffen wir es nie mehr! Und wenn einer es überhaupt schaffen kann, dann bist du es."

„Wie fühlst du dich eigentlich?", erkundigte sich Bettina und sah Simon prüfend von der Seite an.

„Mittelprächtig. Als ob jemand einen Knoten um meinem Magen geschlungen hätte!"

„Dagegen gibt's nur ein wirksames Mittel: arbeiten!", sagte Bettina lachend. „Du hast die Wahl: Troilus putzen, Boxen sauber machen oder Heu vom Boden holen."

„Ich glaube, Boxen sauber machen ist die richtige Medizin. Übernimm du Troilus. Bille geht mit Black Arrow in die

Bahn, und Florian schicken wir auf den Heuboden. Daniel kann sich um das Stroh hier kümmern."

„Aye, aye, Sir. Dein Wunsch soll uns Befehl sein. Du bist ein bisschen grün im Gesicht." Daniel war zu ihnen herübergekommen. „Wird Zeit, dass du wieder Farbe kriegst!"

„Na dann!"

Simon ging voraus in den Stall, und die anderen folgten ihm. Daniel war zwar der Älteste von ihnen, aber die Tatsache, dass der knapp achtzehnjährige Simon im Begriff war, ein international bekannter Reiter zu werden, machte ihn automatisch zum „Boss", wenn es um die Pferde ging, und keinem von ihnen wäre es eingefallen, seinen Worten nicht zu folgen.

Bille ging mit Black Arrows Sattel und einer Bürste zu dem schönen Rappwallach in die Box.

„Du darfst heute ungewaschen in die Schule", sagte sie zu ihm, putzte ihm kurz über die Sattellage, damit keine Druckstellen entstehen konnten, und legte ihm den Sattel auf. „Fein gemacht wirst du erst später. Wie ist denn die Stimmung so? Reisefieber?"

Black Arrow reckte den Hals und blinzelte auf den Gang hinaus.

„Zottel ist heute nicht da, mein Lieber. Das ist besser so, sonst machst du uns am Ende noch Schwierigkeiten und willst nicht mitfahren!"

Bille erinnerte sich noch gut an das Theater, das Black Arrow beim Aufbruch zu seinem ersten Turnier veranstaltet hatte. Sie hatten schließlich Zottel mitnehmen müssen, weil der schöne Rappe nicht ohne seinen Freund hatte reisen wollen! Inzwischen war Black Arrow ein wenig vernünftiger. Erwachsen geworden, wie der alte Petersen es nannte. Der kraftvolle Wallach mit dem blau schimmernden, glänzenden Fell schickte sich an, ein erfolgreiches Turnierpferd zu werden. Das änderte allerdings nichts daran, dass seine Vorliebe für Billes Pony immer wieder neue Überraschungen und viel Gelächter hervorrief.

Bille führte Black Arrow aus dem Stall, säuberte seine Hufe und saß auf. Am Himmel zeigten sich grauweiße Wolkengebirge, schoben sich schnell vom Horizont heran und verdeckten die Sonne. Sicher würde es heute noch ein Gewitter geben. Hoffentlich kam sie rechtzeitig genug nach Hause, um Zottel und Moischele von der Koppel zu holen. Sie hatten noch eine Menge zu tun hier – und nach Groß-Willmsdorf wollte sie auch noch hinüber.

Noch rührte sich kein Blatt in den Bäumen. Das Peershofer Gutshaus lag wie im Schlaf, die Hunde dösten auf den Treppenstufen vor dem großen Portal. Im dichten Blättergewirr des wilden Weins, der das Haus einhüllte wie ein Pelzmantel, zankten sich die Spatzen.

Bille ritt am Gutshaus vorbei, durchquerte den Park und erreichte den Reitplatz. Die Hindernisse standen noch, wie Simon sie sich aufgebaut hatte; ein paar schwierige Kombinationen. Aber sie wollte nichts riskieren. Immerhin sollte Black Arrow morgen auf große Fahrt gehen, nicht auszudenken, wenn ihm heute etwas zustoßen würde – und sei es nur die kleinste Spur von Lahmheit!

Bille ließ ihn auf dem äußeren Hufschlag antraben und freute sich an den gleichmäßigen, weit ausgreifenden Bewegungen des Wallachs. Es war, als wenn er kaum den Boden berührte.

Ich glaube, er mag mich!, dachte Bille. Bei Simon hat er manchmal Allüren, spielt den starken Mann. Er versucht seinen Kopf durchzusetzen oder gibt sich schlecht gelaunt. Das tut er bei mir nie mehr. Es ist, als ob es ihm Spaß machte, mich im Sattel zu haben. Er ist höflich wie ein Kavalier!

Eine Stunde arbeitete sie mit Black Arrow, wobei sie sich auf einfache Dressuraufgaben beschränkte, doch darauf achtete, dass er sich vor der langen Reise noch einmal richtig austoben konnte. Aber immer blieb der Ritt spielerisch und leicht.

„Na, habt ihr euch einen schönen Nachmittag gemacht?", fragte Simon, als sie zum Stall zurückkehrten.

„Und ob! Ich werde ihn schrecklich vermissen. Komisch, an keinem Pferd hänge ich so sehr wie an ihm", gestand Bille ein.

„Ich dachte immer, Troja sei deine große Liebe?"

„Sie ist wundervoll zu reiten – und ein Schatz, das stimmt. Mit Black Arrow habe ich viel mehr Schwierigkeiten gehabt, jedenfalls am Anfang. Aber Troja wird in meinen Augen immer Daddys Pferd bleiben. Sie gehört einfach zur Mannschaft seiner Turnierpferde, auch wenn sie jetzt nicht mehr aktiv ist. Black Arrow dagegen …"

„Ja?"

„Ach, ich kann's selbst nicht erklären. Er ist eben meine heimliche große Liebe."

„Hört, hört!"

„Unter den Pferden, meine ich."

„Hab schon verstanden."

„Vielleicht hängt es auch mit Zottel zusammen. Weil die beiden so dicke Freunde sind."

„Schon möglich."

„Ach, du lachst mich aus!"

„Ganz im Gegenteil. Ich kann dich sehr gut verstehen. So wie Feodora meine große Liebe war und ich im Stillen immer gefühlt habe, dass sie nur auf mich wartet, auch wenn sie unter Herrn Tiedjen ging."

„Das hast du mir noch nie gesagt!"

„Vielleicht habe ich mich geniert!"

„Wieso? Ich finde es ganz natürlich. Ehrlich gesagt passt sie auch viel besser zu dir."

„Findest du? Warum?"

„Sie ist so schön, so zierlich und elegant. Sie ist viel zu schön, um wirklich zu sein."

„Wie ich, meinst du."

Bille gab ihm einen Nasenstüber.

„Eingebildet bist du gar nicht, wie? Aber es ist schon was dran. Daddy wirkt viel zu groß und schwer auf ihr. Das ist mir allerdings auch erst aufgefallen, seit du Feodora reitest. Ihr seid wie füreinander geschaffen."

„So wie wir zwei!"

Hinter ihnen ertönte ein energisches Räuspern.

„Nein, nicht schon wieder!", sagte Florian streng. „Ihr habt morgen früh noch Zeit genug, euch anzuhimmeln. Schaut lieber zu, dass wir hier fertig werden. Es ist ohnehin schlimm genug, dass wir wegen Daniels und deiner Weltenbummelei in den nächsten Wochen das doppelte Arbeitspensum haben! Ihr amüsiert euch, und wir können schuften! Das ist doch ziemlich ungerecht, findet ihr nicht? Schließlich möchte man doch auch noch mal Mensch sein!"

„Mensch sein? Was verstehst du darunter?", fragte Simon belustigt.

„Na, faulenzen, was sonst?"

Bille versorgte Black Arrow, dann half sie den anderen,

die Boxen fertig zu machen, das Heu zu verteilen und den Stall zu säubern. Als nichts mehr zu tun war, winkte ihr Simon, mit ihm zu seiner Stute Pünktchen zu kommen.

Zärtlich legte er die Arme um den Hals der schönen Goldfuchsstute und streichelte ihre Mähne.

„Du musst mir versprechen, gut auf sie aufzupassen", sagte er zu Bille. „Es ist nämlich … Ich habe dir eine große Neuigkeit noch nicht verraten!"

„Eine Neuigkeit?"

„Pünktchen trägt wieder."

„O wirklich? Simon, das ist fantastisch! Ich werde auf sie achtgeben, als wäre sie aus Glas, das schwöre ich dir! Ein Fohlen von Pünktchen, wie lange hast du dir das schon gewünscht! Diesmal wird bestimmt alles gut gehen, ich weiß es!"

Das Gewitter kam nachts. Donner grollte vom Horizont heran, Blitze erleuchteten das Zimmer taghell. Bille fürchtete sich nicht, solange sie die Pferde in Sicherheit wusste, aber sie lag doch wach und lauschte nach draußen, ob aus dem Stall der Ponys ein beunruhigendes Geräusch zu hören sei.

Am nächsten Morgen regnete es in Strömen. Bille konnte kaum ein paar Meter weit sehen, als sie – die Regenkapuze tief in die Stirn gezogen – nach Peershof hinüberfuhr, um beim Verladen der Pferde zu helfen.

Im Stall herrschte bereits Hochbetrieb. Sie waren alle viel zu aufgeregt gewesen, um es länger im Bett auszuhalten. Herr Tiedjen, der Simon auf dem ersten Teil seiner Reise begleiten und betreuen wollte, überwachte selbst die Versorgung der drei Abreisenden. Nathan und Feodora gaben sich als erfahrene Profis und ließen sich durch nichts aus der

Ruhe bringen, Black Arrow aber spürte die Nervosität seiner Umgebung und tänzelte unruhig hin und her.

Bille trat zu ihm und redete leise und eindringlich auf ihn ein. Das vertraute Streicheln und der gleichmäßige Singsang ihrer Stimme schienen ihn zu beruhigen, und schließlich ließ er sich sogar ohne heftiges Widerstreben von ihr in den Transporter führen.

Eine Weile blieb Bille noch bei ihm stehen und hielt leise Zwiesprache mit ihm.

„Pass gut auf Simon auf, hörst du?", flüsterte sie. „Und dass du mir keine Schande machst! Gib dir Mühe – wenn du nur willst, kannst du sie alle in den Schatten stellen! Ich möchte stolz sein auf dich! Und komm gesund wieder!"

„Alles klar? Dann lass uns fahren!", sagte Herr Tiedjen draußen.

Das große Verabschieden begann. Bille drückte Black Arrow einen Kuss auf die Stirn und steckte ihm einen letzten Apfel zu. Dann wünschte sie auch Nathan und Feodora Glück und streichelte sie ein letztes Mal.

„He, ich hab dich im Verdacht, dass du als blinder Passagier mitfahren willst", rief Herr Tiedjen lachend. „Das geht aber nicht! Ich kann hier auf deine Arbeit nicht verzichten. Einer in der Familie muss sich doch schließlich um Haus und Hof kümmern!"

„Lieb, dass du das sagst! Tschüss, Daddy – und passt gut auf euch auf!"

Herr Tiedjen nahm Bille in die Arme und drückte sie an sich.

„Du auch, mein Kleines! Halt die Ohren steif, wir sind ja bald wieder da."

Dann kam Simon dran. Bille und er schauten sich an.

„Zu viel Publikum für meinen Geschmack", sagte Simon leise. „Wie gut, dass wir uns schon gestern verabschiedet haben. Mach's gut, du, und halt mir die Daumen, okay?"

„Okay. Toi, toi, toi! Ich werde ganz fest an dich denken."

Simon drückte Bille so fest an sich, dass es wehtat. Dann sprang er ins Auto und zog die Tür hinter sich zu. Langsam rollte der Wagen vom Hof.

„Na denn – an die Arbeit, Kinder", seufzte Florian. „Jetzt geht's rund!"

Der Umzug

„Willst du nicht endlich essen, Kind? Du rennst mir doch wieder ohne Frühstück aus dem Haus!", klagte Mutsch und schob Bille den Korb mit den duftenden frischen Hörnchen noch ein wenig näher heran. „Nun macht man schon mal etwas Besonderes …"

„Gleich, Mutsch, nur einen Augenblick noch!"

„Das musst du verstehen, Olga. Dies ist Simons erster großer Sieg – da muss sie jedes Wort aus den Zeitungen auswendig lernen!", sagte Onkel Paul verständnisvoll und zog Billes Teller zu sich herüber. „Honig oder Marmelade?"

„Hm?" Bille schaute flüchtig über den Rand der Zeitung hinweg. „Honig, bitte."

Onkel Paul schnitt eines der goldgelben, noch ofenwarmen Hörnchen auseinander, strich dick Butter darauf und füllte die Höhlung mit Honig.

„Da, beiß ab, aber kleckere nicht!"

„Wie im Kindergarten", murmelte Mutsch. „Die wird uns doch nie erwachsen, wenn du sie so verwöhnst."

„Macht nichts. Wir haben nur die eine im Haus, und es wird uns schwer genug werden, wenn sie eines Tages auszieht, um ihren eigenen Hausstand zu gründen."

„Da hast du auch wieder recht. Fertig?" Mutsch fasste das eine Ende des Zeitungsblattes, das Bille gerade las. „Lass mich auch mal!"

„Moment! Jetzt!"

Bille griff nach dem nächsten Artikel. Onkel Paul hatte bereits am frühen Morgen sämtliche Zeitungen organisiert, in denen etwas über das Turnier in Hannover stand, und die wichtigsten Stellen für Bille rot angestrichen.

„Eines Tages werden Mutsch und ich hier so sitzen und die Berichte über dich studieren!" Onkel Paul sah Bille versonnen an. „Aber wenn ich ehrlich sein soll, ist es mir doch lieber, dich hier am Tisch sitzen zu sehen und in meiner Nähe zu haben."

„War die Post schon da?", fragte Bille, ohne ihre Lektüre zu unterbrechen.

„Aber Kind, die kommt doch nie vor zehn!"

„Stimmt ja, entschuldige. Hier, hast du das gelesen? ,Der noch sehr junge Simon Henrich überraschte durch seinen ausgewogenen, harmonischen Stil. Mit spielerischer Leichtigkeit überwand er auf der bewährten, ja, man kann sagen, berühmten Feodora die schwierigsten Kombinationen. Die Handschrift seines Lehrers Hans Tiedjen, der von der Ehrentribüne aus jeder Bewegung seines Schülers folgte, ist nicht zu verkennen. Und dennoch möchte man die Prognose wagen, dass Henrich den Ruhm seines Lehrers eines Tages noch übertreffen wird. Er besitzt eine Sensibilität, die weit über das hinausgeht, was man von anderen Reitern gewohnt ist, und die ihn zu einem idealen Zusammenspiel mit seinem Pferd befähigt.' Na, was sagt ihr dazu?"

„Sie schreiben alle sehr begeistert. Simon wird der neue Publikumsliebling werden. Hoffentlich steigt ihm das nicht zu Kopf", meinte Mutsch besorgt. „Und hoffentlich wirst du damit fertig."

„Weißt du, mein Deern", Onkel Paul schob Bille ein

weiteres Stück Hörnchen in den Mund, „für Simon wird es wichtig sein zu wissen, dass du zu ihm hältst. Das glaube ich wenigstens. Der Ruhm, das Angehimmeltwerden, das ist alles ganz gut und schön. Vielleicht schmeichelt es ihm sogar, vielleicht genießt er's. Aber er ist viel zu klug, um sich dadurch blenden zu lassen. Und ich wette, in der Einsamkeit vor dem Turnier, bei der Nervosität, wenn ihn die Zweifel befallen, wenn er nicht zufrieden ist mit sich, da braucht er dich, da muss er wissen, dass du an ihn denkst. Stell dir vor, was du an seiner Stelle tätest, wenn du in der Situation wärst!"

„Das hast du schön gesagt!" Mutsch schaute andächtig zu Onkel Paul hinüber.

„Hab ich so ähnlich mal irgendwo gelesen. Aber es stimmt doch, oder etwa nicht?"

„Ja, es stimmt. Ich denke manchmal darüber nach, wenn ich eifersüchtig auf all die Leute werde, die Simon anhimmeln." Bille fing mit dem Zeigefinger einen Tropfen Honig auf, der sich von dem Rest des Hörnchens in Onkel Pauls Hand löste, und schob beides – Hörnchen und Finger – zugleich in den Mund. Sie mussten lachen.

„Verschluck dich nicht. Was treibt ihr denn da wieder?"

„Ess-Akrobatik", mümmelte Bille mit vollem Mund. „Aber was ich sagen wollte …"

„Schluck erst mal runter!"

„Was ich sagen wollte: Wenn mich die Eifersucht packt, dann denke ich einfach an die Zeit – in zwei Jahren oder so –, wenn ich mit Simon gemeinsam auf den Turnieren erscheine. Dann werde ich's denen schon zeigen!"

„Hoffentlich schlagt ihr zwei euch nicht eines Tages die Köpfe ein, wenn ihr Konkurrenten seid", meinte Mutsch ironisch. „Wenn ich denke, was für ein schlechter Verlierer du immer beim ‚Mensch-ärgere-dich-nicht' warst!"

„Aber Mutsch! Simon wird immer der Bessere von uns beiden sein! Und das ist auch gut so. Silber reicht mir."

„Hör sich einer das Küken an! Aber sonst hast du keine Wünsche?"

„Doch. Noch ein Marmeladehörnchen mit dick Butter und noch eine Tasse Kakao bitte."

Bille versank wieder in ihrer Lektüre.

„Machst du heute mal die Küche? Ich will vorm Geschäft noch beim Friseur vorbei", sagte Mutsch und schenkte Billes Tasse randvoll ein.

Bille raffte die Zeitungen zusammen und goss den Inhalt der Tasse auf einmal hinunter.

„Ich muss sofort weg! Wir haben heute wahnsinnig viel zu tun!", murmelte sie und sprang auf. „Das Hörnchen esse ich auf dem Weg."

„Ach, auf einmal!"

„Komisch", bemerkte Onkel Paul, „was so gewisse Wörter für durchschlagende Wirkung haben!"

„Was für Wörter?", fragte Bille verständnislos.

„Na, die Wörter ‚Küche aufräumen' zum Beispiel."

„Hast du was von ‚Küche aufräumen' gesagt?"

„Nein, aber Mutsch."

„Entschuldige, hab ich gar nicht gehört. Tut mir leid, Mutsch, aber wir haben doch heute den Umzug von Peershof nach Willmsdorf, und ich muss Zottel und Moischele noch anspannen."

„Ja, ja, geh nur. Ich hab die Hoffnung längst aufgegeben, dass du mir auch mal helfen wirst!"

„Mutsch, heute Abend! Ganz bestimmt! Ich koch was für

euch und räume auch ganz allein auf, ich versprech's dir! Aber jetzt muss ich wirklich gehen. Tschüss, ihr beiden, habt einen schönen Tag!"

Wie der Blitz war Bille draußen. Mutsch und Onkel Paul sahen sich kopfschüttelnd an.

Bille sah missmutig in den Himmel. Genau das richtige Wetter für einen Umzug, dachte sie. Es sieht aus, als wolle es schon Herbst werden! Hört dieser blöde Regen denn nie mehr auf?

Zottel und Moischele hatten ihr Frühstück bereits hinter sich und dösten satt und zufrieden im Stall. Nicht einmal das süß duftende Gebäck in Billes Hand brachte Zottel aus der Ruhe, er hob nur einmal kurz die Nase und schnupperte.

„Na kommt, ihr zwei, jetzt geht's an die Arbeit. Wird ein anstrengender Tag heute."

Bille putzte die Ponys, schirrte sie an und spannte sie vor die kleine Gummiräderkarre. Im Zockeltrab ging es nach Peershof hinüber.

Bettina und Florian waren bereits im Stall. Bille band die Ponys draußen unter dem vorspringenden Scheunendach an, dann holte sie sich ihr Putzzeug aus dem Schrank und ging zuerst zu Pünktchen in die Box.

„War der Postbote schon bei euch?", erkundigte sich Bettina.

„Nein, der kommt immer erst gegen zehn."

„Bei uns auch noch nicht", seufzte Bettina.

„Und dabei hat Tina ihn mit sooo großen Versprechungen bestochen", lästerte Florian. „Er kriegt jeden Tag einen Kuss von ihr und für jeden Brief von Tom einen selbst gebackenen Kuchen!"

„Blödmann!" Bettina warf den Schwamm nach Florian, traf aber nur Bongo, der beim Putzen in der Stallgasse vor sich hin gedöst hatte und sich nun vor Schreck fast auf sein dickes Hinterteil setzte.

„He! Deswegen brauchst du doch meinem Pferd nicht gleich nach dem Leben zu trachten!" Florian warf den Schwamm blitzschnell zurück, aber Bettina war auf der Hut. Sie bückte sich rechtzeitig, und der Schwamm flog die Stallgasse hinunter, prallte gegen die Tür und rollte ein Stück zur Seite, bis vor die Hufe des Fohlens Stella, das ihn neugierig beschnupperte.

„Bist du mit Sternchen fertig?", fragte Bille. „Oder soll ich mit Pünktchen rausgehen?"

„Aber nicht doch!", flötete Florian. „Bongo wird der Prinzessin selbstverständlich seinen Platz einräumen. Sie könnte sich bei dem Regen doch einen Schnupfen holen!"

Er schob seinen kleinen Rappen mit einem aufmunternden Klaps in die Box zurück und schloss hinter ihm die Tür.

„Wo Edmund der Weise wohl bleibt? Er wollte doch heute Asterix übernehmen?", brummte Florian. „Alles muss man allein machen."

„Sicher hat er noch im Büro zu tun. Herr Lohmeier ist doch heute auf dem Viehmarkt in Neukirchen", erklärte Bille. „Da muss Edmund sich um den Hof kümmern."

Sie band Pünktchen in der Stallgasse an und begann die Stute mit sanften, gleichmäßigen Strichen zu striegeln. Immer wenn sie jetzt den rotgold glänzenden Leib der hübschen Fuchsstute berührte, musste sie an das Fohlen denken, das in ihr wuchs und bald beginnen würde, sich zu bewegen. Ob es ein Hengstfohlen war – oder eine kleine Stute, ein Ebenbild ihrer Mutter? Würde Pünktchen eine gute Mutter sein? Würde das Pferdekind leicht auf die Welt kommen, ohne Komplikationen?

Bille musste an die Nacht nach dem schrecklichen Unfall denken, als Pünktchen ihr erstes Fohlen verloren hatte. Würde diesmal alles gut gehen?

„Ich werde gut auf dich aufpassen", sagte Bille zärtlich. „Kein Haar soll dir gekrümmt werden. Ich will, dass du nur noch glückliche Tage in deinem Pferdeleben hast!"

„Seit Simon nicht mehr da ist, schmust du zum Trost mit seinem Pferd, wie?", stichelte Florian.

„Zum Trost für wen? Wenn hier einer getröstet wird, ist es Pünktchen", verteidigte sich Bille. „Sie braucht das."

„Ich brauche auch dringend Trost!", knurrte Florian. „Jeden Tag ein halbes Dutzend Pferde putzen und bewegen … Ich bin total gestresst!"

„Ein halbes Dutzend, übertreib doch nicht so!", wetterte Bettina. „Wen hast du denn geputzt? Lohengrin und Bongo!"

„Und jetzt putze ich Asterix und dann Troilus."

„Das sind immer noch erst vier! Und Bille nimmt dir Troilus gern ab, wie ich sie kenne. Bille nimmt Sinfonie und Troilus, ich Troja. Wenn du dann Asterix übernimmst, ist das doch wirklich nicht zu viel verlangt!"

„Ja, aber bewegt werden müssen sie alle, und dann werden sie nach Groß-Willmsdorf überführt, danach wird das ganze Zeug rüberverfrachtet, die Ställe werden hier in Ordnung gebracht, drüben wird wieder alles eingeräumt – die Schufterei steht mir bis hier!"

„Was ist denn mit dir los?" Bille ließ erstaunt Striegel und Kardätsche sinken.

„Er hat schlechte Laune, das ist alles", bemerkte Bettina. „Er ist ganz plötzlich auf die Idee gekommen, dass das Leben ohne Pferde viel einfacher ist. Man könnte in den Ferien lange schlafen, den halben Tag auf dem Bett liegen und lesen oder Radio hören oder beides auf einmal ...“

„Na und?“, unterbrach Florian sie. „Ist das vielleicht nicht wahr? Ich könnte vor Müdigkeit umfallen!“

„Warum gehst du dann nicht einfach früher ins Bett? Wer zwingt dich denn, bis Mitternacht vor der Glotze zu sitzen und dann noch bis halb drei im Bett zu lesen!“

„Das ist mein gutes Recht! Andere genießen ihre Ferien, indem sie herumreisen und sich ein schönes Leben machen, ich genieße sie eben auf meine Weise!“

Bille lachte. Ihr war eben eine gute Idee gekommen. Während Florian Asterix, der sich natürlich mal wieder mit Genuss in seinen eigenen Mist gelegt und über Nacht eine grünlichgraue Färbung auf der rechten Seite angenommen hatte, wütend mit einem feuchten Lappen bearbeitete, trat sie leise zu Bettina und flüsterte ihr etwas ins Ohr.

Bettina nickte begeistert.

„Flori, wir haben eine Idee“, sagte Bille in versöhnlichem Ton. „Ich kann verstehen, dass du keine Lust hast, in den Ferien nur zu arbeiten. Wie wär’s, wenn wir uns noch einen Helfer holten?“

„Einen Helfer? Wo willst du denn den herkriegen?“

„In unserer Schule gibt es so viele Pferdenarren. In unserer Klasse zum Beispiel weiß ich mindestens fünf, die reiten. Wir brauchen nur anzurufen, dann haben wir morgen einen zusätzlichen Pferdepfleger und Reiter.“

„Die Ziegen aus eurer Klasse? Das hat mir gerade noch gefehlt. Kommt überhaupt nicht infrage!“

„Na, es muss ja nicht unbedingt jemand aus unserer Klasse sein. Wie steht es denn mit deiner? Da gibt’s doch sicher auch Reiter genug", lenkte Bettina ein. „Ich meine, wenn dir drei Mädchen im Stall zu viel sind …"

„Du sagst es. Blöd werde ich sein – damit ihr zu dritt über mich herzieht!"

„Aber ein Junge wäre doch eine echte Unterstützung für dich, hab ich nicht recht?"

„Also, na ja. Wenn ich darüber nachdenke, ich könnte es ja mal mit Helmut versuchen. Er ist im Reitverein Neukirchen, aber er hat kein eigenes Pferd. Er ist ein netter Kerl und reitet ganz gut."

„Na bitte. Wenn wir hier fertig sind, rufen wir ihn an, okay?"

„Ist gut."

Florian putzte Asterix fertig, bis er wieder in strahlendem Weiß schimmerte wie ein lupenreiner Lipizzaner. Wenn Helmut tatsächlich herkommen sollte, wollte er sich nichts nachsagen lassen.

„Schade", sagte Bille leise zu Bettina. „Ich habe wirklich gehofft, wir könnten die kleine Susanne Schwarz oder Angela Wendrich mit den Veilchenaugen herholen, damit unser lieber Flori auch mal sein Herz verliert."

„Es wäre zu schön gewesen! Aber lass nur, wenn dieser Helmut nett ist und Flori wieder mehr Spaß an der Arbeit bekommt, soll es uns auch recht sein. Ein ewig schlecht gelaunter Junge im Stall ist nicht zu ertragen. Der macht uns ja noch die Pferde depressiv."

Während Bille den Stall aufräumte und damit begann, Zaumzeug, Sättel, Decken, Bandagen und das gesamte Zubehör zur Ausrüstung der Willmsdorfer Pferde zu verpacken, gingen Florian und Bettina ins Haus, um zu telefonieren.

Es dauerte eine ganze Weile, bis sie wieder erschienen.

„Mann, war das mühsam", stöhnte Florian. „Aber schließlich haben wir es doch geschafft. Ich hatte doch keine Ahnung, dass der nicht in Neukirchen wohnt! Ich musste erst mal zehn andere anrufen, um rauszukriegen, unter welcher Nummer ich ihn erreichen kann."

„Warum hast du's nicht gleich im Reitverein Neukirchen versucht?", erkundigte sich Bille.

„Hab ich ja, aber die Flasche im Büro da hatte auch keine Ahnung."

„Und was ist nun?"

„Lust hat er schon. Aber er weiß noch nicht, ob es klappt. Er hat sich neulich schon anderswo verpflichtet, in den Ferien zu helfen. Nun versucht er, für die anderen einen Ersatz zu finden. Er kommt nämlich viel lieber zu uns, verstehst du …"

„Na logisch! Ich käme auch lieber zu uns, wenn ich die Wahl hätte", antwortete Bille lachend. „Wir sind ja auch die Größten!"

„Wenn's klappt, kommt er schon heute Nachmittag nach Groß-Willmsdorf rüber", berichtete Bettina.

„Drücken wir also die Daumen. Hier, halt mal den Sack auf!"

Gemeinsam verpackten sie das Umzugsgut der Groß-Willmsdorfer Gäste, die nun wieder in den eigenen Stall zurückkehren durften.

„Wie leer uns unser Stall jetzt vorkommen wird", seufzte Bettina. „Ich hab richtig ein bisschen Abschiedsschmerz, obgleich es doch eigentlich egal ist, ob wir sie hier oder drüben versorgen. Aber die vielen unbewohnten Boxen sind so traurig."

„Tröste dich. Deine kleine Stella braucht bald eine eigene

Box, dann kommt Pünktchens Kind dazu, und vielleicht trägt auch Sternchen wieder. Und, wer weiß, vielleicht siegt Simon sich so viel Geld zusammen, dass er sich bald ein zweites Pferd kauft", meinte Bille.

„Vielleicht bringt er eins von seiner Reise mit? Das wäre ja super!" Florian galoppierte mit Trojas Sattel auf dem Kopf durch den Stall. „Eine Araberstute oder einen englischen Vollblüter …"

„Ich denke, du hast im Augenblick genug von den Pferden!", fragte Bettina erstaunt.

„Ja, von den eigenen. Die kennt man ja auch seit Jahr und Tag. Aber mal was ganz Neues im Stall! Ich möchte auch endlich ein neues Pferd. Ich meine, natürlich würde ich Bongo niemals hergeben, ich hänge viel zu sehr an dem Dicken, und er ist hier zu Hause. Aber schließlich wird er allmählich alt und hat seine Ruhe verdient. Und ich werde langsam zu groß und zu schwer für ihn."

„Könntest du dir nicht vorstellen", Billes Augen bekamen einen sehnsüchtigen Glanz, „dass du dir von deinen Eltern ein Pferd aus dem Groß-Willmsdorfer Nachwuchs wünschst? Zum Beispiel den Ältesten von Iris – Irrlicht –, du erinnerst dich sicher an ihn! Oder San Francisco! Es wäre ein wunderbarer Gedanke zu wissen, dass eines unserer Kinder zurückkehrt."

„Irrlicht würde mir gefallen", überlegte Florian. „Dann hätte ich zwei Rappen, einen kleinen und einen großen. Oder Jasmin, die Schimmelstute. Glaubst du, sie ist zu haben?"

„Ich weiß es nicht, aber das lässt sich ja feststellen. Irrlicht jedenfalls ist auf einem großen Gestüt zur weiteren Aufzucht, genau wie San Francisco."

„Seht mal, wer da kommt!", unterbrach Bettina die beiden. „Edmund der Weise auf dem Fahrrad."

Edmund, der Weise genannt, weil er den Kopf stets voller wissenschaftlicher Erkenntnisse hatte, mit denen er seiner Zeit um einiges voraus war, näherte sich auf einem quietschenden Monstrum, das viel zu klein für seine Körperlänge war. Jedenfalls standen seine dünnen Beine seitlich ab wie zwei Topfhenkel. Gegen den immer noch leise herabrieselnden Regen hatte er sich eine Plastiktüte aus dem Spar-Markt über seine Reitkappe gestülpt, der Oberkörper steckte in einer knappen rot-weißen Windjacke.

„Er sieht aus wie ein Jockey zu Fuß", sagte Florian kichernd.

„Oder wie ein Himbeerlolli", bemerkte Bettina, die beobachtete, wie Edmund umständlich vom Fahrrad stieg.

„Na, Leute, alles klar?", fragte Edmund der Weise munter. „Denn woll'n wir mal." Er ergriff den Kasten mit Daniels Putzzeug und verschwand in Asterix' Box.

Florian folgte ihm schweigend.

„Sag mal, dir fällt nicht zufällig auf, dass der Schimmel schon glänzt wie mit Ajax gescheuert?", erkundigte er sich schließlich säuerlich.

„Hat sich gut gehalten seit gestern, doch, das muss man sagen."

„Mann, den hab ich schon eine Stunde lang geputzt heute Morgen", brüllte Florian los. „Du warst ja nicht da!"

„Ach, wirklich? Nett von dir, Florian, danke schön! Na ja, bei dem grauen Wetter sieht man nicht so gut. Machen wir uns also auf den Weg."

Edmund der Weise schickte sich an, Asterix zu satteln.

„Du willst ausreiten?"

„Warum nicht?"

„Erstens, weil er dann gleich wieder aussieht wie eine Sau, bei dem Mistwetter. Und zweitens, weil wir Wichtigeres zu tun haben. Schließlich ziehen wir heute um!"

„Aber dazu braucht ihr mich doch nicht. Jeder von euch nimmt zwei Handpferde, und Bille transportiert den Kram rüber mit ihrem Ponywagen."

„Na, du hast Nerven! Dann hilf uns wenigstens aufladen!"

„Asterix muss bewegt werden, du hast es mir gestern selber gesagt. Und ich habe nicht viel Zeit. Also schön, ich helfe euch schnell aufladen."

Zu viert packten sie Säcke und Körbe auf den Wagen, dann wurden Pünktchen und Bongo gesattelt. Bettina ritt Pünktchen und nahm Troja und Lohengrin als Handpferde mit, Florian nahm den unruhigen Troilus an die Seite, und Sinfonie wurde von Bille neben dem Wagen mitgeführt. So setzte sich die kleine Karawane in Bewegung. Edmund winkte ihnen nach.

„Wisst ihr, was ich glaube?", sagte Bille, als der Stall hinter den Bäumen verschwunden war. „Edmund hat es extra so eingerichtet, dass wir nicht dabei sind, wenn er reitet. Er will was ausprobieren."

„Einen seiner wissenschaftlichen Versuche, meinst du?" Bettina kicherte. „Armer Asterix!"

„Nein, ich glaube, er will es mit dem Springen versuchen. Und da möchte er lieber keine Augenzeugen haben …"

„Kann schon sein, ich habe ihn ein paarmal mit einem Buch über die Theorie des Springenlernens gesehen. Ich glaube, er hat es auswendig gelernt."

„Das sähe ihm ähnlich. Hoffentlich bricht er sich nicht alle Knochen. Wenn er Asterix zu intellektuell kommt, wird der sauer. Aber die beiden kennen sich schließlich lange genug. Vielleicht bringt Asterix ihm das Springen trotz aller eingepaukten Theorie bei. Er wird ihn einmal kurz abwerfen und ihm sagen: ‚Siehst du, mein Junge, und so machst du es in Zukunft nicht mehr!'"

Der alte Petersen erwartete sie schon in der Stalltür.

„Da sind ja meine Heimkehrer endlich! Dachte schon, ihr hättet es euch anders überlegt. Die Mutterstuten haben wir schon umquartiert. Im Fohlenstall ist vielleicht was los! Die toben sich richtig aus, die Kleinen, in den schönen großen Laufställen."

Er nahm Bettina die beiden Handpferde ab und führte sie in den Stall. Bille folgte mit Sinfonie, und Troilus musste in der Tür warten, bis die Älteren in ihre Boxen geführt worden waren. Der Stall war frisch gestrichen und mit neuen, moderneren Tränken versehen worden. Die Boxen hatten praktische Schiebetüren bekommen, und an der Decke hingen neue Lampen.

„Richtig nobel sieht das jetzt hier aus!", lobte Bille. „Wie in einem Luxushotel."

„Warst du schon mal in einem?", erkundigte sich Bettina.

„Nein."

„Dachte ich's mir doch."

„Musst du auch alles so wörtlich nehmen?"

„Ich hab mir das nur vorgestellt: Millionärsgattin im Nerzmantel in Nathans Box. ‚Bitte gnädige Frau, das Menü finden Sie in der Krippe, und wenn Sie mit der Nase auf die Getränkeklappe drücken, fließt unten der Champagner raus.'"

„Du bist ganz schön albern. – Kommt Troilus auch in seine alte Box, Herr Petersen?"

„Ja, alles wie gehabt. Die Peershofer könnt ihr in die leer stehenden Boxen vorn stellen. Die Ponys lasst angeschirrt, die brauchen wir noch. Ich lade schon mal den Wagen ab."

„Ich helfe Ihnen. Was machen wir, wenn wir das Gepäck unserer Herrschaften fertig eingeräumt haben? Können wir in die Reitbahn, oder sollen wir beim Abbau der Ersatzboxen in der Halle helfen?", fragte Bille.

„Wäre schön, wenn ihr mithelfen könntet. Umso eher sind wir fertig, und ihr könnt die Halle wieder benutzen. Wer weiß, wie lange das Regenwetter noch anhält!"

Die Reithalle hatte während des Umbaus den Stuten mit ihren Fohlen als Notquartier gedient. Die Männer hatten einen provisorischen Holzboden über der Reitbahn verlegt, der gegen Zug und Feuchtigkeit isolierte, und mit Brettern und Stangen geräumige Boxen abgeteilt. Es war ein behagliches Sommerhaus für die Pferdemütter und ihre Kinder gewesen. Jetzt musste alles wieder abgebaut und in seinen früheren Zustand versetzt werden. Stuten und Fohlen waren in den alten Stall zurückgebracht worden, denn der Umbau des Dachgeschosses war beendet, zumindest was die Lärm erzeugenden Arbeiten betraf, das Mauern, Hämmern und Bohren.

Zottel und Moischele hatten einen arbeitsreichen Tag. Wieder und wieder wurde der Wagen mit Stroh, Holzteilen und Schutt beladen und am Holzschuppen wieder abgeladen. Zum Glück hatte der Regen nachgelassen, und gegen Mittag kam sogar ein schüchterner Sonnenstrahl durch.

Begeistert waren Bille, Bettina und Florian nicht über die Arbeit, auch wenn zwei Männer vom Hof kräftige Hilfe leisteten und mit Hämmern und Stemmeisen die Boxen in ihre Einzelteile zerlegten. Aber was half es – wenn man die Halle wieder benutzen wollte, musste sie leer geräumt werden! Je eher man es hinter sich brachte, desto besser war es.

„Verdammt anstrengender Tag", ächzte Bille und wischte sich den Schweiß vom Gesicht. „Mensch, freue ich mich auf die Badewanne heute Abend! Aber irgendwie ist es auch schön, dass nun alles wieder seine richtige Ordnung hat und jeder an seinem gewohnten Platz steht. Die Halle muss tipptopp aussehen, wenn Daddy zurückkommt. Der wird Augen machen!"

„Ich habe auch schon daran gedacht, wie wir ihr noch ein bisschen mehr Pep verleihen könnten", meinte Bettina und rieb sich ihr schmerzendes Kreuz. „Wie wär's, wenn wir die Cavaletti und Hindernisse neu streichen würden?"

„Keine schlechte Idee. Jetzt, wo der Pferdestall so schön renoviert ist, kommt einem die Halle ganz schäbig vor."

„Da lassen wir uns schon was einfallen. Und wenn alles fix und fertig ist, die Wohnung oben, das Gutshaus, die neuen Schulställe hinter dem Park, dann wird ein großes Fest gefeiert!"

„Logisch. Aber bis dahin können wir noch ganz schön schuften!" Bille seufzte tief. „Wie heißt's schon bei Goethe: ‚Saure Wochen, frohe Feste …' Na, so sauer wie heute ist mir schon lange kein Tag mehr geworden. Aber was hilft's. Machen wir weiter."

Der neue Pferdebursche

Sie machten nur eine kurze Mittagspause. Frau Engelke, Herrn Tiedjens Haushälterin, versorgte sie mit einem Topf Hühnersuppe und herrlich nach Vanille duftenden und mit viel Marmelade gefüllten Pfannkuchen zum Nachtisch, dann ging es wieder an die Arbeit.

Die Männer hatten bereits sämtliche Boxen in ihre Einzelteile zerlegt und begannen, den Fußboden abzumontieren. Bille, Bettina und Florian hatten alle Hände voll zu tun, das Zeug nach draußen zu schaffen und auf den Wagen zu laden.

„Das geht nicht schnell genug", stöhnte Bille. „Die Männer können nicht weiterarbeiten, wenn der ganze Boden voller Trümmer liegt. Weißt du was, Flori, wir werden es jetzt anders machen: Während du allein mit dem Wagen zum Holzschuppen fährst und ablädst, schaffen Bettina und ich weiter das Zeug aus der Halle. Das Aufladen eilt ja nicht so."

„Einverstanden. Abladen kann ich auch allein, ich brauche den Kram ja nur vor den Holzschuppen zu schmeißen. Bin gespannt, wann Helmut kommt, den könnten wir jetzt wirklich gebrauchen!"

„Vielleicht hat es doch nicht geklappt, dass er einen Ersatzmann für seinen anderen Job gefunden hat."

„Das wäre wirklich zu blöd!"

Bille und Bettina warfen noch ein paar zerbrochene Bretter auf den Wagen, dann nahm Florian die Zügel auf und verschwand hinter einem Vorhang hoch aufspritzenden Pfützenwassers zwischen den Bäumen.

„Ferkel!", schimpfte Bille hinter ihm her. „Kannst du nicht langsamer fahren? Du verlierst die halbe Ladung."

Aber Florian hörte sie nicht mehr.

Bille und Bettina wollten sich gerade wieder der Halle zuwenden, als ein fremder Wagen in den Hof einfuhr und vor dem Pferdestall hielt. Ein schmalschultriger Junge sprang heraus und legte grüßend zwei Finger an die Schirmmütze, dann fuhr der Wagen wieder davon. Der Junge sah sich suchend um.

„Ob das Helmut ist?", flüsterte Bille. „Sieht aus wie ein Jockey."

„Kann ja sein, ich kenne diesen Helmut nicht. Aber gesehen habe ich den da noch nie bei uns auf dem Schulhof", meinte Bettina.

„He! Hallo! Hier sind wir!", rief Bille zum Stall hinüber.

Der Junge kam – mit großen Sprüngen über die Pfützen setzend – auf sie zu.

„Tag. Ich bin Nico." In einem braun gebrannten schmalen Gesicht leuchteten zwei auffallend große Augen von einem so unverschämten Blau, dass es eigentlich gar nicht wahr sein durfte, fand Bille. „Ich suche Florian. Ich bin der Ersatzpferdebursche für Helmut, ihr wisst sicher Bescheid."

„Tag, Nico", sagte Bille und reichte dem Kleinen die Hand. „Florian wird gleich wieder hier sein. Ich bin Bille und das ist Bettina."

Bettina und Nico schüttelten sich die Hand.

„Helmut kann also nicht kommen. Das tut mir leid für ihn", Bettina lächelte, „ich glaube, er wäre sehr gern zu uns gekommen. Du bist ein Freund von ihm?"

„Ich bin seine Cousine."

Bille und Bettina sahen sich an, dann platzten sie los.

„Entschuldige", sagte Bille, immer noch lachend. „Aber wir dachten, du seiest ein Junge!"

„Macht nichts, das passiert mir öfter."

„Seit wann reitest du?", erkundigte sich Bille und betrachtete prüfend die zierliche Gestalt.

„Seit meinem fünften Lebensjahr. Und seit zwei Jahren in der Galoppbahn."

„In der Galoppbahn?"

„Ja, wir wohnen in der Nähe eines Rennplatzes. Ich gehöre zu der Clique, die die Galopper bewegen darf. Ich will später mal Jockey werden."

Bille pfiff durch die Zähne.

„Super. Davon habe ich auch mal geträumt, aber bei mir besteht da keine Chance. Ich werde sicher zu groß und zu schwer. Und du willst uns wirklich helfen?"

„Klar, deshalb bin ich ja hier. Ich langweile mich ohnehin zu Tode. Mein Onkel und meine Tante haben mich für die Ferien eingeladen, aber sie arbeiten den ganzen Tag, und Helmut hat seinen Ferienjob. So sitze ich von morgens bis abends bloß rum. Schließlich kann man nicht die ganze Zeit lesen, nicht wahr?"

Nico schaute sich um.

„Bei uns ist der Pferdestall umgebaut worden", erklärte Bille ihr. „Für die Zeit mussten wir einen Teil der Pferde in die Halle umquartieren. Heute sind sie wieder in ihre alten Boxen gezogen, und wir müssen das Notquartier abreißen.

Hilfst du uns dabei – oder bist du nur zum Reiten gekommen?"

„Quatsch! Klar helfe ich euch."

„Hoffentlich bist du nicht enttäuscht, dass wir hier keine Galopper haben. Nur Spring-, Dressur- und Zuchtpferde."

„Was heißt da ‚nur'? Ist doch toll!"

Nico zeigte auf eine an der Wand lehnende Schaufel.

„Kann ich die nehmen?"

„Sicher. Aber zunächst mal wirst du keine brauchen. Wir müssen die alten Bretter raustragen. Florian kommt gleich mit dem Ponywagen zurück, dann laden wir wieder eine Fuhre voll, und er fährt sie raus zum Holzschuppen. Die Bretter werden im Winter dann verfeuert."

„Alles klar."

Nico stapfte mit großen Schritten in die Halle.

Bille stellte sie dem alten Petersen und Hubert vor.

„Das ist Nico, eine Cousine von Florians Schulkamerad Helmut. Sie wird uns in den Ferien helfen. Nico, das ist Herr Petersen, nach Herrn Tiedjen der mächtigste Mann in den Pferdeställen von Groß-Willmsdorf. Und das ist sein Mitarbeiter Hubert."

„Freut mich!" Nico schüttelte beiden die Hand. „Danke schön, dass ich mitarbeiten darf." Dann begrüßte sie auch die beiden Arbeiter.

„Wie alt bist du eigentlich?", fragte Bille sie, als sie sich an die Arbeit machten.

„Vierzehn. Und ihr?"

„Ich werde in zwei Monaten sechzehn", sagte Bille.

„Da kommt Florian!", unterbrach Bettina die beiden. „Nico, tust du mir einen Gefallen? Sag Flori nicht gleich, dass du ein Mädchen bist. Lass ihn sich erst an dich gewöhnen."

„Warum?" Nico runzelte die Stirn. „Hat er was gegen Mädchen? Ihr seid doch auch welche."

„Nein, nein", Bettina zwinkerte Bille zu, „im Allgemeinen hat er nichts gegen Mädchen. Wir hatten heute Morgen nur eine kleine Auseinandersetzung – oder sagen wir lieber: Diskussion – darüber, dass er ‚wegen des Gleichgewichts' gern einen zweiten Jungen im Stall gehabt hätte."

„Ich verstehe. Jungen sind doch entsetzlich eitel."

„Da hast du recht", meinte Bettina lachend. „Sie fühlen sich sofort zurückgesetzt, wenn sie gegen eine weibliche Übermacht antreten müssen. Was sollen wir da erst sagen …"

Die Mädchen packten sich die Arme voll und schleppten ihre Last vor die Halle hinaus, wo sie das Holz zu Boden poltern ließen. Florian hielt gerade vor der Tür und sprang vom Wagen. Er hatte Nico nicht kommen sehen und landete genau vor ihren Füßen.

„Tag, Florian!", sagte Nico herzlich und streckte ihm die Hand hin, als seien sie alte Bekannte.

„Www… wer ist denn das?"

Florian machte kein besonders intelligentes Gesicht.

„Das ist Nico", erklärte Bille schnell. „Helmut konnte leider doch nicht kommen und hat einen Ersatz geschickt. Nico ist in den Ferien hier. Angehender Jockey, weißt du?"

„Oh, ja! Na dann! Tag, Nico!" Florian ergriff Nicos Hand noch einmal und schüttelte sie heftig. „Entschuldige, dass ich erst so ein saudummes Gesicht gemacht habe. Hab gedacht, was will die halbe Portion hier! Aber wenn du Jockey bist! Finde ich ja toll! Darüber musst du mir unbedingt mal erzählen, wenn wir zwei allein sind und die beiden Weiber sich verzogen haben. Die nerven mich den ganzen Tag mit ihren bissigen Bemerkungen, verstehst du? Wurde höchste Zeit, dass ich Verstärkung bekam."

Bille bekam einen Hustenanfall, und Bettina verdrückte sich so schnell, als wäre einer mit der Mistgabel hinter ihr her.

„Keine Sorge, ich lass dich schon nicht im Stich", sagte Nico und ließ ihr schönstes Lächeln auf Florian los.

„Na dann, packen wir's an!" Florian haute Nico freundschaftlich auf die Schulter und wandte sich dem Schuttberg zu.

„Drei bis vier Fuhren noch, dann haben wir es geschafft", sagte Bille. „Vielleicht können wir dann wenigstens noch eine Stunde reiten."

„Das wäre super. Ich bin schon ganz krank, weil ich eine Woche nicht mehr im Sattel gesessen habe!" Nico arbeitete wie der Teufel drauflos. „Ich bin so neugierig auf eure Pferde! Wen werde ich reiten?"

„Ich glaube, wenn du so viel Erfahrung hast und mit Rennpferden fertigwirst, dann können wir dir Troilus geben. Er ist ein wunderschöner, temperamentvoller Fuchswallach und erst vor wenigen Monaten eingeritten. Er hat zwar einen sehr guten Charakter, aber im Gelände packt ihn manchmal noch der Übermut."

„Dann ist er genau richtig für mich. Habt ihr keinen Hengst hier?"

„Zurzeit nicht. Wir hatten einen wunderschönen, Patrick, aber der ist inzwischen verkauft worden. Unter unseren diesjährigen Hengstfohlen sind zwei, die das Zeug dazu haben, gekört zu werden, wenn sie sich weiter so gut entwickeln. Ich zeige sie dir nachher."

„Super. Ich würde so gern mal auf einem Gestüt arbeiten. Aber so lange ich zur Schule gehe …"

„Ist doch überall das gleiche Leiden!", brummte Florian. „Bist du gut in der Schule?"

„Ach ja, ganz gut."

„Wie macht ihr das bloß alle?"

Mädchen sind eben intelligenter, wäre es Bille beinahe herausgerutscht, aber sie bremste sich noch rechtzeitig. Ob Nico unter ihrer Jockeykappe wohl lange Haare versteckte? Bille schielte zu ihr hinüber. Nein, jetzt zog sie sich die Kappe vom Kopf und schüttelte ihre kurz geschnittenen Locken. Nun, wenn sie wie ein Junge aussah, dann doch wie ein sehr, sehr weiblicher!

Zwei Stunden arbeiteten sie verbissen, dann war die letzte Fuhre beladen.

„Schluss für heute!", stöhnte Bettina. „Jetzt reicht's mir aber auch."

Bille schaute prüfend zum Himmel empor. Die graue Wolkendecke war aufgerissen, und große Flecken von leuchtendem Blau begannen sich auszubreiten.

„Ein kühles Bad wäre jetzt genau das Richtige. Zur See ist es zu weit, so viel Zeit haben wir nicht. Außerdem wird das Wasser eisig sein, nach den vielen Regentagen. Aber wir können es mit dem Moorsee versuchen."

„Hast du eigentlich Badezeug dabei, Nico?", fragte Bettina.

„Sonst kriegst du eine Badehose von Tom, wir finden sicher was in seinen Sachen", sagte Florian.

„Nicht nötig, ich hab alles dabei. Gehen wir in den Stall rüber?"

„Ja, wir werden schon mal die Pferde satteln, während Flori die letzte Fuhre zum Holzschuppen rausfährt", schlug Bille vor.

„Ach, ich dachte, Nico kommt mit mir? Zu zweit schaffen wir das Abladen schneller!"

„Florian, ich möchte Nico so gern schnell unsere Pferde zeigen. Nico kann ja dafür Lohengrin für dich satteln."

„Okay, dann bis gleich."

„Das sind zwei nette Kerle", sagte Nico und schaute hinter den davontrabenden ungleichen Ponys her. „Der Kleine ist ein Shetty, nicht wahr? Gehören sie zum Hof?"

„Sie gehören mir." In Billes Stimme schwang unverhohlener Stolz. „Das heißt, Moischele, der Kleine, gehört meiner Mutter. Er ist ein Findelkind, und wir durften ihn behalten. Für Mutsch, meine Mutter, ist er so etwas wie ein Hofhund geworden, er folgt ihr auf Schritt und Tritt. Zottel, der rot-weiß gefleckte Große, ist ein ehemaliges Zirkuspferd. Ein echter Clown und voll der unmöglichsten Streiche. Man darf ihn nie sich selbst überlassen!"

Sie waren am Stall angekommen, und Bille öffnete die Tür.

„Jetzt werden wir dir unsere Lieblinge vorstellen. Gleich hier vorne, diese bildhübsche Pferdedame, ist Pünktchen. Sie gehört Simon Henrich, du hast sicher schon von ihm gehört?"

„Wage nicht zu sagen, du wüsstest nicht alles von ihm", warf Bettina kichernd ein, „sonst kriegst du es mit Bille zu tun. Die beiden sind nämlich ein Herz und eine Seele, und Simon schickt sich zurzeit an, einer der erfolgreichsten Reiter dieses Jahrhunderts zu werden!"

„Simon Henrich! Ja, natürlich habe ich von ihm gehört!", sagte Nico schnell. „Ein wunderschönes Pferd! Wie alt ist sie?"

„Sie ist dieses Jahr neun geworden. Stammt aus der Trakehnerzucht. Und hier, der kleine Rappe, ist Bongo. Er gehört Florian. Ein lieber Kerl, leider wird er jetzt zu klein für Flori."

„Er wird ihn doch nicht hergeben?"

„Auf keinen Fall. Flori könnte sich nie von ihm trennen!"

„Ich weiß, das ist schrecklich. Ich musste es tun, und ich habe furchtbar geheult, obgleich ich wusste, dass mein Winnetou einen wunderbaren Platz bekam, bei richtigen Pferdenarren. In der Stadt ist das eben alles schwieriger, und zwei Pferde waren zu teuer für meine Eltern."

„Und was geschah dann?"

„Ich bekam Sylvester, einen wunderschönen braunen Vollblüter, der beim Rennen verunglückt war und deshalb nicht mehr starten konnte. Es war ein Drama. Monatelang war er in der Klinik gewesen, dann stand er zum Verkauf. Ich hab meine Eltern so lange bearbeitet, bis sie ihn mir geschenkt haben. Obgleich ich wusste, dass er einen schweren Schock weghatte und ein bisschen seltsam geworden war. Aber er kannte mich und mochte mich, und allmählich ist er wieder ein ganz normales, fröhliches Pferd geworden."

„Alle Achtung, dass du das geschafft hast." Bettina sah Nico bewundernd von der Seite an. „Hoffentlich hast du jetzt nur noch Glück mit ihm und er wird nie wieder krank!"

„Ja, das wünsche ich dir auch!", sagte Bille herzlich. „Es ist schrecklich, ein Pferd, das man liebt, leiden zu sehen! Mit Pünktchen hatten wir voriges Jahr so ein Erlebnis, aber das erzähle ich dir mal in Ruhe. Jetzt müssen wir uns beeilen, Florian wird gleich zurück sein! Dies hier ist Sinfonie. Ein bisschen hysterisch ist sie, aber ein sehr gutes Springpferd. Herr Tiedjen hat mit ihr eine Menge Siege errungen. Im vergangenen Jahr hatte sie ihr erstes Fohlen, einen süßen Kerl, Sindbad. Ich habe ihn mit der Flasche großgezogen, als sie nicht mehr genug Milch hatte. Hier haben wir Lohengrin – ein alter Held unter Herrn Tiedjens Turnierpferden. Und da, mein Liebling, Troja! Sie ist traumhaft zu reiten! Ist sie nicht eine Schönheit?"

„Wirklich, ein so leuchtendes Fuchsrot sieht man selten. Und was für einen eleganten Kopf sie hat!"

„Ihr Sohn ist ihr Ebenbild. Troilus – ihn wirst du heute reiten. Komm, da drüben!"

Nicos Augen glänzten. „Das ist ja ein Traumpferd!"

„Liebe auf den ersten Blick, wie? Warte, ich zeige dir, wo sein Zaumzeug und sein Sattel hängen, dann kannst du ihn gleich fertig machen. Ich nehme Sinfonie, Bettina reitet Troja, und Florian nimmt Lohengrin."

Eine halbe Stunde später waren sie auf dem Weg. Die Mädchen hatten sich, bevor Florian kam, in der Sattelkammer das Badezeug unter die Reitsachen gezogen. Jetzt ging es im gestreckten Galopp den Waldweg entlang zum Moorsee.

Nico war den anderen weit voraus. Sie flog nur so dahin auf Troilus. Und sosehr Florian Lohengrin auch antrieb, er schaffte es nicht, sie einzuholen.

„Der Bengel reitet verdammt gut", keuchte er. „Da könnte man direkt Minderwertigkeitskomplexe kriegen! Kaum ist Simon weg, kriege ich schon wieder neue Konkurrenz ins Haus."

„Gefällt dir Nico?", fragte Bettina, die neben Florian ritt, neugierig.

„Er ist große Klasse. So natürlich und bescheiden, überhaupt nicht angeberisch. Dabei könnte er es doch leicht sein! Endlich mal ein Junge, mit dem ich mich echt anfreunden kann. Was meinst du, ob ich ihn einladen kann, heute bei uns zu bleiben? Er könnte in meinem Zimmer bei mir schlafen, und wir könnten die halbe Nacht quasseln, in aller Ruhe."

„Ich bin mir nicht so sicher, ob Nico mit dir in einem Zimmer schlafen möchte." Bettina konnte sich kaum das Lachen verkneifen.

„Ich werde ihn nachher fragen. Wir könnten gemeinsam mein Flugzeugmodell fertig bauen."

„Und wenn Nico sich nicht für Flugzeuge interessiert?"

„Dann spielen wir eben Monopoly oder Memory. Keine Sorge, uns wird schon was einfallen. Ihr Mädchen könnt euch immer nicht vorstellen, dass man sich auch ohne euch amüsiert."

„Also, in diesem Fall kann ich mir das sehr gut vorstellen. Nun komm, Bille und Nico sind uns schon davongeritten, sicher sind sie längst im Wasser, bis wir kommen."

Bettina hatte recht. Als sie am Ufer des Moorsees haltmachten, schwammen Bille und Nico bereits dem anderen Ufer zu.

„Ist es sehr kalt?", rief Bettina.

„Schauderhaft! Aber schööööön!", schrie Bille zurück.

„Es tut so gut, wenn der Schmerz nachlässt!", rief Nico lachend. „Na, kommt schon, ihr Feiglinge!"

„Hast du Töne! Die wollten uns bloß reinlegen." Bettina stieg ins Wasser und schwamm mit kräftigen Zügen den anderen nach. „Das Wasser ist ganz warm!"

„Spinnst du?", quiekte Florian. „Das nennst du warm? Ich komme mir vor wie ein frisch gekochtes Ei beim Abschrecken!"

„Was klappert denn da so laut?", rief Nico. „Sind das deine Zähne, Florian? Na, komm schon, ich tauch dich ein bisschen, dann wird dir warm!"

„Das werden wir gleich sehen, wer hier wen taucht!"

Florian schwamm hinter Nico her und versuchte mit lautem Indianergeheul, sich auf sie zu stürzen. Nico ließ ihn dicht herankommen, dann tauchte sie blitzschnell unter ihm weg, schwamm eine Weile unter Wasser und kam zehn Meter von Florian entfernt wieder zum Vorschein. Das Spiel wiederholte sich ein zweites und ein drittes Mal.

„Mann, bist du ein guter Schwimmer!", staunte Florian. „Und ich hab mir immer eingebildet, ich sei nicht zu schlagen!" Seine Bewunderung für Nico steigerte sich ins Grenzenlose.

„Ich hab vor den Ferien bei uns die Schulmeisterschaften gewonnen", sagte Nico entschuldigend. „Schwimmen wir um die Wette bis zu dem Steg da?"

„Okay."

Florian stürzte sich wie ein Besessener vorwärts. Aber Nico war ihm um zwei Längen voraus und kletterte auf den Bootssteg. Lachend stand sie über ihm.

Florian, das Gesicht triefend vor Wasser, schüttelte sich und schielte nach oben. Dann schüttelte er sich noch einmal und rieb sich die Augen. Sein Mund stand weit offen vor Staunen.

„Ist was?", fragte Nico liebenswürdig.

„Ah ... ich ... du ... du hast ja ... du bist ...", krächzte Florian und schluckte wie ein Frosch, der nach einer Fliege schnappt. Verwirrt starrte er auf die unverkennbar weiblichen Formen unter dem rot-weiß getupften Bikini. „Wieso bist du kein Junge?", fragte Florian schließlich nicht sehr intelligent.

„Da musst du den lieben Gott fragen."

„Aber du hast doch gesagt ..."

„Ich?" Nico zog erstaunt die Augenbrauen hoch. „Kein Wort hab ich gesagt. Ich habe nur gesagt: Ich bin Nico, der Ersatzpferdebursche für Helmut."

Bille und Bettina konnten sich nicht mehr halten, sie lachten, dass das Echo von allen Seiten widerhallte.

„Ihr blöden Gänse!", brüllte Florian. „Ihr habt es gewusst!" Wütend schlug er ins Wasser, dass es hoch aufspritzte.

„Das stimmt nicht, Flori", sagte Bettina versöhnlich. „Wir sind erst genauso reingefallen wie du. Und als Nico plötzlich erwähnte, sie sei Helmuts Cousine, haben wir genauso blöd geschaut wie du jetzt! Also, zieh keine Schau ab. Was ist denn daran so schlimm?"

„Das weißt du genau! Du weißt genau, wie ich mich gefreut habe, dass ich endlich einen richtigen Freund ... Ach, Quatsch, ihr versteht das ja doch nicht. Macht doch, was ihr wollt." Florian drehte sich um und wollte zum anderen Ufer zurückschwimmen.

„Dann soll ich also morgen nicht mehr kommen", sagte hinter ihm Nico enttäuscht. „Schade. Gerade fing ich an, mich auf diese Ferien zu freuen. Aber wenn das so ist, wenn für dich einer nur zählt, weil er ein Junge ist – ganz wurscht, was er sonst für Eigenschaften hat –, na schön. Du wirst mich nicht mehr wiedersehen."

Nico stieg an ihm vorbei ins Wasser und schwamm davon.

Florian sah ihr fassungslos nach. Dann sah er Hilfe suchend zwischen Bettina und Bille hin und her.

„Warum haut sie denn jetzt ab?", fragte er kläglich. „Ich will nicht, dass sie abhaut! Sie soll bleiben! Tut doch was!"

„Ich fürchte, das musst du selber tun, Flori", sagte Bille ernst. „Na los, schwimm ihr nach und sag, dass du es nicht so gemeint hast. Quatscht euch aus. Wir kommen später nach, nicht wahr, Bettina?"

„Klar."

Bettina und Bille nickten ihm auffordernd zu. Florian schaute noch einmal unsicher von einer zur anderen, dann hechtete er vorwärts und kraulte hinter Nico her. Kurze Zeit darauf sahen Bille und Bettina die beiden einträchtig miteinander davonreiten.

Der Strandräuber

„So viel Post! Ich werde den Tag zum Nationalfeiertag ausrufen lassen!"

Bille schwenkte begeistert zwei Briefe und eine Postkarte
durch die Luft. Ihre Mutter, die heute freigenommen hatte, um sich in Ruhe der Himbeerernte widmen zu können,
tauchte zwischen den Sträuchern auf.

„Schau her: ein Brief von Tom, eine Karte von Daniel aus
Florenz und ein Brief von Simon aus München! Toll, was? Du
musst mich jetzt leider für einen Augenblick entschuldigen."

„Selbstverständlich!" Mutsch lächelte verschmitzt. „Vermutlich musst du den Brief von Simon erst auswendig lernen, ehe ich dich wieder zu Gesicht kriege."

„Spotte nicht. Du hättest es doch früher genauso gemacht.
Ich komme gleich wieder. Ich habe versprochen, dir beim
Pflücken zu helfen, und das tue ich auch, du wirst schon se-
hen!"

Bille verschwand auf der Veranda und ließ sich in einen
Korbsessel fallen. Erst die Karte von Daniel. Sie war kaum zu
entziffern. Er schwärmte von Kunstschätzen und Spaghetti-
bergen, erkundigte sich nach Asterix und ließ alle herzlich
grüßen. Das Bild auf der anderen Seite der Karte zeigte einen
Ausschnitt aus einem alten Mosaik, auf dem zwei Pferde ab-
gebildet waren. Lieb von ihm, dachte Bille und nahm Toms
Brief zur Hand. Den von Simon sparte sie sich bis zuletzt auf.

Tom schrieb von stundenlangem Schwimmen im Meer, von verrückten Hotelgästen und langweiligen Partys. Er fragte nach jedem Pferd einzeln und erkundigte sich nach Simons Erfolgen. Lang und breit ließ er sich darüber aus, wie sehr er sich nach Groß-Willmsdorf sehnte und wie er die Stunden zählte, bis er wieder ins Flugzeug nach Europa steigen dürfte. „Mein neuer Stiefvater ist ein Albtraum", schrieb er. „Für ihn gibt es nur ein Thema: Geld machen! Es ödet mich an, und ich muss mich furchtbar zusammennehmen, um nicht mit ihm aneinanderzugeraten. Na, es geht alles vorüber. Pass gut auf dich auf, Schwesterchen. Und auf meine Bettina auch! Es grüßt dich tausendmal dein Tom."

Bille wollte gerade den Brief von Simon zur Hand nehmen, als das Telefon klingelte. Florian war am Apparat.

„Nico und ich haben gerade beschlossen, dass wir alle heute an den Strand reiten. Das Wetter ist so schön und das Wasser soll ganz warm sein!"

Bille musste lachen.

„So, so, habt ihr das beschlossen? Was mich betrifft – ich bin sofort dabei. Das Dumme ist nur, ich habe Mutsch versprochen, ihr wenigstens zwei Stunden beim Himbeerpflücken zu helfen."

„Kein Problem. Wir kommen rüber zu dir und holen dich ab, und wenn du bis dahin noch nicht fertig bist, helfen wir dir!"

„Okay, super! Wo ist Bettina?"

„Sie hockt im Sessel und liest zum fünften Mal den Brief von Tom, den sie heute bekommen hat."

„Sag ihr, ich hab auch einen! Sie darf ihn nachher lesen und die Karte von Daniel auch."

„Mach ich, vielleicht beeilt sie sich dann ein bisschen. Wie war das, du hast eine Karte von Daniel?"

„Ja, aus Florenz!"

„Da kann man's mal wieder sehen. Mir schreibt er nie!"

„Armer Flori. Bestimmt schreibt er dir auch bald."

„Also dann, bis später!"

Sie hängten ein, und Bille beschloss, den Brief von Simon noch ein wenig aufzuheben und lieber schnell zu Mutsch in den Garten zu gehen. Wenn sie sich beeilte, war sie fertig, bis die anderen kamen.

„Wer war das eben?", erkundigte sich Mutsch.

„Florian. Sie haben beschlossen, zum Strand rüberzureiten. Aber ich habe ihm gesagt, dass ich dir erst helfen will."

„Gute Idee bei dem herrlichen Wetter. Solche Sommertage sind so selten geworden", sagte Mutsch. „Na, dann spring. Mach deinen Zottel fertig und packt euch was zu essen ein."

„Ist das dein Ernst?"

„Würde ich es sonst sagen? Schließlich hast du Ferien, und du arbeitest sonst hart genug."

„Mutsch, du bist ein Schatz!" Bille fiel ihrer Mutter stürmisch um den Hals und drückte ihr schmatzend einen Kuss auf die Stirn. „Du bist einsame Spitze!"

Mutsch lächelte.

„Vielleicht komme ich heute Nachmittag auch mal rüber ans Meer. Hab schon ewig nicht mehr in der See gebadet. Heute hätte ich richtig Lust dazu."

„O ja, das wäre toll! Versprich mir, dass du das tun wirst! Und hinterher gehen wir mit dir zusammen ein Eis essen! Wir laden dich ein!"

„Ja, wenn das so ist …"

„Du könntest doch Inge mitbringen und den Kleinen! Das wäre dann ein richtiger Familienausflug!"

„Also, eigentlich wollte ich mich ja mal erholen. Aber so ist das nun, gleich wird man wieder ausgenutzt." Mutsch zog spöttisch die Mundwinkel herunter. „Warum denken Kinder bloß immer, Mütter müssten ständig etwas zu tun haben, sonst wären sie nicht glücklich!"

„Du hast recht", stimmte ihr Bille reuevoll zu. „Wenn Inge mit dem Kleinen dabei ist, musst du sofort wieder den Babysitter vom Dienst spielen, und meine liebe große Schwester vergnügt sich derweil im Wasser. Kommt gar nicht infrage. Du sollst einen richtigen Feriennachmittag haben, dafür werden wir schon sorgen."

Bille ging auf die Koppel, um Zottel zu holen. Er musste etwas von dem Ausflug ahnen, denn er kam sofort angetrabt.

„Komisch", sagte Bille, „wenn du arbeiten sollst, machst du das nie! Wie kriegst du das bloß immer raus?"

Bille war gerade dabei, in ihrem Rucksack Badezeug, Limonade und etwas Essbares zu verstauen, als die anderen vor dem Haus hielten. Nico ritt Asterix, Bettina saß auf Pünktchen, und Florian hockte in Cowboymanier auf seinem dicken Bongo.

„Bin schon fertig!", rief Bille durch das Küchenfenster. „Ihr braucht gar nicht erst abzusteigen. Zottel steht gesattelt am Stall. Hat jemand Hunger auf einen Schokoriegel oder ein Stück Kuchen?"

„Auf beides!", rief Florian. „Ich muss jetzt für zwei essen!"

„Warum denn das?", fragte Bettina erstaunt.

„Nico ist so dünn, das muss ich ja irgendwie ausgleichen, nicht?"

Bille zog Zottel hinter sich her auf die Straße und verteilte Süßigkeiten an die Freunde. Zottel reckte den Hals, um auch etwas abzukommen, und schaffte es tatsächlich, Florian ein Stück Kuchen wieder zu entreißen, das er in der linken Hand hielt, während die Rechte einen Schokoriegel in den Mund schob.

„Selber schuld", kicherte Bille. „Du kennst ihn doch! Warum bist du nicht vorsichtiger. Hier hast du noch eins."

„Ich sollte mir wirklich überlegen, ob ich nicht doch lieber die Tochter einer Supermarktbesitzerin heirate." Florian schaute abwechselnd auf den Kuchen und die Schokolade. „Es hat unbestreitbare Vorteile."

„Wenn du so weitermachst, bist du bald so fett wie Bongo", bemerkte Nico ungerührt. „Na kommt, Leute, ich kann es kaum noch erwarten, mich ins Meer zu stürzen."

Zur Ostsee waren es fünf Kilometer. Die Sonne brannte auf die ausgetrockneten Schotterwege. Staub wirbelte auf und trocknete einem die Kehle aus, dass man glauben konnte, man sei im Wilden Westen. Endlich spürten sie einen frischen Windhauch im Gesicht, die Luft begann ein wenig nach Salz zu schmecken.

„Seht ihr den dunkelblauen Streifen da drüben? Das ist das Meer! Wir sind gleich da!", rief Bille den anderen zu und trieb Zottel zu einem scharfen Galopp.

Ein kleiner Wall trennte die Wiesen vom Strand. Dahinter dehnte sich ein Dünenstreifen, der in einen breiten Sandstrand überging.

„Wir reiten noch ein Stück Richtung Norden", erklärte Bille. „Da gibt es ein paar Bäume hinter den Dünen an einer Koppel und eine Viehtränke. Dort können wir die Pferde im Schatten anbinden."

„Los, machen wir einen Galopp am Strand entlang!",
schlug Nico vor und sauste auf Asterix davon.

Die anderen folgten ihr, und bald waren sie bei der Baum-
gruppe angekommen.

„Was ist denn hier los?", maulte Florian. „Alles voller Leute! Wo kommen bloß die ganzen Typen her?"

„Feriengäste", meinte Bettina. „Schließlich haben wir
jetzt die Haupturlaubszeit. Und dort hinten haben sie einen
neuen Parkplatz gebaut, seht ihr? Und einen Kiosk aufgestellt! Kein Wunder, dass der Strand so überfüllt ist!"

„Da kann man nichts machen", seufzte Bille. „Lassen wir
uns den schönen Tag nicht durch den Rummel verderben.
Wir suchen einen Platz etwas weiter entfernt – da drüben
vielleicht, in der Mulde! Die Pferde lassen wir hier, an die
wird sich schon keiner ranwagen."

„Und die Sättel?", fragte Nico.

„Die nehmen wir lieber mit. Man kann nie wissen."

Sie sattelten die Pferde ab und banden sie unter den Bäumen
an.

„Später dürft ihr auch ins Wasser", sagte Bille und streichelte Zottel zärtlich am Hals. „Jetzt ruht euch erst mal
aus."

Als sie Sättel und Rucksäcke bis zu der Mulde geschleppt
hatten, die sie sich als Lagerplatz auserkoren hatten, waren
sie reif für ein erfrischendes Bad. Um die Wette zerrten sie
die Stiefel von den Beinen, Reithosen und T-Shirts flogen
durch die Luft. Wer war zuerst im Wasser?

Bille stürzte sich als Erste in die Brandung. Wie winzige
Nadelstiche prickelte das kalte Salzwasser auf der Haut. Bille
legte sich auf eine heranrollende Welle und ließ sich ans Ufer

tragen. Herrlich war das! Mit Indianergeheul platschten neben ihr die anderen ins Wasser.

Eine halbe Stunde lang tobten sie um die Wette, dann zogen sie sich erschöpft in die Sandkuhle zurück und machten sich über die mitgebrachten Vorräte her.

„Puh! Wenn es gleich einen großen Knall gibt, bin ich geplatzt", stöhnte Nico. „Wenn ich so weitermache, kann ich meine Karriere als Jockey in den Wind schreiben!"

„Keine Sorge, das arbeitest du dir schon wieder ab", meinte Florian. „Du putzt einfach ein paar Pferde und ein paar Boxen mehr – schon hast du es dir wieder runtergeschwitzt. Bongo zum Beispiel und seine Box."

„Und was tust du in der Zwischenzeit?"

„Ich widme mich mehr geistigen Beschäftigungen."

„Du wirst doch wohl nicht freiwillig für eine bessere Note in Latein pauken?", fragte Bettina spöttisch.

„Ich dachte eigentlich eher an Krimis und so."

„Cremt mir einer von euch bitte mal den Rücken ein?" Bille hielt die Flasche mit dem Sonnenschutzmittel in die Höhe. „Wer will noch mal, wer hat noch nicht!"

„Gib her."

Bettina kam der Freundin zu Hilfe, dann ging die Flasche reihum. Schließlich lagen sie alle vier, glänzend wie die Spickaale, nebeneinander und dösten vor sich hin.

„Bitte keine Störungen mehr", brummte Florian. „Höchstens wenn ich im Schlaf rede, dürft ihr mich wecken. Damit ich nicht meine intimsten Geheimnisse ausplaudere."

„Und wenn du schnarchst, halten wir dir die Nase zu", sagte Bille gähnend. „Hach, ist das schön, so zu faulenzen!"

Während die vier Freunde schläfrig in der Sonne lagen,

hatten ihre Pferde längst die Neugierde der Badegäste erregt. Interessiert standen sie um die Vierbeiner herum.

„Der große Weiße da ist ein Hengst", ließ sich ein alternder Jüngling mit Halbglatze vernehmen, auf dessen Schultern ein Sonnenbrand leuchtete, als hätte er sich mit Tomatenketchup eingeschmiert statt mit Sonnencreme.

„Die Schwarze da kriegt sicher ein Junges. Sie ist schon ganz dick!", erklärte ein vorlautes kleines Mädchen ohne Vorderzähne. Bongo schnaufte beleidigt.

„Der Gefleckte ist vielleicht ulkig!" Ein magerer Junge mit strohblonden Haaren wagte sich näher an Zottel heran.

„Komm da weg, Edi, vielleicht beißt er!", rief seine Mutter entsetzt, eine ebenso blonde Dame in einem lila geblümten Einteiler, der sich in breiten Ringen um die Fettwülste an Bauch und Busen der ebenfalls Sonnenbrandgeschädigten legte.

„Kann er ja gar nicht! Der ist ja mit einem Geschirr angebunden!"

„Aber er kann dich treten."

„Das heißt nicht Geschirr, das heißt Halfter, mein Junge", ließ sich ein alter Herr vernehmen, der auch in der Badehose noch aussah, als trüge er Uniform.

„Eine Gemeinheit ist das, die Pferde hier einfach so anzubinden und stehen zu lassen!", näselte ein spitzgesichtiges älteres Fräulein. „Man sollte so etwas dem Tierschutzverein melden!"

„Was wollen Sie, die Tiere stehen im Schatten", widersprach der Militärische. „Sie haben einen anstrengenden Ritt hinter sich und können jetzt ausruhen."

„Die Dame hat recht!", mischte sich ein Familienvater von fünf Kindern ein, die wie die Orgelpfeifen an seiner Seite standen. „Reiten ist eine Tierquälerei. Und dann erst das Springen! Es ist völlig unnatürlich, verstehen Sie?" Beifall heischend sah er sich um, die Arme in die Hüften gestützt, den Kugelbauch gebieterisch nach vorne geschoben. „Das Pferd ist von Natur ein Fluchttier …"

„Geknechtet und geschunden!", schnitt ihm das alte Fräulein das Wort ab. „Allein diese Grausamkeit, den Tieren ein Eisen ins Maul zu schieben!"

„Was wollen Sie, sie sind es gewöhnt", widersprach der Militärische.

„Na hören Sie mal, laufen Sie doch mal mit einer kalten Eisenstange im Mund herum!"

„Otto! Essen kommen!", quakte eine hohe Frauenstimme hinter den Dünen, und der Familienvater trieb seine fünf Sprösslinge eilig vom Schauplatz.

Auch die anderen verkrümelten sich nach und nach, nur das alte Fräulein blieb dicht bei Zottel stehen und kraulte ihm mit spitzen Fingern die Mähne.

„Wie traurig du aussiehst, mein armes, geschundenes Tierchen", flüsterte sie.

Zottel witterte seine Chance.

Hmhmhmhmhm, machte er dumpf und senkte den Kopf. Die Lider halb geschlossen, die Ohren zur Seite hängend, bot er ein Bild des Jammers.

„Armer, armer Kerl. Widerliche Tierquälerei, dieses Halfter um den Kopf!" Das Fräulein triefte vor Mitleid. Vorsichtig sah sie sich um. Dann nahm sie allen Mut zusammen. So kühn war sie in ihrem ganzen Leben noch nicht gewesen, aber die gute Sache wollte es! Mit zitternden Fingern löste sie die Schnalle, griff ungeschickt nach dem Halfter, zerrte nervös daran und schaffte es endlich, Zottel das Halfter herunterzuziehen. „Siehst du, ich befreie dich von dem scheußlichen Ding! Jetzt kannst du wieder frei atmen, mein armer Kleiner.“

Zottel schien den Atem anzuhalten. Kaum konnte er sein Glück fassen. Immerhin war er klug genug, das Fräulein in Sicherheit zu wiegen und die Flucht nicht sofort zu wagen.

Unschlüssig hielt die Spitzgesichtige das Halfter in der Hand. Was sollte sie tun, damit das Pony nicht weglief?

„Warte, ich werde dir das Halfter um den Hals hängen. Dann kannst du nicht davonlaufen und hast den Kopf doch frei. So ist es brav! Nun die anderen!“

Aber so weit kam das Fräulein nicht mehr. Bongo, ärgerlich über die Störung seines Mittagsschlafs, begann unruhig hin und her zu trippeln und schüttelte wild den Kopf. Da bekam es die Spitzgesichtige mit der Angst und beschloss, eine gute Tat sei genug für heute. Schleunigst trat sie den Rückzug an.

Zottel spitzte die Ohren und wieherte ihr fröhlich nach. Wer sich so nett um ihn kümmerte, musste doch auch etwas zu essen haben! Er senkte kurz den Kopf, und das Halfter rutschte ihm über den Hals bis hinter die Ohren. Ein, zwei Schritte rückwärts, der um den Baum geschlungene Anbindestrick spannte sich. Noch ein wenig gezerrt und gezogen, und Zottel war frei.

Eifrig trabte er hinter seiner Gönnerin her, die über die Dünen zum Strand stapfte. Da sie ihn nicht zu bemerken schien, blies er ihr in den Nacken.

„Huch!“, schrie das Fräulein und stolperte vorwärts.

Zottel schnaubte und rückte ein wenig näher heran. Jetzt sah das alte Fräulein, wer ihr da so nachdrücklich den Hof machte.

„Himmel!", stammelte sie und wurde blass. „Du Untier! Wie konntest du nur! Ksch! Ksch! Geh weg! Lass mich in Ruhe!" Sie scheuchte mit ihrem Sonnenhut Zottel von sich fort, als sei er eine Wespe.

Beleidigt wandte sich Zottel ab. Unschlüssig trippelte er ein paarmal hin und her, dann hob er schnuppernd die Nase. Es duftete verführerisch nach Süßigkeiten und Obst. Eine kleine Stärkung konnte nicht schaden.

Die Nase weit vorgestreckt, trabte Zottel den erhofften Genüssen entgegen. Da – hinter diesem komischen runden Sandwall musste es sein! Zottel bestieg das Rund der sorgfältig mit Muscheln verzierten Burg, begrub ein paar bunte Fähnchen unter seinen Hufen und stand einem Wesen gegenüber, das unten zwar Beine wie ein Mensch besaß, oben aber nur aus einem bunten Stoffsack bestand, der sich in schlangenartigen Bewegungen mal hierhin, mal dorthin drehte.

Zottel stupste das Wesen vorsichtig mit der Nase an.

„Reich mir doch mal den anderen Badeanzug rüber", kam es dumpf unter dem Stoffsack hervor. „Nun mach schon, Erich!"

Zottel beschloss, die Sache näher zu untersuchen, und hob mit dem Maul den Stoffsack ein wenig an. Unter dem Sack kicherte es.

„Bist du verrückt, Erich, doch nicht hier! Was machst du denn! Nicht doch! Du weißt doch, wie kitzlig ich bin!"

Zottel schnupperte nacktes Menschenfleisch, keine Spur von Kuchen oder Zucker! Jetzt griff auch noch eine Hand nach seiner Nase.

„Huuuaaaaach!", kreischte der Sack so laut, dass Zottel sich zu Tode erschrocken auf sein Hinterteil setzte, wobei er den Rest der kunstvoll aufgeschichteten Burgmauer zum Einsturz brachte.

Bloß weg hier! Zottel rappelte sich auf und ergriff die Flucht. Seine Hufe schaufelten pfundweise Sand auf den um Hilfe schreienden Stoffsack, der sich jetzt am Boden ringelte.

Wozu sie nur diese blödsinnigen Wälle aufgeschaufelt hatten? Kaum zwei Schritte konnte man tun, dann stand man schon wieder auf so einem Berg, der unter einem wegrutschte! Die nächste Sandburg war leer, nur ein Handtuch und etwas Unterwäsche befand sich darin. Zottel stampfte auf der Suche nach Essbarem beides in den Sand, bis nichts mehr davon zu sehen war.

Von der nächsten Burg wurde er schreiend vertrieben, aber in der übernächsten hatte er Glück. Dort stand, von einem Handtuch bedeckt, ein großer Korb. Hier endlich wurde er fündig! Äpfel und Trauben, Butterbrote und Kekse – Zottel schnaubte begeistert und machte sich in aller Ruhe über die Herrlichkeiten her.

Aber nichts auf der Welt ist vollkommen. Er war gerade bei den Keksen angelangt, da hörte er wütendes Schimpfen. Die Arme wild durch die Luft schwenkend, kam ein baumlanger Kerl auf ihn zu, gefolgt von einer dicken, heftig schnaufenden Rothaarigen, die in den höchsten Tönen keifte.

Zottel beugte sich lieber solchen Argumenten und trat höflich den Rückzug durch die Sandmauer an, wobei er die Muschelschrift „Herzlich willkommen in Sandmännchens guter Stube" knirschend unter seinen Hufen begrub.

Da, ein bekanntes Gesicht, der Militärische von vorhin! Der würde ihn sicher freundlicher aufnehmen. Zottel nahm einen Anlauf und schob mit allen vieren zugleich die Burg des alten Herrn zu einem platten Pfannkuchen zusammen.

Der Militärische war gerade dabei gewesen, seine Badehose zu wechseln. Er stand auf einem Bein und versuchte, krampfhaft balancierend, im Schutz eines über die Schultern gehängten Badetuches das zweite Bein in die Öffnung der Hose zu stecken, als Zottel sich stürmisch näherte.

„Verdammtes Vieh! Weg! Weg hier!", brüllte der Militärische und verlor das Gleichgewicht.

Zottel begriff, dass er auch hier nicht erwünscht war, und preschte weiter. Zwischen den Zähnen hielt er immer noch die Kekspackung. Das Badetuch des Militärischen ging bei der Enge der Sandburg nun ebenfalls mit und wickelte sich um seine Beine. Ärgerlich keilte Zottel aus und beförderte auf diese Weise wenigstens das Badetuch in die Luft, von wo aus es sanft auf die Bewohner der nächsten Sandburg niederschwebte und sie unter sich begrub.

„Mein Badetuch! Gib sofort mein Badetuch her!" Der Militärische griff in Ermangelung seines Handtuchs nach einer Zeitung und hielt sie sich vor seine Blöße.

Jetzt wurde es ungemütlich. Aber wo sollte man hin, wenn sich eine Burg an die andere reihte und sich nirgends ein Fluchtweg zeigte? Zottel beschloss, den direkten Weg einzuschlagen, und zog eine Furche quer durch sämtliche Sandwälle hindurch. Wildes Schreien und Schimpfen begleitete seinen Weg. Dabei war es schwer genug, sich durch den lockeren Sand zu arbeiten. Endlich schien er die letzte Befestigung erreicht zu haben. Ein großes Rund, mit bunten Fähnchen besteckt, ragte vor ihm auf.

Drinnen saß der Familienvater mit seinem rundlichen Eheweib und den fünf Sprösslingen beim Mittagsmahl.

Wie ein wild gewordener Eber brach Zottel durch die Wand in die friedliche Runde. Mit einem Huf landete er in einer Schüssel Kartoffelsalat, der andere verarbeitete einen Teller voller Tomaten in Sekundenschnelle zu Ketchup.

Dem Familienvater fiel vor Staunen das Brötchen aus der Hand und legte sich mit der Butterseite auf den Sand. Die Mutter tauchte vor Schreck das Würstchen statt in den Senf in ihren Kaffeebecher, und das älteste der Kinder goss mit fasziniert auf Zottel gerichtetem Blick die Limonade aus der Flasche neben seinen Becher.

Zottel hielt es für besser, sich nicht länger bei der Gesellschaft aufzuhalten. Endlich hatte er eine freie Fläche vor seinen Hufen. Erlöst trabte Zottel von dannen.

Bille war eingeschlafen. Leise trat Zottel zu ihr heran. Endlich konnte er sich im Kreis der Freunde ungestört seiner Mahlzeit widmen. Er ließ die Keksschachtel fallen, trat sie geschickt mit dem Huf auseinander und zog mit den Lippen etwas von dem Inhalt heraus.

Seine Freundin fühlte einen sanften Regen wie von Sand und kleinen Brocken auf sich niedergehen und öffnete schläfrig ein Auge. Plötzlich fuhr sie hoch.

„Igitt, du Krümelmonster! Auf meinen schön eingecremten Bauch! Und dann auch noch mit Schokolade! Wo hast du das her?"

Die Welt war ungerecht. Nicht mal bei seinen Freunden hatte man seine Ruhe. Zottel wandte sich beleidigt ab und tat, was er noch nie freiwillig getan hatte: Er ging zu seinem Standplatz zurück und stellte sich zwischen Bongo und Asterix, als wenn nichts geschehen wäre.

Neue Bekanntschaften

Jedes Wochenende fanden irgendwo in der Umgebung kleinere Turniere statt, und Bille bemühte sich, so oft wie möglich daran teilzunehmen, um ihre Turniererfahrungen zu erweitern, immer sicherer und ruhiger zu werden und sich allmählich auf größere Aufgaben vorzubereiten.

Am Anfang war sie Woche für Woche im Reitverein Neukirchen aufgetaucht, wo am schwarzen Brett die Ankündigungen der nächsten Prüfungen zu finden waren. Inzwischen aber war sie so bekannt und wegen ihrer unkomplizierten, hilfsbereiten Art so beliebt bei den Reiterkameraden, dass die Einladungen von selbst ins Haus kamen.

Onkel Paul ließ es sich nicht nehmen, sich persönlich um die Meldungen zu kümmern, und stellte großzügig das Startgeld zur Verfügung. In aller Herrgottsfrühe stand er mit Bille auf, um sie an den Ort der Veranstaltung zu fahren, half ihr bei der Meldung im Turnierbüro und beim Befestigen der Kopfnummer und blieb bei ihrem Pferd, während sie den Parcours abschritt.

Hatte sie Hunger oder Durst, stand er mit einer Thermosflasche voll heißem Tee bereit und fütterte sie mit Schinkenbroten, verletzte sie sich, war die Autoapotheke immer griffbereit. Und da Onkel Paul sich auch um die anderen Reiter kümmerte, wenn es nötig war, war er bald von den Turnierplätzen nicht mehr wegzudenken.

„Du bist so lieb, Onkel Paul", sagte Bille immer wieder. „Du opferst deine Wochenenden für meine Reiterei. Warum tust du das bloß?"

„Weil es mir Spaß macht", antwortete Onkel Paul auf diese Fragen. „Was willst du? Andere Männer gehen auf den Fußballplatz, meine Leidenschaft ist nun mal der Reitsport!"

Sooft es ihre Zeit erlaubte, kam auch Mutsch mit. Sie, die früher selber geritten war und Pferde sehr liebte, freute sich wie ein Kind an diesen Ausflügen. Sie genoss die Atmosphäre auf den Turnierplätzen, die Gespräche auf dem Teilnehmerparkplatz, wo sich Transporter an Transporter reihte, wo man sich kannte und miteinander Spaß machte oder fachsimpelte, wo man picknickte, sich die manchmal endlos langen Wartezeiten vertrieb, sich Tipps gab und gegenseitig aushalf, kurz, eine große Familie bildete.

Nicht immer fuhr Bille als Siegerin heim oder brachte eine Schleife mit nach Hause. Aber da sie in Lohengrin und Troja sehr gute, erfahrene Pferde zur Verfügung hatte, waren ihr meistens Plätze in den vordersten Rängen sicher.

Die anderen Reiter wussten um die glorreiche Vergangenheit der beiden Profis aus Hans Tiedjens Stall, und sie wussten auch, dass er Billes Lehrmeister war, dass er Bille förderte und sie einem strengen Training unterzog. So nahmen die meisten mit Interesse und ohne Neid an Billes Erfolgen teil und freuten sich über ihre Fortschritte und ihre zunehmende Sicherheit.

Herr Tiedjen war für eine Woche nach Hause gekommen, während Simon mit den Pferden ein paar Tage in einem Schweizer Turnierstall trainierte, der einem Freund Hans Tiedjens gehörte.

Bille, Bettina, Nico und Florian hatten die Reithalle auf

Hochglanz gebracht, die Hindernisse neu gestrichen und dafür gesorgt, dass in den Ställen und auf den Außenplätzen alles tipptopp in Ordnung war.

Gleich am ersten Tag machte Herr Tiedjen mit Bille einen Rundgang durch die fast fertiggestellte Wohnung und durch das Gutshaus, in dem man jetzt mit Volldampf an der Umgestaltung arbeitete. Vor allem mussten zusätzlich Duschräume, Waschgelegenheiten und Toiletten eingebaut werden, die Zimmer in den oberen Stockwerken erhielten eingebaute Betten und Schränke und wurden für jeweils zwei oder vier Schüler ausgestattet. Daneben gab es Zimmer für die Lehrer, Aufenthaltsräume und im Erdgeschoss Klassenzimmer, Speisesaal und das Büro des Direktors.

„Wenn ich daran denke, dass hier in ein paar Monaten Englisch und Mathe gepaukt wird", meinte Bille kopfschüttelnd und strich über einen der an der Wand aufgestapelten Arbeitstische für eines der zukünftigen Klassenzimmer. „Ich kann es mir einfach noch nicht vorstellen."

„Wenn du Lust hast, schauen wir uns anschließend mal die Prospektentwürfe an. Sie sind heute mit der Post gekommen und liegen bei mir im Büro. Bald werden wir die ersten Zeitungsannoncen aufgeben für das Reiter-Internat Groß-Willmsdorf. Ich bin gespannt, wie viele Schüler wir für den Anfang bekommen. Vielleicht wird das Ganze ein riesiger Reinfall …"

„Das glaubst du doch nicht im Ernst, Daddy! Wenn die deinen Namen lesen, dann melden sich dreimal so viele, wie wir unterbringen können!"

„Meinst du? Ich fürchte, du bist nicht objektiv. Ach, übrigens, hast du dich zu dem Turnier in Neustadt angemeldet?"

„Am kommenden Wochenende? Habe ich, ja."

„Das ist gut. Dann richte dich darauf ein, einen Tag früher dort zu sein. Wir haben dort etwas Wichtiges zu tun."

„Etwas Wichtiges zu tun?"

„Ja. Es wird Zeit, dass wir uns um die künftigen Schulpferde kümmern. Sie müssen ein paar Monate lang gelernt haben, in der Abteilung zu gehen, deshalb möchte ich sie möglichst schon jetzt kaufen."

„Wir kaufen Pferde? Super!", strahlte Bille. „Ich werde mich vor lauter Aufregung gar nicht auf das Turnier konzentrieren können!"

„Nun, zwischen der Reitpferdeprüfung, die wir uns ansehen wollen, und dem L- und M-Springen liegt ein ganzer Tag, bis dahin wirst du dich wohl wieder beruhigt haben", sagte Herr Tiedjen lächelnd. „Und ich habe mir sagen lassen, du seiest ganz ausgezeichnet im Training."

„Kein Wunder, wenn man täglich mehrere Stunden auf dem Pferderücken verbringt. Manchmal komme ich mir abends vor wie ein Seemann, der an Land geht. Habe ich eigentlich schon O-Beine, Daddy?" Bille schaute besorgt an sich herunter.

Herr Tiedjen lachte auf.

„Nein, keine Sorge, bis jetzt noch nicht. Aber da du vermutlich später mal einen Reiter heiratest, würde es deinen Zukünftigen wohl kaum stören."

„Und unsere Kinder kommen dann schon mit krummen Beinen auf die Welt", kicherte Bille, „oder mit einem angewachsenen Sattel am Hintern."

Am Tag der Reitpferdeprüfung wehte ein kühler Wind, und der Himmel hatte sich mit einer grauen Wolkenschicht überzogen. Bille zog sich fröstelnd ihren Parka über die Schultern, als sie auf der Tribüne Platz nahmen.

„Was sind das für Pferde, die wir hier zu sehen bekommen?", erkundigte sie sich. „Stehen sie alle zum Verkauf?"

„O nein, im Gegenteil. Nur die wenigsten. Aber ich hoffe, den einen oder anderen zu einem Verkauf überreden zu können, wenn uns ein Pferd gefällt", sagte Herr Tiedjen leise. „Ich möchte unsere Reitschule mit unverdorbenen Pferden ausstatten und nicht mit irgendwelchen jahrelang im Schulbetrieb verbrauchten armen Tieren, die auf keine Hilfen mehr reagieren, nur noch auf die Stimme des Lehrers. Dies hier sind fünf- und sechsjährige fertig ausgebildete Reitpferde, die auf ihre Rittigkeit, ihr Gangvermögen und ihr Exterieur geprüft werden."

„Weiß ich doch", tadelte Bille ihn. „Ich wollte ja nur wissen, wo sie herkommen!"

„Von überall her, auch hier aus der Umgebung. Aus Privatbesitz, aus Gestüten und auch aus Reitvereinen."

„Es geht los! Da reitet die erste Gruppe ein!"

Bille reckte den Hals. Ob unter den ersten sechs schon ein Pferd sein würde, dem der Umzug nach Groß-Willmsdorf bevorstand?

„Der Dunkelfuchs gefällt mir gut! Was für einen hübschen Kopf er hat! Der Schimmel wirkt ein bisschen lustlos …"

Noch hatte die Vorführung nicht begonnen, die Richter blätterten in einem Stapel Papieren und unterhielten sich flüsternd. Die Reiter in der Bahn versuchten sich, so gut es ging, auf die kommenden Minuten vorzubereiten, jeder auf seine Weise. Der junge Mann auf dem dunkelkupferfarbenen Fuchs ritt mehrmals dicht an den Richtertisch heran, mal von der einen, mal von der anderen Seite, um dem Pferd die Angst vor diesen merkwürdigen Gestalten zu nehmen. Andere beschränkten sich darauf, ihr Pferd aufmerksam und durchlässig zu machen.

Bille ließ den hübschen Fuchs nicht aus den Augen. Während der Vorführung in den verschiedenen Dressuraufgaben zeigte es sich, dass er noch nicht daran gewöhnt war, in einer Abteilung zu gehen. Immer wieder musste sein Reiter ihn daran hindern, einfach an den anderen vorbeizupreschen und sich an die Spitze der Abteilung zu setzen. Aber seine Bewegungen waren schwungvoll und weit ausgreifend, es war eine Freude, ihm zuzusehen.

„Den sollten wir uns vormerken!", flüsterte Bille.

„Ich glaube kaum, dass er zu haben ist", antwortete Herr Tiedjen. „Aber ich werde einmal feststellen, wem er gehört."

Jetzt ging es ans Springen. Auch da enttäuschte der Fuchs seine Zuschauer nicht. Die Richter machten zufriedene Gesichter. Es war klar, hier hatte der temperamentvolle Wallach Pluspunkte gesammelt.

Während die erste Gruppe zur Exterieurprüfung vorgestellt wurde, erhob sich Herr Tiedjen und ging nach draußen.

„Halt die Augen auf", sagte er leise zu Bille. „Ich werde mich mal nach deinem Favoriten erkundigen."

In der nächsten Gruppe waren es gleich zwei Pferde, die Billes Aufmerksamkeit erregten. Eine zierliche braune Stute, deren kohlschwarze Mähne sich wunderhübsch gegen das kastanienbraune Deckhaar abhob. Sie hatte eine breite Blesse und vier gleichmäßig weiße Strümpfe. Auch sie schien noch etwas ungebärdig und von heftigem Temperament zu sein, aber ein freundliches, aufgeschlossenes Pferd. Der andere, ein großer ruhiger Schimmelwallach, erinnerte an Asterix. Im Körperbau ein wenig schwer geraten, machte er doch einen guten Gesamteindruck, war aufmerksam und durchlässig, und seine Gänge waren raumgreifend und voller Schwung. Er musste ein ideales Schulpferd abgeben!

„Nun, hast du etwas entdeckt?"

Herr Tiedjen nahm seinen Platz wieder ein.

„Gleich zwei, ich werde sie dir nachher zeigen. Da kommen schon die Nächsten …"

„Schau sie dir mal genau an. Fällt dir nichts auf?"

Bille betrachtete einen nach dem anderen eingehend.

„Der Hellfuchs dort mit der fast weißen Mähne und dem Stern ist wunderschön …"

„Und sonst fällt dir nichts an ihm auf?"

Bille musterte den Hellfuchs. Aber dann kam ihr ein Zufall zu Hilfe – sie schnappte ein paar Brocken von der Vorstellung des Pferdes auf. „San Pietro", sagte der Reiter, „von Parzival aus der …", mehr konnte Bille nicht verstehen, aber es genügte schon.

„Das ist doch eins von unseren Kindern!", rief sie aufgeregt. Ein paar Leute drehten sich kopfschüttelnd zu ihr um. „Ein Sohn von Santa Monica, stimmt's?", fuhr Bille leise fort. „O Daddy! Können wir ihn nicht nach Hause holen?"

„Ich fürchte, den können wir nicht bezahlen. Abgesehen davon, dass sich sein Besitzer nicht von ihm trennen wird. Wir können unsere Reitschule ja nicht mit nur zwei oder drei Pferden betreiben."

„Du hast recht", seufzte Bille. „Für den Schulbetrieb ist er viel zu schade. Sehen wir uns mal an, was sonst noch da ist."

„Die kleine Rappstute gefällt mir gut, aber sie scheint ein bisschen zu lahmen. Die Reiterin sollte abbrechen."

„Jetzt rufen die Richter sie heraus …"

„Nicht sehr klug, was die Dame macht. Sie streitet sich mit den Richtern herum. Scheint eine richtige Sonntagsreiterin zu sein. Ein Jammer für das Pferd."

„Jetzt lässt sie auch noch ihren Ärger an der armen Stute aus! So was von unreiterlichem Benehmen habe ich überhaupt noch nicht gesehen!"

„Komm, wir sehen uns die Stute mal näher an."

Bille freute sich im Stillen, dass Herr Tiedjen genauso reagierte wie sie. Das rücksichtslose Verhalten der Reiterin löste in ihm sofort eine Welle der Sympathie für das arme, misshandelte Pferd aus und den Wunsch, es von seinem Joch zu befreien.

Als sie auf den Teilnehmerparkplatz kamen, hatte die Dame ihre Stute gerade an den Hänger gebunden und stiefelte zur Meldestelle hinüber, die in einem Campingwagen untergebracht war. Auf dem Weg empörte sie sich bei jedem, der es wissen oder nicht wissen wollte, über die völlig unzurechnungsfähigen Richter.

„Nobel, nobel!" Bille zeigte auf die Luxuslimousine, die den Hänger zog. „An Geld scheint's der Dame wenigstens nicht zu fehlen!"

„Das sind oft die Schlimmsten!", seufzte Herr Tiedjen. „Für sie ist das Reiten nur eine Prestigesache, sie erledigen es zwischen Tennis und Golfspielen und wollen nur hin und wieder vor ihren Bekannten mit einem Turniererfolg glänzen."

Bille trat zu der kleinen Rappstute und streichelte ihr den Hals. Die Stute betrachtete das Mädchen lebhaft interessiert und schnupperte an ihrem Parka.

Herr Tiedjen hatte sich hinuntergebeugt und untersuchte vorsichtig die Beine des Pferdes.

„Keine Verletzung zu sehen, geschwollen ist auch nichts. Na komm, gib her …" Sanft hob er den linken Hinterfuß an. „So eine Schlamperei!", knurrte er plötzlich. „Man sollte es ihr um die Ohren hauen!"

„Was ist los?"

„Los? Ein Hufeisen! Schau dir das an! Hängt völlig locker! Da kann das arme Tier ja nicht normal laufen! Oben geschniegelt und geputzt, mit Schleifchen in der Mähne und dem teuersten Sattel, den man sich in Spezialanfertigung machen lassen kann – und dann so etwas!" Er war rot geworden vor Zorn. So hatte Bille ihn selten gesehen.

„Pst, da kommt sie zurück."

„Sehr gut, sag du bitte jetzt kein Wort, ich mache das schon …"

„Was fällt Ihnen ein? Was machen Sie mit meinem Pferd?", empörte sich die Dame. Ihr Atem verriet, dass sie ihren Ärger mit mindestens zwei doppelten Cognacs hinuntergespült hatte.

„Verzeihen Sie, gnädige Frau, ich wollte Ihnen nicht zuvorkommen. Wir haben uns die Stute nur einmal angesehen. Meine Tochter hat sich in das Tier verliebt, sie möchte es unbedingt haben. Nun, ehrlich gesagt, ich bin nicht sehr begeistert von dem Gedanken, denn die Stute ist ein wenig schwach auf den Beinen. Große Hoffnungen darf man sich bei ihr nicht machen. Als Reitpferd für eine junge Anfängerin allerdings könnte man sie unter Umständen akzeptieren."

„Ha!" Die Frau lachte verächtlich auf. „Das Pferd taugt nichts. Es hat mir kein Glück gebracht, von Anfang an. Dumm, unwillig, störrisch wie ein Esel – wollen Sie das Ihrer Tochter wirklich antun?"

Bille ritt der Teufel. Sie hängte sich der Stute an den Hals und säuselte mit naivem Augenaufschlag: „Aber sie ist so schön! Und so schrecklich lieb! Ich bin total verliebt in sie!"

„Meinetwegen kannst du sie haben! Ich bin schon dabei, mich nach etwas Besserem umzusehen."

„Nun ja", sagte Herr Tiedjen und setzte ein onkelhaft ernstes Gesicht auf. „Bleibt also nur noch das Geschäftliche zu regeln, wenn du die Stute denn unbedingt haben musst."

„Unbedingt, Daddy! Wie heißt sie eigentlich?"

„Darling."

„Daarliinng", hauchte Bille und umarmte die Stute von Neuem. „Das passt zu dir!"

„Würde es Ihnen etwas ausmachen, gnädige Frau, wenn ich Sie zur weiteren Besprechung ins Clubcafé einlade, vielleicht zu einem kleinen Drink?"

„Den kann ich jetzt brauchen, ja!", stimmte die Frau zu und hängte sich bei Herrn Tiedjen ein.

„Du bleibst hier bei deinem Pferd!", sagte er streng und zwinkerte Bille zu.

„Ja, Daddy", sagte Bille mit gehorsamem Augenaufschlag. Sie konnte sich vor Lachen kaum noch beherrschen und war heilfroh, dass die beiden in Richtung Clubhaus davonzogen.

Kaum waren sie außer Sichtweite, löste Bille den Anbindestrick vom Hänger und führte die Stute zum Turnierschmied hinüber. Keine Sekunde länger sollte Darling sich quälen müssen.

Bis Darlings Vorbesitzerin in Begleitung einer aufgetakelten Blonden wieder erschien, saßen die Hufeisen der Stute längst wieder fest.

Die Blonde, wohl eine Freundin der jetzt pferdlosen Reiterin, setzte sich ans Steuer des Nobelwagens. Darlings alkoholisierte Vorbesitzerin plumpste auf den Beifahrersitz, und rumpelnd verschwand der Wagen samt Transporter in einer riesigen Staubwolke.

Jetzt hielt Bille es nicht mehr länger aus, sie musste unbedingt einen kleinen Proberitt machen.

Darling schritt frei aus und blieb gelöst und durchlässig in allen Gangarten. Es war, als atme sie innerlich auf, eine so gefühlvolle Reiterin im Sattel zu haben. Bille sprang aus dem Sattel und lobte die Stute ausgiebig.

„Da habe ich mal wieder mit dem Herzen und nicht mit dem Verstand gekauft", seufzte Herr Tiedjen, der sich inzwischen nach weiteren infrage kommenden Pferden umgesehen hatte. „Das passiert mir doch immer wieder. Na, einen Trost habe ich, teuer war die Stute nicht. Die gute Frau schien heilfroh, sie loszuwerden!"

„Du wirst es nicht bereuen, Daddy", sagte Bille. „Darling ist genauso lieb und gehorsam, wie sie aussieht."

„Woher willst du das wissen?"

Bille lachte verschmitzt.

„Ich war inzwischen nicht untätig. Erst waren wir zwei beim Schmied, und dann haben wir uns ein wenig miteinander bekannt gemacht. Ich hätte nicht übel Lust, Darling jetzt den Richtern vorzustellen."

„Besser nicht – sonst zeigt uns noch jemand wegen Betrugs an!", murmelte Herr Tiedjen grinsend. „Wir wollen uns lieber umschauen, ob wir nicht noch so ein paar gute Geschäfte tätigen können …"

Abschied von einem Helden

Noch zwei Pferde wurden an diesem Nachmittag für das Reiter-Internat Groß-Willmsdorf auserkoren. Die hübsche braune Stute, die Bille unter den Pferden der zweiten Gruppe aufgefallen war, und ein Schwarzschimmel – keine Schönheit, er war ein wenig plump geraten, aber ein gutwilliges, kräftiges Reitpferd, ideal für Anfänger, da er Fehler nicht so schnell übel nehmen würde. Über den Erwerb der Stute – Natascha hieß sie – freute sich Bille besonders, und sie konnte es kaum erwarten, Natascha und Darling in der neu errichteten Schulhalle hinter dem Park auf ihre künftigen Aufgaben vorzubereiten.

San Pietro war unverkäuflich und ebenso der hübsche Dunkelfuchs und der kräftige Schimmel aus der zweiten Gruppe. So mussten sie in den kommenden Wochen nach weiteren Pferden auf die Suche gehen, eine Tatsache, die Bille mit Freude zur Kenntnis nahm. Denn gab es etwas Herrlicheres, als auf fremden Gestüten oder Höfen neue Pferde kennenzulernen und vielleicht sogar mit nach Hause zu nehmen?

Darling wurde noch am gleichen Abend nach Groß-Willmsdorf gebracht, die anderen beiden sollten in einigen Tagen in ihren Heimatställen abgeholt werden.

Die kleine Rappstute schien sich in ihrer neuen Heimat

sofort wohlzufühlen. Damit sie nicht so allein bleiben musste – denn der Schulstall befand sich getrennt von den übrigen Ställen hinter dem Park –, kam Darling vorerst in Nathans Box. Bille blieb bis zum späten Abend bei ihr, sprach mit ihr und beobachtete sie, wie sie sich die Leckerbissen schmecken ließ, die Bille und ihre Freunde ihr zugesteckt hatten.

Am nächsten Tag galt Billes Aufmerksamkeit vor allem Lohengrin, den sie am Sonntag auf dem Turnier reiten sollte. Seine Mähne musste eingeflochten und der Schweif frisiert werden. Lohengrin ließ sich seine Verschönerung mit Genuss gefallen. Nicht erst heute kam Bille der Verdacht, dass der alte Wallach ausgesprochen eitel war.

Der Sonntag war glühend heiß und schwül. Die Luft war erdrückend. Auch wenn man sich kaum bewegte, lief einem der Schweiß aus allen Poren. Bille hätte am liebsten auf das Turnier verzichtet und beneidete alle, die das Glück hatten, an den Stränden beim Baden zu sein.

Onkel Paul hatte einen schattigen Platz für den Transporter gefunden, und Bille band Lohengrin außerhalb des Wagens unter den Bäumen an, bis es Zeit war abzureiten.

Trotz der Hitze hatten sich viele Zuschauer eingefunden. Die Ränge um den Parcours schienen vor Aufregung zu kochen und zu brodeln, in dem windgeschützten Turnierrund regte sich kein Lüftchen.

„Ich wünschte, es wäre schon Abend!", seufzte Bille. „Dann würde ich mindestens einen Liter kalten Orangensaft trinken und einen großen Teller Eiscreme in mich reinlöffeln!"

„Nimm lieber noch einen Schluck heißen Tee", riet Onkel Paul. „Das kühlt besser als jedes kalte Getränk, nach dem du nur noch mehr schwitzt! Ein alter Trick aus den Tropen."

Endlich wurde der Parcours freigegeben.

Als Bille mit den anderen Teilnehmern Hindernis für Hindernis abschritt, befiel sie ein beklemmendes Gefühl. Welch eine Qual, in dieser brütenden Hitze zu reiten!

Beim Abreiten hatte sich Bille auf das Nötigste beschränkt. Bei der Wärme genügte es, Lohengrin ein wenig zu lockern und wach zu machen. Bille konnte nicht begreifen, dass es Reiter gab, die ihre Pferde schon auf dem Abreiteplatz so überanstrengten, dass ihnen nachher der Atem ausgehen musste.

Zärtlich klopfte sie Lohengrin den Hals.

„Wir werden's schon überstehen, mein Alter. Ganz locker bleiben, wir werden uns heute nicht kaputt machen."

Sie mussten lange warten. Bei den Reitern vor ihnen häuften sich die Fehler. Die Pferde waren müde und schlapp von der Hitze, die Reiter zum Teil unkonzentriert und nervös. Immer wieder musste der Parcours neu aufgebaut werden.

Als Bille und Lohengrin einritten, war es, als stelle sich ihnen die Hitze wie eine Mauer entgegen. Bille hatte das Gefühl, eine Sauna zu betreten.

„Bringen wir's hinter uns", flüsterte sie Lohengrin zu, als die Glocke ertönte.

Und dann waren Pferd und Reiterin nur noch Konzentration. Hitze, Menschen und Wettkampf waren vergessen. Nur der nächste Galoppsprung, das nächste Hindernis zählte. Bille stellte erstaunt fest, dass sie noch nie vorher so frei von Nervosität gewesen war.

Lohengrin schien den Ehrgeiz zu haben, den Leuten hier endlich mal zu zeigen, was ein gutes Springpferd auch unter ungünstigen Bedingungen zu leisten vermochte. Ruhig und überlegen nahm er Hindernis auf Hindernis. Jetzt noch die Mauer – ein Birkenrick – geschafft! Null Fehler!

Das Publikum erwachte aus seiner Lethargie und applaudierte wie wild. Lohengrin schritt mit hocherhobenem Haupt und dem Gehabe eines Opernstars aus der Bahn.

Draußen wartete Onkel Paul mit zwei Eimern mit kühlem Wasser. Bille wusch Lohengrin Nüstern und Maul ab und rubbelte ihn liebevoll mit einem Frottiertuch trocken, während Onkel Paul die Beine des Wallachs mit dem erfrischenden Nass bearbeitete.

„Hoffentlich haben wir's damit geschafft!", seufzte Bille. „Ich habe wirklich die Nase voll von dieser Bruthitze."

Aber es sollte nicht sein. Billes Null-Fehler-Ritt schien die nach ihr kommenden Reiter bei ihrem Ehrgeiz gepackt zu haben. Es war also doch möglich – und wenn es ihr geglückt war, konnte es auch anderen glücken. Unter den nach ihr kommenden vierzehn Reitern blieben vier ohne Fehler!

„O nein!", stöhnte Bille. „Uns bleibt auch nichts erspart!"

„Nerven behalten, mein Deern, geh die Sache genauso ruhig an wie vorhin. Egal, ob ihr nun Fehler macht oder nicht", redete Onkel Paul ihr begütigend zu. „Lohengrin ist ein alter Hase und weiß, wie er sich verhalten muss. Denk doch mal, wo der in seinem Leben schon überall war! In Rom, in Nizza, in Madrid! Da war es sicher noch heißer als hier, das kannst du mir glauben!"

„Da hast du eigentlich recht, daran habe ich noch nie gedacht." Bille fasste wieder Mut. „Er ist zwar jetzt ein alter Herr, aber ich werde es ganz ihm überlassen, wie er die Sache angehen will, dann kann nichts schiefgehen."

Bille hatte recht. Sie ließ Lohengrin laufen, wie er es für richtig hielt, und achtete nur darauf, ihn so wenig wie möglich zu belasten oder zu behindern. Er sollte springen, als hätte er keinen Reiter im Sattel. Und Lohengrin dankte es ihr. Er brachte das Stechen zwar schwer atmend und nass vor Schweiß hinter sich – aber auch diesmal ohne Fehler!

Als Bille aus dem Sattel rutschte, hatte sie die Empfindung, ihr ganzer Körper sei zu einer schwammigen Gummimasse geworden. Die Knie zitterten, Reithose, Bluse und Jackett waren so nass geschwitzt, dass man sie hätte auswringen können. Unter der Reitkappe liefen kleine Bäche an Nacken und Schläfen entlang.

„Setz dich da ins Gras, ich mach das schon."

Onkel Paul kümmerte sich um Lohengrin, kühlte ihm die Fesseln, rubbelte ihn sorgsam ab.

„Enorm, was der alte Knabe leistet!", kam eine Stimme aus dem Hintergrund.

Ein weißhaariger, alter Herr mit gebräuntem Gesicht und lebhaften dunkelbraunen Augen musterte Lohengrin. Interessiert kam er näher.

„Ich kenne ihn nämlich aus seinen besten Tagen!", erklärte der alte Herr und zog höflich vor Bille den Hut. „Ich will Ihre großartige Leistung nicht schmälern, junge Dame, aber ich bewundere dieses Pferd! Seine Ausdauer und Exaktheit! Erstaunlich bei seinem Alter, aber das Springen scheint ihm noch richtig Freude zu machen! Dabei wäre es für ihn doch allmählich Zeit, in den Ruhestand zu gehen."

Bille sprang auf und trat zu Lohengrin.

„So gut wie heute war er schon lange nicht mehr. Ich weiß nicht, was gerade heute seinen Ehrgeiz so anstachelt. Es ist, als wollte er es den Jüngeren mal so richtig zeigen!"

Der alte Herr streichelte Lohengrin den Hals und betastete fachmännisch Kopf und Beine.

„Sein Puls geht ziemlich schnell. Na, kein Wunder bei der Hitze! Nun werden Sie's ja hoffentlich geschafft haben. Die ersten zwei Ihrer Konkurrenten haben bereits jeder acht Fehler."

„Sie sind auch Reiter?", erkundigte sich Bille.

„Nicht mehr aktiv. Aber ich war nicht nur Reiter, ich war Turnierarzt auf vielen Spring- und Dressurwettbewerben. Daher auch unsere Bekanntschaft."

„Ja, dann!" Bille lächelte. „Ich beneide Sie um alles, was Sie gesehen haben! Sie müssen all die Pferde persönlich kennen, die ich nur noch auf dem Foto bewundern kann!"

„Beneiden? Nun ja, es war nicht immer nur Schönes, was ich gesehen habe. Aber ich möchte die Zeit nicht missen, das ist gewiss. Gehört Lohengrin jetzt Ihnen?"

„O nein, er steht immer noch in Groß-Willmsdorf und gehört zu Herrn Tiedjens Mannschaft. Ich bin eine Schülerin von Hans Tiedjen", erklärte Bille voller Stolz.

„Ich weiß." Der alte Herr lächelte. „Und selbst wenn ich es nicht wüsste, könnte ich es mir denken. Sie haben ganz seinen Stil. So wie dieser andere Schüler Tiedjens, der jetzt so viel von sich reden macht, dieser Simon Henrich …"

Billes Herz tat einen kleinen Hüpfer.

„Sie kennen Simon Henrich?"

„Ich habe ihn auf mehreren Turnieren gesehen. Ein hochbegabter Junge. Der wird bald zu den ganz Großen zählen."

„Nicht wahr?" In Billes Stimme schwang unverhohlener Stolz mit.

Auf dem Turnierplatz jubelte das Publikum auf. Der Lautsprecher quakte. „Null Fehler", schallte es über den Platz.

„Verdammt!" Bille biss sich auf die Lippen.

„Nun, ich will Sie nicht länger stören." Der alte Herr nickte Bille aufmunternd zu. „Viel Glück für Ihren weiteren Weg! Und auch dir, alter Knabe!" Noch einmal streichelte er Lohengrin den Hals. „Sehen Sie, wie er die Ohren spitzt! Der lebhafte Blick! Man könnte meinen, er verstünde genau, worum es geht. Wie ein Junger, nicht zu glauben! Na dann, leben Sie wohl!"

Der alte Herr legte freundlich grüßend die Hand an den Hutrand und schritt von dannen.

„Das war ja interessant, nicht wahr?"

„Du musst aufsitzen", mahnte Onkel Paul. „Sie winken schon, der Parcours ist fertig."

Zwei Hindernisse waren auf der nun verkürzten Strecke noch einmal erhöht worden. Bille blinzelte. Die Sonne stach wie mit spitzen Messern. Billes Kopf dröhnte. Reiß dich zusammen!, sagte sie sich. Was Lohengrin schafft, schaffst du auch.

Lohengrin war wirklich bewundernswert. Er tänzelte wie ein Jüngling und schnaubte ungeduldig. Mit weit aufgerissenen Augen überblickte er den Platz.

Wenn ich es nicht besser wüsste, würde ich glauben, jemand hätte ihn gedopt, dachte Bille. Er ist wie im Rausch!

Da, die Glocke! Mit weiten Sätzen ging Lohengrin davon, hoch wölbte sich sein Rücken über dem ersten Rick. Nun der Oxer, die Triplebarre … Lohengrin streckte sich und flog mit einem weiten Satz hinüber. Schwer atmend ging er die Mauer an, setzte steil hinüber. Nicht das leiseste Klick, nicht einmal gestreift, das Gatter – gleich haben wir's geschafft, Lieber!, dachte Bille.

Lohengrin streckte sich im Galopp, als müsse er sich voll Luft pumpen, ehe er zum letzten Sprung ansetzte. Ein tiefes

Stöhnen kam aus seiner Brust, als er sich abstieß und das Gatter überflog. Ein paar Galoppsprünge noch – es schien, als zittere er am ganzen Körper. Die letzten zwei Sprünge waren, als stolpere er ins Ziel. Das Publikum jubelte auf, kaum dass sie die Linie erreicht hatten.

Noch einmal stöhnte Lohengrin auf. Die Vorderbeine sackten unter ihm weg, als wären sie gar nicht vorhanden. Bille flog über seinen Kopf, der jetzt leblos zur Seite fiel, gefolgt von dem schweren Körper. Sie lag begraben unter ihrem Pferd, unfähig sich zu rühren. Lohengrin streckte sich noch einmal unter einem gewaltigen Erzittern, dann lag er still.

Bille begriff nicht, was geschehen war. Ihr Kopf dröhnte und schmerzte, ihre Hände krampften sich in Lohengrins Fell, ohne dass sie sich dessen bewusst war. In Sekundenschnelle war sie umringt von Gesichtern, die riesengroß auf sie zukamen, verschwammen und wieder hinunterstießen wie eine Herde wilder Vögel mit unheimlich großen Augen. Gedämpft erklangen – wie fernes Meeresrauschen – die aufgeregten Stimmen des Publikums.

„Er ist tot. Herzschlag", drang eine klare Männerstimme in Billes Bewusstsein. „Vorsicht! Fasst das Mädchen nicht an, bevor die Krankenpfleger mit der Bahre da sind, vielleicht hat sie eine Wirbelverletzung …"

„Ich habe nichts. Mir geht es gut", hörte Bille sich sagen. Dann wurde ihr schwarz vor Augen.

Die beste Medizin

Bille hatte Glück. Sie war mit einer Gehirnerschütterung und einem verstauchten Handgelenk davongekommen. Ein paar Tage strenge Bettruhe, hieß es, dann ist alles wieder in Ordnung.

Schlimmer war der Schock. Bille lag im verdunkelten Zimmer, und immer wieder von Neuem rannen ihr die Tränen über das Gesicht. Sie war so erschöpft wie nie zuvor in ihrem Leben. Alles schien sinnlos geworden. Immer wieder durchlebte sie diese letzten Sekunden auf Lohengrins Rücken, seine gewaltige Anstrengung, das Stöhnen, das Zittern seines mächtigen Körpers, und dann dieses plötzliche Einknicken der Beine, den Sturz …

Im Augenblick seines Todes war etwas Merkwürdiges mit ihr geschehen. Den schweren Pferdekörper auf ihrem eigenen – es war gewesen, als wenn sie mit ihm starb. Jedes Zucken, jedes Zittern hatte sich ihr mitgeteilt. Das schweißnasse Fell unter ihren Fingern, die Hitze – und dann die Kälte, die sie plötzlich überkam … Ganz nahe war der Tod gewesen, ganz begreiflich. Und als sie dann nichts mehr sehen, nichts mehr hören konnte, als ob sie in einem Berg grauer Watte versank – richtig wohltuend war das gewesen.

Doch dann das Erwachen. Und das Wissen: Lohengrin ist tot. Ich werde ihn nie mehr reiten, nie mehr putzen, nie mehr mit ihm diese enge Freundschaft empfinden …

Der Schmerz saß in der Kehle wie ein Krampf, der sich nicht lösen wollte. Nicht einmal das Weinen half.

Mutsch und Onkel Paul schlichen auf Zehenspitzen durch das Zimmer, legten kühle Umschläge auf Billes Stirn, versuchten, sie mit Lieblingsspeisen zu verwöhnen, redeten leise auf sie ein, erzählten von Zottel und Moischele, aber nichts konnte Bille aus ihrer verzweifelten Trauer reißen. Es war wie ein Hohn, dass sie den Wettkampf gewonnen hatte. Dass Lohengrin einen plötzlichen Tod ohne lange Qual gehabt hatte, dass er gestorben war wie ein Held, tröstete sie nicht.

Die Freunde kamen und standen hilflos und verlegen um das Bett. Sie versuchten, Fröhlichkeit zu verbreiten, erzählten von den Pferden, von der Arbeit – und verstummten schließlich angesichts der stummen Verzweiflung, die von Bille ausging.

Auch Herr Tiedjen kam, nahm Billes Hand und sprach lange über sein Leben mit den Pferden und von der Notwendigkeit, von dem einen oder anderen Abschied zu nehmen: wenn sich sein Leben erfüllt hatte, nach einem schweren Sturz, einer Verletzung oder einfach nach einem beschwerdevollen Alter.

Bille lächelte höflich, aber er sah ihr an, dass sie mit ihren Gedanken weit, weit weg war, wie in einem schalldichten Raum, in den keins seiner Worte eindringen konnte.

Mutsch saß stumm und verzweifelt am Küchentisch und wusste sich nicht mehr zu helfen. Und Onkel Paul rannte wie ein Tiger im Käfig hin und her und fluchte leise vor sich hin. Der Arzt riet zur Geduld. Irgendwann würden die Lebensgeister schon wieder erwachen. Er verschrieb Pillen und Tropfen und hinterließ Krankenhausgeruch.

„Ich gehe spazieren", sagte Onkel Paul rau. „Ich brauche dringend frische Luft."

„Ist gut. Ich kümmere mich erst mal um die Ponys. Vergiss nicht, Inge und Thorsten kommen nachher vorbei."

„Die werden auch nichts ausrichten können."

Onkel Paul lief mit hochgezogenen Schultern durch den hellen Sommerabend. Überall waren sie noch dabei, die Felder abzuernten. Man konnte nicht wissen, wie lange sich das gute Wetter halten würde …

Die Leute grüßten und steckten hinter seinem Rücken die Köpfe zusammen. Die Geschichte hatte in allen Zeitungen gestanden und war seit Tagen das Hauptgesprächsthema im Dorf.

Onkel Paul wollte allein sein. Er steuerte auf den Wald zu, schlug einen kleinen Seitenpfad ein und lief ziellos immer weiter geradeaus. Es tat gut, sich den ganzen Kummer von der Seele zu laufen. Onkel Paul schritt kräftiger aus.

Ein Lichtschein drang durch die Bäume. Natürlich, die Waldschänke hatte ja wieder geöffnet. Sie hatte einen neuen Besitzer, er kannte ihn nicht. Das war gut so. Er hatte keine Lust, jetzt bekannte Gesichter um sich zu haben.

Onkel Paul beschloss, ein Bier zu trinken. Unter den Bäumen war noch ein Tisch frei, er lag fast im Dunkeln. Das war ihm gerade recht. Niemand achtete auf ihn. An den anderen Tischen wurde gelacht und geredet, eine Gruppe junger Leute diskutierte heftig. Eines der Mädchen erinnerte ihn an Bille.

Die Kellnerin kam und brachte sein Bier. Onkel Paul trank ein paar Schlucke, dann zündete er sich eine Zigarette an. Das Mädchen, das ähnlich wie Bille aussah, lehnte sich lachend zurück und streckte sich wohlig wie eine Katze. Bille.

Wie elend sie geworden war in den paar Tagen! So blass und abgemagert. Kein Funken Lebensfreude war mehr in dem sonst so strahlenden Gesicht! Warum hatte er sie nicht gehindert, an diesem Turnier teilzunehmen? Sie hätte sich leicht überreden lassen! Hatte doch ohnehin gejammert über die Hitze und dass sie Kopfweh habe …

Das Mädchen am Nebentisch legte ihren Kopf an die Schulter des jungen Mannes, der neben ihr saß. Wie zärtlich er sie ansah. Jetzt setzte er ihr das Glas an die Lippen.

Onkel Paul trank sein Bier aus und stand entschlossen auf. Er ging in die Gaststube und sah sich nach der Kellnerin um.

„Zahlen, bitte!", sagte er. „Haben Sie hier ein Telefon? Ich muss ein paar dringende Gespräche führen", fuhr er fort.

„Orts- oder Ferngespräche?"

„Beides."

„Dann gehen Sie am besten ins Büro vom Chef rüber. Letzte Tür links, im Gang hinten", sagte die Kellnerin.

Am nächsten Tag erlaubte der Arzt Bille aufzustehen, doch sie erklärte, sie sei zu müde. Man solle sie doch ganz einfach in Ruhe lassen, sie wolle schlafen. Mutsch ging, hilflos mit den Achseln zuckend, hinaus.

Stundenlang lag Bille im Dunkeln. Manchmal fiel sie in eine Art Halbschlaf, dann schreckte sie wieder hoch, horchte auf die Geräusche draußen auf der Dorfstraße, auf die Schritte und Stimmen unten im Haus. Mutsch hatte Inge gebeten, im Haus zu bleiben, solange sie im Geschäft war. Inges kleiner Sohn krähte vergnügt. Bille konnte nicht einmal lächeln. Sie fühlte sich so entsetzlich leer, wie ausgehöhlt.

Sie musste wieder eingeschlafen sein. Sie erwachte davon, dass jemand sich im dunklen Zimmer auf sie zubewegte. Wie spät mochte es sein? Die Sonne ging bereits unter.

Jemand setzte sich auf ihre Bettkante, ganz vorsichtig und ein bisschen ungeschickt, und tastete nach ihrem Gesicht. Sie kannte diese Hände, erkannte sie an der leisesten Bewegung.

„Simon! Mein Gott, Simon!"

Bille fiel ihm um den Hals. Simon drückte sie so fest an sich, dass sie kaum noch atmen konnte.

„Wein doch nicht, bitte wein doch nicht so schrecklich", flüsterte er. „Weißt du, ich muss dann sofort mitheulen, ich kann nichts dafür, das ist so bei mir … mir …"

Billes Schluchzen ging unversehens in Lachen über.

„Aber ich heule ja gar nicht, das denkst du bloß! Ich Ferkel, jetzt habe ich dein ganzes T-Shirt nass gemacht. Ich werde dir ein trockenes von mir geben müssen. Hast du ein Taschentuch? Danke!"

Simon hörte nicht auf, sie zu streicheln, während Bille sich umständlich die Nase putzte.

„Wage ja nicht, den Vorhang aufzuziehen, ich muss absolut scheußlich aussehen, zum Davonlaufen! Wieso bist du überhaupt hier?"

„Onkel Paul hat mich gestern Abend angerufen, da bin ich heute Morgen gleich in den ersten Zug gestiegen."

„Wissen deine Eltern davon?"

„Bis jetzt nicht. Ich muss morgen Abend zurück sein, dann beginnt das Turnier in Aachen. Danach noch eines in Belgien, und dann komme ich wieder zurück!"

„Ich weiß. Du hast viel Erfolg gehabt. Ich bin schrecklich stolz auf dich!"

„Du auch." Simon schwieg erschrocken. Das hätte er nicht sagen sollen, es würde Bille sofort wieder an den schrecklichen Tag erinnern. „Ich kann dich so gut verstehen …"

„Ich habe viel gelernt", sagte Bille ruhig. „Weißt du, jetzt, wo du da bist, sehe ich es ganz klar: Wenn ich das hier verdaut habe, haut mich so leicht nichts mehr um! Erinnerst du dich an die Nacht, als Pünktchen so schrecklich krank war? Wir haben mit aller Kraft daran geglaubt, dass sie wieder gesund wird. Und sie ist gesund geworden. Wir haben sehr viel Glück gehabt. Seit ich mit den Pferden in Groß-Willmsdorf zu tun habe, ist nie eines verunglückt oder an einer schweren Krankheit eingegangen. Immer sind wir mit den Schwierigkeiten fertiggeworden. Das hat in mir so ein Gefühl erzeugt – ich kann's nicht richtig beschreiben, als ob mir so etwas nie passieren könnte. Als ob die Pferde, die ich liebe, so was wie … na ja … unsterblich wären! Ich weiß, das ist dumm, aber so war es nun mal. Und ich habe es einfach am Anfang nicht hinnehmen wollen, dass Lohengrin jetzt tot ist. Ich habe es als eine Riesenungerechtigkeit empfunden."

„Und jetzt?"

„Jetzt beginne ich zu begreifen, dass es etwas ganz Normales ist. Menschen sterben, Tiere sterben – aber andere sind da und lieben uns und wollen geliebt werden und brauchen uns, sind darauf angewiesen, dass wir uns um sie kümmern oder sie beschützen. Weißt du was?"

„Na?"

„Es ist verdammt gut, dass du gekommen bist. Ich hab mich total hängen lassen, jetzt schäme ich mich richtig."

„Das brauchst du nicht. Es war doch ganz einfach so, dass du das, was passiert ist, erst mal verdauen musstest. Lohengrins Tod, der Sturz und alles, was du an dem Tag erlebt hast … Es war eine ganz neue Erfahrung, etwas, mit dem du dich auseinandersetzen musstest. Sicher wäre es mir ganz genauso gegangen!"

„Meinst du?"

„Bestimmt."

„Willst du mir einen Gefallen tun?"

„Natürlich."

„Geh runter und sag Mutsch, sie soll uns was Gutes zu essen machen. Ich springe inzwischen schnell unter die Dusche und ziehe mich an."

„Darfst du denn das?"

„Na klar. Der Arzt hat heute Mittag gesagt, ich dürfte aufstehen. Aber da hatte ich noch keinen so triftigen Grund."

„Ein ‚triftiger Grund' bin ich also?"

„He! Bilde dir bloß nichts ein! Ich habe einen brüllenden Hunger, das ist alles!"

Mutsch zauberte ein Menü, als koche sie für einen Staatsgast. Und Onkel Paul machte eine Flasche Sekt auf. Nach dem Essen saßen sie beisammen und ließen sich von Simon über seine Erlebnisse berichten. Über die berühmten Reiter, die er kennengelernt hatte, die Pferde, über die fremden Städte und Landschaften und über seine verschiedenen Gastgeber, bei denen er die Ruhetage zwischen den Turnieren verbracht hatte. Gestüte, Gutshöfe und Reitvereine – oder einfach Freunde von Herrn Tiedjen oder Bekannte seiner Eltern. Sie alle hatten sich bemüht, ihn zu verwöhnen und ihm die neue Umgebung mit all ihren Sehenswürdigkeiten zu zeigen.

„Da hast du dir ja jetzt den Wind tüchtig um die Nase wehen lassen", sagte Onkel Paul anerkennend. „Wenn ich bedenke, Junge, was du in der kurzen Zeit alles zu sehen bekommen hast!"

„Ja, manchmal war es fast ein bisschen zu viel. Ich meine, sich auf das nächste Turnier vorbereiten zu müssen und dabei ständig mit neuen Eindrücken vollgestopft zu werden.

Immer neue Menschen, die einen einladen, Partys veranstalten, einem unbedingt noch dies und das zeigen wollen. Manchmal war ich total k. o., und ich weiß selbst nicht, wie ich es geschafft habe, trotzdem bei den Turnieren noch so gut abzuschneiden. Das verdanke ich wohl hauptsächlich den erfahrenen Pferden."

„Und dann auch noch Briefe schreiben müssen!", bemerkte Bille lachend. „Mein armer Simon!"

„Du wirst lachen, es waren die einzigen Momente, in denen ich mich wirklich entspannt habe. Es hat mir geholfen, wieder Ordnung in meine Gedanken zu bringen und die neuen Eindrücke erst einmal einzuordnen. Und immer, wenn ich in Gedanken mit dir gesprochen habe, habe ich mir vorgenommen, nie wieder ohne dich auf so eine Reise zu gehen!"

„Wirklich?" Bille war nahe daran, ihm um den Hals zu fallen.

„Bist du denn mit dem Erfolg deiner Reise nun zufrieden? Ich meine, was das Reiten anbetrifft?", erkundigte sich Mutsch.

„O ja, absolut! So viel hatte ich gar nicht zu hoffen gewagt. Mit einer Einschränkung allerdings."

„Ja?"

„Black Arrow. Er hat fast nie eine gute Platzierung erreicht. Er war von Anfang an lustlos, und die Reisen scheinen ihn richtig verärgert zu haben. Ich glaube, er hat Heimweh. Jedenfalls komme ich nicht richtig klar mit ihm, obgleich ich mir die größte Mühe gebe!"

„So ein dummer Kerl", sagte Bille ärgerlich. „Er weiß gar nicht, wie gut er es hat, dass er mit dir reisen darf!"

„Er ist da offensichtlich anderer Meinung."

„Ein Pferd mit so guten Anlagen! Er könnte unter den Besten sein! Das Zeug dazu hätte er. Ist schon schlimm, wenn sie so launenhaft sind."

„Vielleicht bin ich nicht der richtige Reiter für ihn."

„Du? Dass ich nicht lache! Einen sensibleren Reiter als dich gibt es doch auf der ganzen Welt nicht! Und wenn du ihn hier geritten hast, hattest du doch auch keine Schwierigkeiten mit ihm", empörte sich Bille. „Na ja, manchmal hat er dir das Leben ein bisschen schwer gemacht, das gebe ich zu, aber du bist immer mit ihm fertiggeworden. Und er mag dich! Ich hatte immer den Eindruck, dass er dich gern hat und dass er nur ein bisschen versucht, seine Kräfte mit deinen zu messen. Das alte Spielchen: ‚Wer ist der Stärkere von uns beiden?'"

„Schon möglich. Ich habe manchmal den Verdacht, er ist ein ganz Schlauer und versucht mich zu erpressen."

„Dich zu erpressen?", fragte Onkel Paul erstaunt.

„Ja. Damit ich ihn wieder nach Hause schicke."

„Zuzutrauen ist es ihm", meinte Bille lachend. Dann wurde ihr Gesicht unversehens weich und zärtlich. „Mein Black Arrow. Ich liebe ihn. So wie er ist, mit all seinen Fehlern. Er ist eine echte Persönlichkeit."

„So, es wird Zeit für dich aufzubrechen, Simon", sagte Onkel Paul und erhob sich. „Komm, Bille und ich fahren dich rüber nach Peershof. Morgen früh um halb sechs hole ich dich ab und fahre dich in die Stadt zum Bahnhof."

„Aber ich kann doch auch mit dem Bus fahren!"

„Keine Widerrede. Versprochen ist versprochen. Na kommt, das Auto steht schon vor dem Tor, hab's gleich draußen gelassen."

„Ich möchte schnell noch nach Pünktchen schauen.

Kommst du mit?", wandte sich Simon an Bille, als Onkel Paul vor dem Peershofer Gutshaus hielt.

„Klar, ich habe sie doch seit zehn Tagen nicht gesehen!"

„Genau zwölfeinhalb Minuten hast du Zeit", sagte Onkel Paul und zwinkerte ihr zu. „Dann fahren wir zurück."

Leise betraten sie den Stall. Asterix stand aufrecht in seiner Box und wachte über den Schlaf der anderen. Bongo hob schläfrig den Kopf und schaute sie an, als wollte er sagen: Wagt es ja nicht, mich zu stören!

Pünktchen war sofort auf den Beinen und streckte Simon ungeduldig den Kopf entgegen. Simon öffnete die Tür der Box und legte seiner Stute die Arme um den Hals. Zärtlich sprach er eine Weile mit ihr, dann begann er, ihren Bauch und ihre Beine abzutasten.

„He! Wo hast du dir denn das geholt?", sagte er plötzlich. „Sieh dir das an, Bille!"

„Was ist?"

„Eine Schürfwunde! Sieht nicht gut aus."

Bille biss sich auf die Lippen. Da hatte sie es nun. War man einmal ein paar Tage nicht im Stall, schon passierte etwas!

„Warte, ich hole die Stallapotheke."

In der Stalltür tauchten Bettina und Florian auf.

„Hier steckt ihr also! Hätten wir uns ja denken können. Wie geht's dir, großer Bruder? Das ist vielleicht eine Überraschung!"

Bille und Simon sahen sich an. Wie gern wären sie noch einen Augenblick miteinander allein gewesen! Aber damit war es nun nichts mehr.

„Ich erzähle euch gleich alles in Ruhe. Wollte nur schnell mal Pünktchen Guten Abend sagen. Wer hat sie zuletzt geritten?", erkundigte sich Simon.

„In den letzten drei Tagen niemand, sie war auf der Koppel draußen. Ist was mit ihr?" Bettina stellte sich auf die Zehenspitzen und versuchte, über Simons und Billes Köpfe hinweg einen Blick auf die Stute zu werfen.

„Sie hat sich verletzt. Hätte euch eigentlich auffallen müssen."

„Verzeih, es war ein bisschen viel die letzten Tage. Die Ankunft der ersten Schulpferde in Groß-Willmsdorf drüben, der Hufschmied war da, dann das Legen der Hengstfohlen, und die neuen Boxen mussten eingerichtet werden."

„Und wir waren nur zu dritt!", fügte Florian vorwurfsvoll hinzu. „Herr Tiedjen stellt zwar jetzt für den Schulstall zwei zusätzliche Pferdepfleger an, aber sie sind noch nicht da, sie kommen zum nächsten Monatsanfang."

„Hat Edmund der Weise euch nicht ein bisschen helfen können?", fragte Bille.

„Der hat so viel mit der Ernte zu tun, mit dem brauchst du nicht zu rechnen. Zum Glück kommt ja Tom morgen wieder." Bettina strahlte. „Der wird sich wundern, was ihn alles erwartet!"

„Höchste Zeit, dass ich mich zur Arbeit zurückmelde", sagte Bille und versorgte Pünktchens Wunde mit einer Wundsalbe. „Morgen früh bin ich wieder zur Stelle."

„Dann gehörst du jetzt aber schleunigst ins Bett", erklärte Simon streng. „Komm, ich bringe dich zum Auto. Und ihr zwei, seid doch bitte so lieb und räumt den Apothekerkasten weg", sagte er zu Bettina und Florian gewandt. „Und vergesst nicht, das Licht auszumachen."

„Dazu braucht man doch nicht zwei Leute!", wehrte sich Florian. „Bettina macht das schon. Ich begleite euch."

„Flori, du bist ein Trottel!", seufzte Bettina. „Es gibt

Augenblicke, da ist so ein Apothekenkästchen so schwer, dass man es unbedingt zu zweit tragen muss! Hier, halt mal."

„Danke, Bettina!" Simon klopfte ihr anerkennend auf die Schulter. „Unser Kleiner hier hat noch viel zu lernen!"

Onkel Pauls Überraschung

Am nächsten Tag stürzte sich Bille mit Feuereifer in die Arbeit.

„Übernimm dich bloß nicht gleich, Kind!", mahnte Mutsch besorgt. „Sonst kriegst du einen Rückfall. Du brauchst noch viel Schlaf und Ruhe, hat der Arzt gesagt!"

Aber Bille hörte schon nicht mehr, sie war längst bei Zottel und Moischele im Stall verschwunden.

„Was willst du, Olga", brummte Onkel Paul zufrieden. „Das Leben hat sie wieder. Hast du gesehen, wie sie gefuttert hat, gestern Abend und eben beim Frühstück? Was sie in den zehn Tagen versäumt hat, holt sie in drei Tagen wieder auf. So ist sie nun mal. Ein zäher kleiner Dickkopf. Genau wie du."

„Na, hör mal!"

„Ist doch wahr! Bei ihr hängt – genau wie bei dir – alles vom Willen ab. Wenn sie sich etwas in den Kopf gesetzt hat, dann schafft sie das auch."

Bille nahm Zottel mit nach Groß-Willmsdorf, Moischele musste sich heute mal allein auf der Koppel vergnügen. Solange sie noch in Sichtweite war, ritt sie brav im Schritt, aber kaum hatte sie das Dorf hinter sich gelassen, ging es im Galopp querfeldein.

Hinter dem Park traf sie mit Bettina und Florian

zusammen, die gerade aus Peershof herübergeritten kamen. Bettina ritt Asterix, Florian seinen Bongo.

„Pünktchen und Sternchen haben wir auf die Koppel gebracht", berichtete Bettina. „Nico wird schon im Schulstall sein. Reiten wir gleich hinüber?"

„Aber klar, ich platze vor Neugierde!", gestand Bille. „Ich kann's kaum erwarten, die Neuen einmal zu reiten."

Der Schulstall, ein modernes, lang gestrecktes Gebäude mit hellen Boxen, jede mit einem kleinen Paddock davor, lag jenseits des Gutshauses hinter dem Park. Daneben erhob sich die neue Reithalle, die allein dem Schulbetrieb vorbehalten bleiben sollte. Ein großer Freiplatz daneben, bereits planiert, war als Springplatz vorgesehen, sollte aber von den künftigen Schülern selbst angelegt und mit selbst gebauten Hindernissen ausgerüstet werden.

Überhaupt war es Hans Tiedjens Idee, seine Schüler nicht nur das Reiten zu lehren, sondern sie intensiv auf die Haltung und Pflege eines Pferdes vorzubereiten und mit allem vertraut zu machen, was zur Zucht, Pferdehaltung, Krankenpflege bis zum Bau eines Stalles oder einer Reitbahn gehörte.

„Du wirst staunen, wir haben bereits zwei weitere Neuerwerbungen im Stall", sagte Bettina. „Einen Isländer und einen sehr schönen Hannoveraner."

Bille sprang aus dem Sattel und rannte in den Stall, so begierig war sie, die Neuen zu sehen. Gleich in der ersten Box stand Darling und spitzte freudig die Ohren, als Bille zu ihr herantrat. Bille begrüßte sie mit einem Apfel und streichelte sie überschwänglich.

In der Stallgasse kam ihr Nico entgegen. Sie zog Natascha hinter sich her, um sie draußen in den Putzstand zu führen.

„Hallo! Die verlorene Tochter kehrt heim! Grüß dich, Bille! Du kannst Rumpelstilzchen putzen, wenn du magst. Unseren Isländer, der isabellfarbene da hinten!"

„Mach ich. Und wie heißt der schöne braune Wallach hier?"

„Das ist Janosch."

„Janosch! Du gefällst mir. Wir werden sicher gute Freunde!"

„Den Schwarzschimmel kennst du ja schon. Bobby heißt er. Ein ganz lieber Kerl, aber ein bisschen träge."

Bille begrüßte auch Bobby. Dann folgte sie Nico nach draußen.

„Du siehst so glücklich aus", sagte sie und sah Nico prüfend an. „Du fühlst dich hier schon richtig zu Hause, nicht wahr?"

„Stimmt genau." Nico sah mit blitzenden Augen zu Bille auf, während sie Nataschas Bauch mit der Kardätsche bearbeitete. „Und weißt du schon das Neueste?"

„Nein."

„Ich werde die erste eingetragene Schülerin des Reiter-Internats sein. Meine Eltern haben es erlaubt!"

„Wirklich? Das freut mich, Nico! Gratuliere!"

„Wenn ihr dann alle als Externe hier zur Schule geht …"

„Tun wir das? Davon wusste ich ja noch gar nichts!"

„O doch! Florian hat es beschlossen. Und es ist ja auch nur vernünftig, ich meine, es bleibt alles irgendwie in der Familie …"

„Da hast du recht."

„Machst du das Abitur?"

„Ich denke schon."

„Und weißt du schon, was du werden willst?", fragte Nico.

„Na, irgendetwas, das mit Pferden zusammenhängt. Ist doch klar! Vielleicht sogar Tierärztin. Oder ich lerne auf einem Gestüt alles, was man über Pferdezucht lernen kann. Nun, ich denke, das wird sich einfach ergeben."

„Je nachdem, was Simon vorhat, meinst du."

„Könnte schon sein. Aber jetzt entschuldige mich. Ich will schnell rüber in den alten Stall, sehen, was Petersen und Hubert für mich zu tun haben und wen ich heute bewegen soll. Später komme ich dann rüber und helfe dir, okay?"

„Ist gut."

Während Bille sich in Groß-Willmsdorf an die Arbeit machte, saß Onkel Paul im Büro des Spar-Markts Mutsch gegenüber und starrte nachdenklich aus dem Fenster.

„Weißt du …", begann er nach einer Weile zögernd, „ich bin verdammt froh, dass das so glimpflich abgegangen ist. Und dass unsere Lütte nun wieder ganz auf dem Damm ist."

„Das bin ich auch", murmelte Mutsch und hörte nicht auf, Zahlenreihen in den Computer einzugeben.

„Ich meine, du hast sie ja da nicht liegen sehen unter dem toten Pferdekörper. Ich hab wirklich geglaubt, jetzt ist alles aus. Und dass sie sich so gar nicht aufrappeln wollte in den letzten Tagen … Ich hab richtig Angst gehabt, dass sie nicht mehr gesund wird."

„Hm", machte Mutsch und tippte unaufhörlich weiter.

„Sie ist für mich wirklich wie eine eigene Tochter …"

„Ich weiß", sagte Mutsch und hielt lächelnd inne. „Darüber bin ich ja auch so froh. Also, was ist? Du brütest doch was aus!"

Onkel Paul grinste schuldbewusst. Mutsch legte den Kopf schief und sah ihn mit zusammengekniffenen Augen prüfend an.

„Also ist es was Teures", sagte sie. „Nun sag's schon!"

„Was du gleich wieder denkst! Ich … ich hab nur gedacht, wir könnten mal ein richtig schönes Fest feiern bei uns. Zum Abschluss der Sommerferien. Ein Gartenfest. Wenn der Simon wieder da ist, und auch mit Tom und Daniel. Wir könnten Herrn Tiedjen einladen und Herrn und Frau Henrich, Petersen und Hubert, die ganze Mannschaft, oder, wenn du so willst: alles, was zur Pferdefamilie gehört!"

„Du willst doch die Kinder wohl noch nicht verloben, Paul!", sagte Mutsch streng mit mindestens drei Ausrufezeichen in der Stimme.

„Um Gottes willen, nein! Dafür sind sie doch noch viel zu jung!" Onkel Paul war ehrlich entsetzt.

„Na, bei dir weiß man nie. So wie du neulich den Jungen telefonisch herbeordert hast …"

„Er war meine letzte Hoffnung! Und du siehst ja, es hat geholfen!", verteidigte sich Onkel Paul. „Nein, nein, was das Fest betrifft, da habe ich ganz andere Gedanken."

Das große Gartenfest fand am letzten Ferienwochenende statt. Da man dem Wetter nicht trauen konnte, hatte Onkel Paul ein großes Zelt im Garten errichten lassen. Huberts jüngerer Bruder Karlchen, der sich – seit er eine Lehrstelle in einer Autowerkstatt bekommen hatte – für alles Technische zuständig fühlte, hatte kreuz und quer durch den Garten Kabel mit bunten Glühbirnen gespannt, eine Arbeit, die mehrere Kurzschlüsse und stundenlanges Lahmlegen des gesamten Haushalts mit sich brachte. Aber über solche Kleinigkeiten sah Karlchen großzügig hinweg.

Unter einem Dach drehten sich mehrere Braten am Spieß, ein Waschzuber voller Würstchen wartete auf den Grill.

Die Veranda hatte sich in ein Schlaraffenland verwandelt. Hier standen auf Tischen Salate, Pasteten, Kuchen, Pudding und Kompott bereit. Körbe voller Obst umrahmten große Holzbretter mit einem Dutzend verschiedener Käsesorten.

Im Brunnen neben dem Geräteschuppen kühlten Wein- und Saftflaschen. Daneben hatte Onkel Paul ein Fass Bier aufstellen lassen. Florian hatte sich um das Amt des Schankwirts beworben, vermutlich, weil ihm seine Mutter streng untersagt hatte, einen Schluck Alkohol zu trinken. Es konnte nicht schaden, sich in der Nähe der Quelle aufzuhalten ...

Auch für Musik war gesorgt. Karlchen hatte es sich nicht nehmen lassen, den Garten mit einer Reihe von Lautsprechern zu versehen, die ausgereicht hätten, um noch das Nachbardorf an dem Fest teilhaben zu lassen.

Die Pferde wurden heute ein wenig früher versorgt, Edmund der Weise hatte seine Hilfe angeboten und verabreichte ihnen gemeinsam mit Tom und Hubert die Abendmahlzeit.

Um sechs Uhr erschienen die ersten Gäste: Inge und Thorsten und Nico mit ihrem Vetter Helmut. Dann kam der alte Petersen, in feierliches Schwarz gekleidet, mit einer Krawatte, die ihr dreißigstes Lebensjahr sicher schon überschritten hatte. Er überreichte Mutsch einen großen Blumenstrauß und küsste ihr zur Begrüßung die Hand.

Ehepaar Henrich kam und brach in Entzückensrufe über den hübsch geschmückten Garten aus, in ihrem Gefolge Bettina in einem weißen Sommerkleid mit Spitzenrüschen, die Haare zu einer Ballerinafrisur hochgesteckt. Sie war so zauberhaft anzusehen, dass der arme Tom vor Staunen den Mund nicht mehr zubekam und ihn für den Rest des Abends allenfalls noch zum Trinken und Schlucken schloss.

Auch Bille hatte sich für diesen Tag von ihren geliebten Reithosen getrennt und trug einen bunt gestreiften Sommerrock und eine Leinenbluse dazu. Onkel Paul und Simon überboten sich in verliebten Blicken, die sie Bille nachwarfen, wo immer sie auftauchte.

Gegen sieben Uhr war die Festgesellschaft vollzählig versammelt. Onkel Paul kletterte auf einen Stuhl und klopfte mit einem Löffel gegen sein Weinglas.

„Darf ich einen Augenblick um Gehör bitten!"

Neugierig scharte sich die Gesellschaft um den Herrn des Hauses.

„Liebe Gäste, zunächst einmal möchte ich Sie alle herzlich willkommen heißen und Ihnen – auch im Namen meiner Frau und meiner Tochter Bille – einen vergnüglichen Abend wünschen. Es war unser Wunsch, einmal die ganze große Pferdefamilie – wenn ich uns mal so nennen darf – und alle, die mit uns leiden und sich mit uns freuen und die, nicht zu vergessen, eine Menge Opfer für die Leidenschaft unserer jungen Reiter bringen …"

Bille, Simon und Bettina applaudierten spontan. Daniel, Nico und Florian folgten ihrem Beispiel und unterbrachen Onkel Pauls Rede für eine ganze Weile.

„Danke! Danke, meine Lieben. Seht ihr, euretwegen habe ich jetzt den Faden verloren … eh … Ja, also, es war unser Wunsch, euch alle mal zusammen einzuladen und mit euch zu feiern. Bevor die Feierei nun aber richtig losgeht, haben wir für Bille noch eine kleine Überraschung. Das heißt, na ja, ein kleines Geschenk zum Trost für vergangene Strapazen und allen durchgestandenen Kummer und zur Belohnung für ihren letzten Sieg, den wir gar nicht haben feiern können. Damit die Sache aber nicht so langweilig wird, haben wir das Geschenk versteckt. Sie wird es suchen müssen. Na, nun schau dich mal um, ob du etwas entdeckst."

„Ein Geschenk? Für mich?" Bille drehte sich lachend im Kreis und sah sich im Garten um. Die anderen wichen flüsternd zurück und machten ihr Platz. „Da! Oben auf dem Busch unter der Veranda, die kleine goldene Schachtel! Ist es das?"

„Nicht schlecht", Onkel Paul schmunzelte, „du hast Augen wie ein Luchs."

Bille stürzte auf die kleine mit Goldpapier beklebte Schachtel zu, hob sie vom Strauch und öffnete sie.

„Ein Faden …" Bille sah sich ratlos um.

„Was?", fragte Nico und schaute ihr über die Schulter. „Tatsächlich! Ein roter Faden ist in der Schachtel festgeklebt!"

„Vielleicht solltest du dem Faden mal nachgehen", schlug Simon vor und legte die Stirn in lehrerhafte Falten. „Er führt doch aus der Schachtel heraus!"

Bille begann den Faden um die Hand zu wickeln. Er führte die Veranda hinauf, an den Tischen vorbei ins Haus, durch das Wohnzimmer, dann durch die Diele und die Treppe hinauf.

„He! Er führt in mein Zimmer! Onkel Paul, du bist raffiniert!"

Bille öffnete die Tür und betrat das Zimmer. Auf dem Fußboden endete der Faden bei einer weiteren, diesmal größeren Schachtel. Bille öffnete sie.

„Ein neues Stirnband! Rot-weiß! Oh, ist das schön! Danke, Onkel Paul! Das steht Zottel bestimmt total gut!"

Bille hob die Schachtel hoch. Plötzlich waren da zwei Fäden: einer, der in die Schachtel hinein-, ein anderer, der wieder herausführte. Genauer gesagt, es war ein und derselbe Faden.

Das Spiel begann von Neuem. An den neugierigen Gesichtern der Freunde vorbei folgte Bille dem Faden, der sie nun – halb unter dem Teppich versteckt – wieder nach unten leitete, diesmal in den Keller. Dort verschwand er in einem Schuhkarton.

„Ein neues Zaumzeug und nagelneue Bandagen! Mann, seht euch das an! Ist das nicht toll! Jetzt habe ich mein eigenes Turnierzaumzeug! Mensch, ich werd verrückt, der Faden läuft immer noch weiter! Platz da, jetzt will ich's wissen!"

Lachend drängte sie nach draußen. Das Knäuel in ihrer Hand hatte schon einen beträchtlichen Umfang erreicht. Hinter ihr drängten und schubsten sich die Gäste.

Durch den Garten ging die Jagd und zum Ponystall hinüber.

„Ah, ich ahne was!", rief Bille übermütig und betrat den Stall.

Aber sie hatte sich getäuscht. Der Faden führte zum Stallfenster wieder hinaus, sie musste umkehren und die Suche von außen fortsetzen. Es gab ein höllisches Gedränge, denn die Letzten versuchten gerade, den Stall zu betreten, als die Ersten bereits wieder auf dem Rückweg waren.

„Zurück!", schrie Bille. „Alles zurück, es geht hinter dem Stall weiter! Hier! Richtung Garage!"

Der Faden verschwand unter dem Garagentor und endete an der Kofferraumhaube von Onkel Pauls Wagen. Bille klappte den Deckel hoch – und jauchzte laut auf.

„Ein Sattel! Ein eigener Turniersattel! Ahnte ich es doch! Mutsch! Onkel Paul! Oh, ist das toll! Danke! Tausend, tausend Dank!"

Abwechselnd fiel sie beiden um den Hals.

Onkel Paul räusperte sich.

„Hast du nicht eine Kleinigkeit übersehen?"

„Übersehen?" Bille schaute sich ratlos um. Dann hob sie den Sattel hoch. „Das darf doch nicht wahr sein!"

Der Faden lief weiter! Auf der anderen Seite aus dem Kofferraum hinaus, an der Wand entlang bis zu dem Fenster an der Rückseite. Bille schüttelte den Kopf. Dann machte sie sich wieder auf die Suche.

„Was kann denn das noch sein", murmelte sie kichernd. „Sattel, Zaumzeug, Bandagen …"

„Vielleicht eine Transportdecke mit deinen Initialen", flüsterte Bettina, die dicht hinter ihr war. „Oder eine neue Reithose?"

Der Faden führte durch den ganzen Garten bis zur Koppel. Dort lief er um einen Baum und wieder zurück in den Garten. Hinein in den Schuppen und wieder hinaus. Am Zelt entlang und zum Zaun. Unter dem Zaun hindurch, am Nachbargrundstück vorbei auf die Scheune des Bauern zu.

„Mein Gott, ist das spannend!", japste Florian hinter Bille, und Nico kicherte nervös.

Im Gänsemarsch folgten sie Bille, die immer schneller den Faden um das rote Knäuel wickelte. Lachend rannten sie über das Feld. Wie im Märchen von der goldenen Gans stolperte die Gesellschaft Billes Spur nach und stand schließlich vor dem geschlossenen Scheunentor, in dem der rote Faden verschwand.

„Ich will doch gleich mal sehen, ob der Faden hier wieder herausführt", rief Bille. „Nein, es scheint, ich bin am Ziel, eine zweite Tür oder ein Fenster gibt es hier nicht. Hilf mir mal, Simon!"

Bille stemmte das Tor auf. Aus dem Dunkel der Scheune kam verhaltenes Wiehern.

„Ich glaube, du wirst erwartet", sagte Simon leise. „Da, vergiss den Faden nicht!"

Der Faden endete an einem am Boden liegenden Führstrick. Dieser lief zu einem Ring in der Wand, durch den er geknotet war, und führte weiter zu einem Halfter.

„Black Arrow", sagte Bille tonlos. Sie war schneeweiß geworden.

„Fall mir bloß nicht vor Schreck in Ohnmacht!", polterte Onkel Paul. „Simon ist schuld, er hat mich auf den Gedanken gebracht!"

Bille fiel ihm stumm um den Hals. Dann Mutsch. Und dann Simon. Schließlich Black Arrow und dann wieder Onkel Paul.

„So was Verrücktes wie dich gibt's wirklich bloß einmal auf der Welt!", flüsterte sie zärtlich. „Hab ich ein Glück, dass wir dich geheiratet haben!"

Dann kam Herr Tiedjen an die Reihe.

„Entschuldige, Daddy, ich muss dir auch um den Hals fallen! Danke, dass du dich von Black Arrow getrennt hast!"

„Nun, eine richtige Trennung ist es ja nicht", sagte Herr Tiedjen. „Black Arrow wird seine Box in Groß-Willmsdorf behalten, und ich werde euch natürlich trainieren."

„Können wir denn nun endlich etwas essen?", meldete sich Florian zu Wort. „Ich sterbe vor Hunger!"

„Können wir!", sagte Onkel Paul vergnügt. „Alle mir nach!"

„Gott sei Dank", seufzte Florian erleichtert. „Mann, war das eine anstrengende Aktion!"

„Aber verdammt spannend und lustig!", sagte Nico und

hängte sich bei ihm ein. „So was müssen wir auch mal machen! Auf einer Geburtstagsparty zum Beispiel."

Daniel beobachtete die beiden schmunzelnd. Florian hatte seinen Arm um Nicos Schultern gelegt und zog sie bei jedem Schritt ein wenig näher an sich heran. Wenn sie zu ihm aufschaute, berührte er schüchtern mit den Lippen ihre Stirn.

„Ach, übrigens", rief Daniel Tom und Bettina zu, die vor den anderen her gingen. „Was haltet ihr davon, wenn ich euch morgen zum Essen einlade – Simon, Bille, dich und Bettina! Kleine Nachfeier sozusagen."

„Tolle Idee! Aber ich denke, du bist total pleite nach deiner Reise? Hast du mir das vorhin nicht gerade erzählt?"

„Ja – da wusste ich noch nicht, dass ich von meinem kleinen Bruder fünfzig Mark bekomme …"

„Fünfzig Euro? Spinnst du?", fuhr Florian auf. „Ich bin doch nicht verrückt!"

„Wette ist Wette, mein Lieber!" Daniel zwinkerte ihm zu und deutete auf Nico. „Und dass du die Wette verloren hast, kannst du ja wohl nicht leugnen!"

Tina Caspari wurde in Berlin geboren und lebt heute in der Nähe von München. Das Leben auf dem Land, Tiere und besonders Pferde spielen für Tina Caspari eine wichtige Rolle, hier findet sie die Ideen für ihre Geschichten. Bevor Tina Caspari das Schreiben von Kinder- und Jugendbüchern zu ihrem Hauptberuf machte, war sie Schauspielerin und Sprecherin in Funk und Fernsehen. Und eines möchte sie immer noch gerne: selber Filme machen. Das rotweiß gescheckte Pony Zottel hat es übrigens wirklich gegeben. Tina Caspari sagt über ihn: „Zottel war unglaublich verfressen und immer zu Streichen aufgelegt. Er war mein bester Freund. Ich werde ihn nie vergessen."

Bille & Zottel

Bille liebt Pferde über alles. Da macht es ihr noch nicht mal etwas aus, um fünf Uhr morgens aufzustehen, um im Stall zu helfen. Als sie das ehemalige Zirkuspony Zottel zur Pflege bekommt, ist Bille das glücklichste Mädchen der Welt. Zottel erobert Billes Herz im Sturm, und bald sind die beiden unzertrennlich. Billes sehnlichster Wunsch ist es, dass Zottel ihr gehört. Ob ihre Mutter und ihr Stiefvater damit einverstanden sein werden?

Sammelband 1:
Ein Zirkuspony
zum Liebhaben
ISBN 978-3-505-13807-2

Enthält die Einzelbände 1-3:
· Pferdeliebe auf den ersten Blick
· Zwei unzertrennliche Freunde
· Mit einem Pferd durch dick und dünn

Bald ist Sommer! Bille und ihr Pony Zottel freuen sich schon auf die Ferien. Aber vorher steht noch einiges an: Ein verwaistes Pony braucht ihre Hilfe, und ein kranker Reitlehrer muss unbedingt aufgemuntert werden. Mit den Sommerferien geht das Abenteuer dann richtig los: Bille und ihre Freude unternehmen mit ihren Pferden einen Wanderritt – aber sie müssen sich auch gegen eine Motorradbande behaupten, die die Koppel zur Rennstrecke auserkoren hat …

Sammelband 2:
Der schönste Sommer für Bille und Zottel
ISBN 978-3-505-13808-9

Tina Caspari
Bille und Zoattel
je 380 Seiten, gebunden
€ 9,99 [D]

Enthält die Einzelbände 4-6:
· Applaus für Bille und Zottel
· Die schönsten Ferien hoch zu Ross
· Gefahr auf der Pferdkoppel

www.schneiderbuch.de

Schneiderbuch
EGMONT